뉴미디어
트렌드
2023

뉴미디어 트렌드 2023

2023

샌드박스네트워크 데이터랩(노성산, 박진경, 김태홍) 지음

**SANDBOX
STORY**

숨겨진 대중의 니즈를 찾아 새로운 비즈니스와 연결하라

코로나19가 인류를 강타했던 2020년 이후, 지난 3년은 인간이 생존을 위해 삶의 모든 영역에서 변화를 꾀했던 시기였습니다. 아이러니하게도 팬데믹의 공포는 다양한 영역에서 빠른 혁신을 이끌어냈고 먼 미래를 코앞으로 끌어당기기도 했죠.

그렇게 맞이한 2022년, 팬데믹의 공포에서 조금씩 벗어나 일상회복을 위한 움직임이 시작되면서 우리는 또 다른 사회문화적인 변화들을 목도하게 되었습니다. 엔데믹과 함께 찾아온 여러 변화들 중 우리는 3가지 큰 흐름을 포착할 수 있었죠. 그것은 '오프라인으로의 회귀', '자산 거품의 붕괴', '환상보다는 현실에의 집중'입니다. 그리고 이런 변화들은 여지없이 콘텐츠와 미디어 시장에 그대로 반영되었습니다.

엔데믹의 희망과 함께 찾아온
3가지 사회문화적 변화

지금 우리가 어디에 있는지 알아야 나아갈 방향성을 설정할 수 있으니, 이 3가지를 조금 더 살펴보도록 하죠.

첫째, 오프라인으로의 회귀입니다. 코로나19 팬데믹이 우리를 덮치면서 지난 2021년까지만 해도 삶의 상당 부분은 온라인을 중심으로 이루어졌습니다. 그리고 이 흐름이 더욱 가속화될 것이라는 전망이 있었죠. 하지만 엔데믹의 희망과 함께 사람들이 다시 오프라인 세상으로 나오기 시작했습니다. 물론 코로나19 이전의 삶으로 완벽하게 복귀했다고 보기엔 아직 시기상조이지만 사람들은 아날로그 감성과 오프라인의 온기를 그리워한 것 같습니다.

오프라인의 강세는 여러 지표들로도 확인할 수 있습니다. 온라인을 중심으로 이뤄지던 화상 강의가 오프라인 강의로 전환되면서 2021년에 비해 노트북, 특히 휴대성이 좋은 1킬로그램대 노트북에 대한 검색량이 크게 늘었습니다. 유튜브에서는 신학기 관련 콘텐츠의 평균 조회수가 전년 대비 17%가량 증가했죠.

일상생활에서도 확연히 변화가 나타났습니다. 배달 음식보다는 식당 이용 빈도가 늘어난 것이죠. BC카드 신금융연구소에 따르면, 거리두기 완전 해제 이후 배달 전문점의 매출은 12% 하락한 반면 주점 업종의 매출은 47% 증가했다고 합니다.[1] 유튜브에서도 맛집에 대한 트래픽이 작년 동기간 대비 2.1배나 증가했습니다. 이외에도 선크림, 모자, 티셔츠, 수영복 등 외출과 관련된 대부분의 키워드에 대한 관심도가 올라갔습니다. 야외 활동과 관련된 공간의 관심도 함께 증가해서 롯데월드, 에버랜드와 같은 테마파크, 수영장, 해수욕장, 해외여행, 캠핑, 유원지 등의 검색량이 모두 상승했습니다. 다만, 코로나19 특수를 누렸던 골프의 관심도는 다소 낮아졌습니다.

오프라인 기반의 인간관계가 늘어나다 보니 자연스럽게 관계에 대한 콘텐츠도 늘어나는 추세입니다. 기성세대와 Z세대, 재택과 출퇴근, 선후배, 회식문화 등의 키워드 검색량이 늘며 한동안 잠잠했던 갈등이 수면 위로 다시 떠오르는 중입니다. 데이터를 통해 추출할 수 있는 이런 수치들은 최근 들어 오프라인의 강세가 얼마나 두드러지고 있는지를 단번에 보여줍니다.

둘째, 자산 거품이 붕괴되고 있습니다. 주식, 코인, 부동산 등 급격한 상승세를 보이며 거품이 형성됐던 자산 가치가 다시 코로나19 이전 수준으로 돌아가는 중입니다. 더불어 지속적인 금리 상승으로 소비 심리는 크게 위축된 상황입니다. 실질 소득의 변화가 없더라도 이런 심리의 변화는 행동의 변화를 이끌어내죠. 검색 트렌드와 조회수를 종합적으로 살펴보면 그 변화가 더욱 명확하게 보입니다.

백화점에 대한 관심도는 낮아지고 아울렛이나 다이소에 대한 관심도는 올라갔습니다. 당근마켓이나 중고나라 같은 중고 거래 관련 키워드도 작년에 비해 더 늘어났죠. 저축, 절약, 알뜰, 가성비와 같은 키워드가 콘텐츠에 많이 등장하기 시작했는데, 유튜브에서는 관련 콘텐츠가 작년 동기간 대비 67%나 증가했습니다. 특히 Z세대가 주 시청자인 채널에서 이런 현상이 많이 보이고 있습니다. 코로나19 기간 동안 재테크를 통해 단기적인 수익을 올렸던 MZ세대가 자산 가치 하락으로 재테크를 통한 부가적인 수입이 줄어들게 되면서 빠르게 지갑을 닫는 것으로 추정해볼 수 있습니다. 경제 위기로 인해 반강제적으로 소비를 줄이면서 정신적인 스트레스를 받는 사람도 많아 보입니다. 불안장애, 우울증, 정신과에 대한 트래픽이 작년에 비해 늘어나고 있는 것이 그 증거입니다.

다만, 하이엔드의 소비는 여전했습니다. 에르메스, 샤넬과 같은 명품 브랜드, 미슐랭, 오마카세와 같은 하이엔드 레스토랑, 람보르기니, 포르쉐 같은 고급 차의 경우에는 관심도의 변화가 거의 없었습니다. 이는 소비의 양극화가 심해지고 있음을 보여주는 대표적인 데이터라 할 수 있습니다.

셋째, 환상보다는 현실로 관심이 이동했습니다. 가장 큰 변화는 미래의 대표 기술로 언급되던 메타버스나 NFT에 대한 관심도가 크게 하락했다는 점이죠. 2021년에는 메타버스가 새로운 미래의 상징이었고 너도나도 메타버스를 입에 올렸습니다. 하지만 1년이 지난 지금, 그 관심은 예전과 같지 않습니다. 2022년에 들어서면서 메타버스 시대로 가야 할 이유가 명확하지 않으며 기술적으로 극복해야 할 것이 많다는 의견이 지배적입니다. 이는 여러 수치들로도 확인할 수 있습니다. 메타버스 관련 회사들의 주가가 절반 이상 하락했고, 대표적인 플랫폼인 로블록스^{Roblox}나 제페토^{ZEPETO}의 활성 유저수는 2021년 정점을 찍은 이후 지속적으로 감소하는 추세입니다.

엔데믹과 함께 일상 회복을 위한 노력도 여러 분야에서 나타나고 있습니다. 학업이나 커리어에 집중하는 것보다 재테크에 올인하는 것이 경제적인 자유를 얻는 유일한 방법이라고 생각했던 사람들도 다시 현실로 돌아오고 있습니다. 성적, 아르바이트, 취업, 이직, 면접과 같은 키워드의 검색량 및 트래픽 증가가 이러한 현상을 잘 나타내줍니다. 불확실한 경기가 주는 불안감 때문에 환상을 좇기보다는 당장 할 수 있는 일에 집중하는 현실적인 선택을 하는 것으로 보입니다.

2023년 콘텐츠 미디어 업계가 주목해야 할 5가지 핵심 키워드

전작과 달리 이번 책에서는 핵심 키워드를 5가지로 줄여 각 주제마다 더 깊이 있는 내용을 담고자 노력했습니다. 경기가 좋고 시중에 돈이 많이 돌아다닐 때는 자연스럽게 에너지가 미래로 향합니다. 새로운 도전과 시도가 늘어나고 소비자도 적극적으로 변화를 수용하는 경향이 있죠. 이런 흐름에서는 크고 작은 트렌드들이 많이 그리고 빠르게 생겨나지만, 반대의 상황에서는 수비적인 자세를 취하게 됩니다. 적극적으로 새로운 기회를 찾아 투자하기보다는 현실을 유지하고 비용과 리스크를 줄이는 방향으로 흘러가는 것이죠.

물론 이런 상황에서도 현실을 돌파하려는 혁신적 시도, 시장을 이기는 사례, 새롭게 떠오르는 트렌드는 존재합니다. 그러나 전체적인 분위기를 뒤집을 정도로 광범위하게 일어나고 있지는 않은 상황이죠. 다시 말해 트렌드가 새로운 비즈니스 기회로 쉽게 연결되지 않는다는 뜻입니다.

이런 상황에서 트렌드는 어떤 가치를 가질까요? 트렌드가 강할 때는 트렌드에 올라타는 것만으로도 이득을 볼 수 있지만 트렌드가 잠잠할 때는 그 아래 깔려 있는 '대중의 니즈'에 주목해야 합니다. 아직 모습을 드러내지 않은 그 니즈들은 시장이 활성화되면 가장 먼저 폭발하며 새로운 시장을 만들어낼 테니까요. 따라서 지금은 역동적으로 움직이는 단발적인 키워드보다는 '맥락'이 중요한 시점입니다.

키워드를 5개로 줄이는 대신 각 주제들을 밀도 있게 다룬 이유도 바로 여기에 있습니다. 보다 명확한 지표들과 함께 맥락을 제대로 전달하기 위해 유튜브뿐 아니라 커뮤니티나 비즈니스 네이터도 시난해보다 많이 사용했습니다. 그럼에도 키워드를 선별하는 일은 쉽지 않았죠. "다양한 트렌드 속에서 우리만이 전달할 수 있는 이야기는 무엇일까?"를 계속해서 고민했습니다. 그 결과 우리의 관점과 대중이 인지하고 있는 관점의 차이가 가장 큰 다음의 키워드를 고를 수 있었습니다.

- **크리에이터 빅웨이브:** 오늘날 크리에이터는 진화 중입니다. 콘텐츠를 창작하는 사람이라는 기존 개념에서 진화해 팬덤fandom을

바탕으로 다양한 비즈니스를 펼치고 있죠. 이들이 가진 개별 지식재산권Intellectual Property, IP(이하 IP)의 영향력이 플랫폼 밖으로 뻗어나가면서 크리에이터도, 플랫폼도 새로운 기회를 엿보고 있으며 각 주체들의 생각과 욕구가 매우 복잡하게 얽혀 있는 상황입니다. 여기서는 크리에이터와 관련한 산업의 변화를 한눈에 살펴볼 수 있도록 조망했습니다.

- **하이퍼리얼리즘의 시대:** 하이퍼리얼리즘Hyperrealism은 요즘 시대에 가장 적합한 코미디 포맷이자 커뮤니케이션 방식입니다. 현실 고증이 공감대 형성을 넘어 재미가 되는 이유, 많은 시청자가 하이퍼리얼리즘에 열광하는 이유를 분석했습니다. 브랜드 매니저나 마케터뿐 아니라 대중과 소통하고자 하는 사람이라면 누구라도 하이퍼리얼리즘이 뜨는 이유를 정확하게 알 필요가 있습니다.

- **리본세대:** 지난 몇 년간 우리 사회는 새롭게 떠오른 소비 주체인 MZ세대에게 모든 관심을 쏟아부었습니다. 하지만 이들은 경기 위축과 함께 지갑을 닫는 분위기입니다. 그런 이유로 당분간은 여유로운 자산과 시간을 모두 보유한 시니어가 소비의 새로운 주축으로 자리할 가능성이 높습니다. 시니어라고 부르기에는 너무 젊고 역동적인 뉴시니어를 우리는 '리본세대Reborn Generation'라는 이름으로 새롭게 정의했습니다. 이들의 라이프스타일과 다양한 니즈에 대해 살펴보도록 하겠습니다.

- **뉴미디어와 패션 산업:** 대중의 니즈가 가장 빠르게 반영되는 산

업 중 하나가 바로 패션입니다. 패션이라는 산업이 콘텐츠 및 뉴미디어와 만나 어떤 시너지를 일으키며 성장해가는지를 집중적으로 살펴봤습니다. 대중의 니즈가 어떻게 콘텐츠로 표현되는지, 이것이 어떻게 매출로 연결되는지를 살펴봄으로써 경기와 무관하게 산업을 성장시키는 가장 근본적인 전략을 파악할 수 있으리라 생각합니다. 이를 통해 비즈니스의 성장을 꾀할 수 있는 작은 인사이트를 얻게 된다면 좋겠습니다.

- **주인공들의 성 역할 변천사:** 대인관계에서는 물론 콘텐츠, 마케팅, 리더십, 정치 등 모든 곳에서 젠더 감수성^{gender sensitivity}이 그 어느 때보다 중요한 시대가 되었습니다. 가장 대중적인 콘텐츠인 드라마를 통해 젠더 감수성에 대한 대중의 인식 변화와 선호에 대해 정리했습니다. 사회의 진화와 함께 달라지는 남녀의 역할, 성 구분을 넘어선 가치 지향에 대해 고민하는 기회가 될 것입니다.

키워드보다는 대중의 니즈에, 현상보다는 맥락에 집중해서 이 책을 읽어주면 좋겠습니다. 콘텐츠와 미디어를 둘러싼 변화, 변화 이면에 자리한 함의와 맥락을 글로 일목요연하게 정리하기란 여전히 어려운 일이었습니다. 그럼에도 성실하게 또 쉽게 풀어내려 노력했습니다. 콘텐츠와 미디어 업계 종사자, 크리에이터를 꿈꾸는 이들, 기업체에서 혁신적인 브랜딩과 마케팅을 고민하는 이들, 그 외에 세상의 변화를 이해하고자 하는 모든 이들에게 이 책이 조금이나마 도움이 되기를 바랍니다. 이 책을 읽은 후에 아주 작은 영감이라도 얻을 수 있다면 더 바랄 게 없습니다.

우리의 관점, 우리가 전하고자 하는 메시지와 다른 의견이나 질문이 있다면 언제든 환영합니다. 강연, 이메일, 소셜네트워크 등 모든 채널이 열려 있습니다. 마음껏 방문해주세요.

2022년 10월
대표 저자 노성산

차례

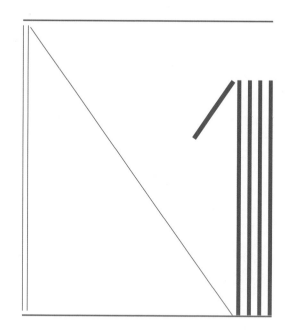

지금
우리
유튜브는

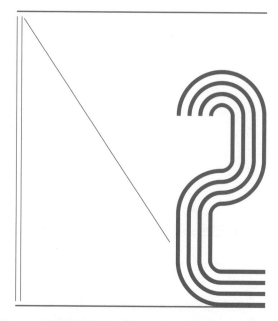

변화하는 콘텐츠 미디어, 그 속에 숨어 있는 니즈와 맥락을 읽다

지금
우리
유튜브는

PART **1**

2022년에 접어들면서 국내 유튜브 시장은 그야말로 포화 상태가 되었다. 다양한 분야에서 활동하는 셀럽과 각 분야의 전문가들이 창작의 주체로 대거 진입했고, 다양한 산업 분야의 콘텐츠를 유튜브가 속속 흡수하고 있는 중이다. 1인 미디어부터 레거시 미디어, 웹드라마와 웹예능, 음악, 영화, 숏폼short-form 등 분야와 장르를 가리지 않는다. 포맷이 다른 일부 콘텐츠들을 제외하면 유튜브가 콘텐츠 산업의 거의 전 분야를 흡수하는 중이라 해도 과언이 아니다. 라이브 커머스 시장 진출까지 예고했으니 그야말로 유튜브는 동영상 콘텐츠 시장의 거대한 포식자가 된 셈이다.

유튜브가 전 세대에 걸쳐 가장 많이 이용하는 1위 플랫폼이며, 우리 일상과 사회에 막강한 영향력을 미친다는 사실은 새삼 강조할 필요도 없다. 그런데 유튜브의 성장과 진화 못지않게 주목해야 할 점은 소비자들이 유튜브를 즐기는 방식 또한 달라지고 있다는 점이다. 자신의 취향이나 관심사 중심의 콘텐츠만을 집중적으로 소비하는 형태로 바뀌면서 유튜브도 개인 맞춤형 콘텐츠를 계속해서 추천하는 방향으로 가고 있다. 다양한 성격과 취향, 관심사를 폭넓게 반영하면서 개인의 선호도와 필요에 최적화된 콘텐츠를 제공하는 것이다.

개인화된 콘텐츠가 증가하고 콘텐츠 시청 패턴과 유튜브 알고리즘의 파편화가 빠르게 진행되다 보니 문제도 생겨났다. 흐름을 주도하는 대표 채널이나 빅 트렌드를 읽어내기가 점점 어려워지고 있는 것이다. 이런 어려움을 겪는 사람들을 위해 파트 1에서는 현재 주목해야 할 유튜브 채널 100개를 선정했다. 주요 콘텐츠 분야와 대표 채널을 제시하고, 각 콘텐츠들이 지닌 특성과 구독자 유형을 정리함으로써 유튜브라는 망망대해에서 표류하는 이들에게 이정표를 제시하고자 한다. 자사 브랜드 및 제품을 홍보하기 위해 어떤 채널, 어떤 크리에이터와 협업해야 할지 몰라 어려움을 겪는 기업들이라면 이번 장에 특히 주목해야 할 것이다.

유튜브 빅데이터

#유튜브 #크리에이터 #재미 #웃음 #웹예능 #코미디 #연예인 #라이프스타일
#음식 #건강 #패션 #뷰티 #경제 #재테크 #상식 #자기계발 #동물 #키즈

2022년 국내 유튜브 시장은 그야말로 없는 게 없을 정도로 수많은 콘텐츠로 가득 채워지면서 포화 상태가 되었다. 과거 일반인 크리에이터들이 주로 활동하던 유튜브는 점점 성장해 현재는 다양한 분야와 집단의 창작자들이 활동하는 플랫폼으로 진화했다. 특히 여러 방송국들이 운영하는 공식 유튜브 채널이나 디지털 오리지널 콘텐츠들은 시청자들의 니즈를 제대로 공략하고 있다.

최근 매일 업데이트되는 인기 급상승 동영상 목록을 보면 방송국 채널들의 콘텐츠가 절반 이상을 차지하고 있을 정도로 그 인기와 영향력이 커지는 추세다. 가수, 배우, 예능인, 모델 등 다양한 분야에서 활동하는 셀럽들의 유튜브 채널 또한 지속적으로 증가하고 있다. 이뿐만이 아니다. 다양한 학문 분야의 전문가들까지 유튜브에 대거 진입하면서 유튜브 내 지식 교양 콘텐츠들도 강화되고 있다. 지난 20대 대통령 선거에서는 후보자 및 후보 정당들이 공식 채널을 운영했다. 그리고 대통령 후보자들이 정치 시사 채널을 비롯해 게임, 반려동물 등 여러 유튜브 채널에 출연하는 등 선거 활동에 유튜브를 적극 활용했다.

이처럼 수많은 제작자와 콘텐츠로 가득 찬 유튜브에서 2022년 가장 주목할 만한 트렌드는 무엇일까? 바로 1분 이내 길이의 세로형 영상인 쇼츠 Shorts다. 쇼츠 콘텐츠는 2021년 3월 서비스 도입 이후 콘텐츠 발행량 및 시청 트래픽에서 빠른 성장세를 보이며 활성화됐다. 유튜브에 따르면 2021년 12월 글로벌 기준 쇼츠 콘텐츠의 누적 조회수는 5조를 돌파했으며, 2022년 4월 기준 일평균 300억 뷰가 넘는 조회수를 기록했다.[1] 2022년 국내 유튜브 시장 또한 쇼츠 콘텐츠가 강세를 보였다. 그 과정에서 많은 숏폼 크리에이터들이 유튜브로 진출해 개성 있는 콘텐츠를 선보이고 있다.

최근 유튜브에는 시청자들의 다양한 취향과 관심사를 폭넓게 반영하면서 개인의 선호도와 필요에 최적화된 콘텐츠들이 증가하고 있다. 대표적인 예로 MBTI 콘텐츠를 꼽을 수 있다. MBTI가 대중적으로 유행하면서 유튜브에도 16가지 성격 유형을 전문적으로 다루는 채널들이 생겨났다. 그런가 하면 과거의 영화 리뷰 전문 채널들은 TV 드라마와 OTT 오리지널 콘텐츠 등 다양한 장르와 포맷의 리뷰 콘텐츠로 범위를 확장했다. 시청자들의 다양한 작품 취향을 충족시키려는 것이다. 이처럼 개인화된 콘텐츠가 증가함에 따라 개인의 콘텐츠 시청 패턴과 유튜브 알고리즘의 파편화도 빠르게 진행 중이다.

다양한 산업 분야의 콘텐츠들을 확보하고 있는 유튜브는 이제 콘텐츠 시장의 거대한 포식자로 자리매김했다. 1인 미디어부터 레거시 미디어, 웹드라마와 웹예능 등의 웹 포맷 영상, 음악, 영화, 숏폼 등 분야와 장르를 가리지 않는다. 포맷이 서로 다른 웹툰과 웹소설, 그리고 제작 사업을 철수한 오리지널 콘텐츠 및 OTT 사업을 제외하면 유튜브가 콘텐츠 산업의 거의 전 분야를 흡수하는 중이라 해도 과언이 아니다. 게다가 2022년 내에 실시간으로 시청자들과 소통하며 상품을 판매할 수 있는 '라이브 쇼핑' 기능을 도입하겠다는 계획을 밝혔다.[2] 유튜브가 라이브 커머스 시장까지 선점할 수 있을지 주목해볼 만하다.

유튜브는 전 세대에 걸쳐 가장 많이 이용하는 1위 플랫폼이다. 그러나 우리의 일상과 사회에 미치는 영향력은 단순히 플랫폼이라고 볼 수 없을 정도로 막강하다. 유튜브의 영향력이 강화되는 것 못지않게 시청자들의 소비 형태도 점점 달라지고 있다. 유튜브 시청자들은 갈수록 자신의 취향이나 관심사 중심의 콘텐츠만을 집중적으로 소비하며, 유튜브 또한 이에 발 빠르게 대응해 개인 맞춤형 콘텐츠를 계속해서 추천하고 있다. 이런 이유로 분야별로 두터운 팬층을 보유한 채널, 확실한 대세라고 말할 수 있는 채널을 찾는 것이 상당히 어려워지고 있다. 물론 인기 급상승 동영상 목록을 통해 화제성이 높은 콘텐츠들을 확인할 수는 있다. 하지만 이 또한 연예기획사와 방송국 채널들의 영상이나 스튜디오 웹예능 영상들이 대부분을 차지하고 있어 유튜브 시장 전체를 고르게 반영한다고 보기 어렵다.

김작가TV, 주부나라, 건나물TV, 깡스타일리스트, 프응TV. 이상 5개의 유튜브 채널

중에서 자신이 알고 있는 채널이 몇 개인지 말해보자. 이 중 자신이 평소 챙겨보는 채널도 있을 것이고, 반대로 다소 생소한 채널도 있을 것이다. 혹은 5개 채널을 다 모를 수도 있다. 참고로 이 중 3개 채널은 100만 이상 구독자를 보유하고 있는 대형 채널이며 나머지 두 채널 또한 60만 이상의 구독자를 보유하고 있다. 그럼에도 이 채널들을 모르는 이들이 적지 않다.

실제로 꽤 많은 사람이 어떤 채널들이 유튜브에서 인기를 끌고 있으며 그 이유가 무엇인지 잘 모른다. 이는 비즈니스 분야에서 겪는 어려움으로도 연결된다. 자사 브랜드 및 제품을 홍보하기 위해 어떤 채널 및 크리에이터와 협업을 해야 하는지 제대로 알지 못하는 것이다. 이런 문제들을 해소하고 독자들에게 도움을 주고자 이 책에서는 현재 주목해야 할 유튜브 채널 100개를 선정해 추천하고자 한다.

2022년 4월부터 6월까지 유튜브에 업로드된 전체 한국 콘텐츠들을 대상으로 조회수, 기간 내 영상 발행 건수, 구독자수, 산업 규모 등을 종합적으로 분석해 상위 100개 채널을 선정했다. 여기서 방송국과 연예기획사 채널, 기업 공식 채널, 특정 집단을 대변하는 정치 채널, 영화나 드라마를 기반으로 2차 창작을 하는 채널은 제외했다. 쇼츠 전문 채널의 경우 현재 콘텐츠별 조회수 편차가 심하고 채널 운영의 변동성이 높아 제외했다.

선정된 100개 채널은 세부적으로 콘텐츠 주제 및 특성에 따라 11개의 카테고리로 나누었다. 그리고 각 카테고리마다 선정된 채널들의 조회수 규모와 주요 시청자 성별, 구독자 규모 분포를 한눈에 파악할 수 있는 시각 자료(차트)를 함께 만들었다. 여기서 제시하는 조회수는 영상 업로드 이후 7일 경과일 기준이며 차트에 포함되는 '조회수 규모' 또한 업로드 7일 경과일 기준 평균 조회수를 기준으로 측정했다.

'주요 시청자 성별'의 경우, 파편화된 개인의 시청 취향과 패턴을 가장 명확하게 유형화할 수 있어 분류 기준으로 설정했다. 단, 채널별 외부 통계를 수집할 수 없어 콘텐츠 주제와 댓글의 톤앤매너, 팬덤의 특성, 추천 채널 등을 고려해 성별을 나누었다. 그런 이유로 일부 오차가 발생할 수 있다. 여성 독자들은 여성향 채널이, 남성 독자들은 남성향 채널이 자신의 취향과 관심사에 맞을 확률이 높을 것이다. 하지만 압도적인 남성향 혹은 여성향 채널 외에 남성 60%, 여성 40%와 같이 남녀 시청자의 비중 차이가 크지 않은 채널도 우세한 성별로 분류한 점을 참고하기 바란다.

마지막으로 '구독자 규모'는 구독자수 분포에 따라 200만 명 이상, 100만 명 이상~200만 명 미만, 50만 명 이상~100만 명 미만, 50만 명 미만까지 총 4개 등급으로 나눴으며, 차트에 크기가 다른 4개의 원으로 구분했다. 따라서 가장 크기가 큰 원에 표기된 채널들은 200만 명 이상의 구독자를 보유한 채널을 의미한다.

이어지는 내용을 통해 주제별로 현재 가장 인기 있는 채널들을 새롭게 알아가는 재미를 느꼈으면 한다. 또한 자신이 즐겨 보는 크리에이터의 주요 시청자 연령, 유사 채널 대비 조회수와 구독자 규모 등을 확인해보는 기회가 되길 바란다.

잘 만든 스튜디오 콘텐츠 하나, 열 TV 프로그램 부럽지 않다

웹예능
스튜디오 와플-STUDIO WAFFLE, 달라스튜디오,
문명특급-MMTG, 차린건 쥐뿔도 없지만, 흥마늘 스튜디오,
하이틴에이저 Hi-teenager, 자이언트 펭TV,
숏포러브, 김구라의 뻐꾸기 골프 TV

웹드라마/애니메이션
픽고 PICKGO, 진용진, 장삐쭈, 총몇명

다양한 디지털 콘텐츠 스튜디오들이 유튜브 콘텐츠 제작에 뛰어들면서 시청자와 조회수를 획득하기 위한 콘텐츠 경쟁이 치열해지고 있다. 그중 현재 가장 대중적인 인기를 얻고 있는 콘텐츠는 웹예능이다. 웹예능은 프로그램을 진행하는 출연자를 비롯해 다양한 셀럽 게

스트들의 입담과 매력이 인기의 주요 포인트다. 또한 TV 예능 프로그램과 유사한 편집 스타일과 퀄리티를 유지하고 있어 과하게 자극적이지 않고 날 것의 느낌이 적다. 눈살을 찌푸릴 만한 요소가 거의 없기 때문에 자연스럽고 정제된 웃음을 원하며 셀럽을 선호하는 여성 시청자 비중이 대체로 높은 편이다. 남성 시청자들의 경우 스포츠 등 관심사 기반의 웹예능을 선호하는 경향이 강하다.

웹예능의 인기는 주로 연예인들이 주도해왔지만 크리에이터와 일반인들의 등장이 늘어나면서 점차 흐름이 바뀌는 중이다. 또한 어느 한쪽이 절대적인 선망의 대상이나 우위를 점하는 관계가 아닌, 함께 예능에 출연하는 동등한 관계로 참여하고 있어 이질감이 없다. 콘텐츠 기획에 따라 연예인이 일반인에게 무언가를 배우기도 하고, 크리에이터가 연예인을 인터뷰하기도 한다.

웹드라마와 애니메이션의 경우에도 스튜디오에서 오리지널 콘텐츠를 제작하면서 고정 시청자가 늘어나는 추세이며 각 영상의 조회수 역시 상당히 높다. 특히 과거 웹드라마는 여러 건의 영상에 걸쳐 긴 호흡으로 이야기가 이어졌던 반면, 최근에는 하나의 영상에서 스토리가 마무리되는 단편 에피소드형 웹드라마가 주를 이룬다. 또한 실제로 겪어봤을 법한 현실적인 이야기와 배우들의 뛰어난 연기력이 시너지를 일으켜 시청자들의 큰 공감을 얻고 있다. 애니메이션의 경우 기발한 스토리와 개성 있는 그림체, 웃음을 유발하는 대사와 더빙 등으로 마니아 시청자들을 사로잡아 탄탄한 팬덤을 보유하고 있다.

스튜디오 콘텐츠 채널 지형도

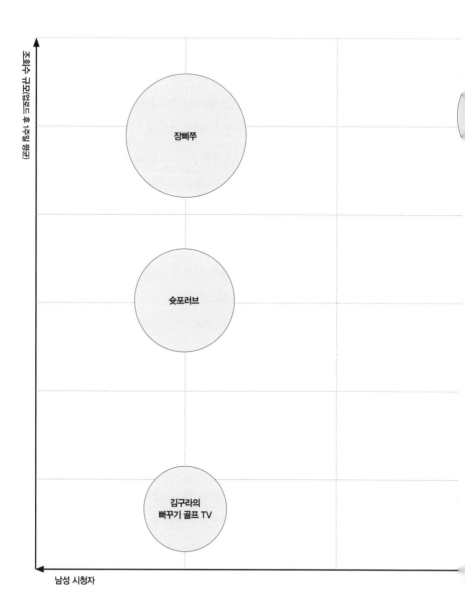

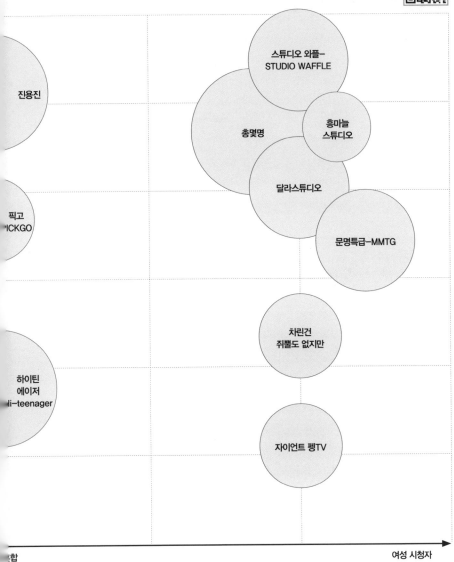

볼 때마다 빵 터지는
웃음 치트키 크리에이터

스케치 코미디
숏박스, 너덜트, 강유미 yumi kang좋아서 하는 채널, 싱글벙글
코미디 크리에이터
옴뫄 핫소스, 보물섬, 피뿌리, 피식대학 Psick Univ
기타
침착맨, 감스트 GAMST, 오킹TV, 피지컬갤러리, 해쭈[HAEJOO]

2022년 가장 눈에 띄는 유튜브 트렌드는 단연 코미디언들이 주도
하는 스케치 코미디 콘텐츠였다. 그동안 일반인 크리에이터들이 운
영하는 코미디 채널들이 인기를 얻었다면 2022년에는 방송사 공채
출신 정통 코미디언들의 활약이 늘어나면서 코미디 시장을 양분화

하는 양상을 보였다. 코미디 크리에이터들의 경우 웃음 취향에 따라 호불호가 명확하다 보니 마니악한 특성이 있어 팬덤이 좁고 긴 편이다. 반면 코미디언들은 대중적인 공감대에 기반한 웃음을 유발하기 때문에 보다 폭넓은 시청자들의 인기를 얻고 있다.

한편, 침착맨이나 오킹처럼 트위치에서 활동하는 인기 스트리머들이 유튜브에 성공적으로 안착해 트위치에서의 인기를 이어가고 있다. 이들은 주로 트위치에서 팬들과 실시간 생방송을 진행하고, 하이라이트 장면을 중심으로 편집한 영상을 유튜브에 업로드한다. 그 외 유튜브 시청자들을 공략하는 기획형 예능 콘텐츠들도 선보인다. 자신의 강점을 살리되 시청자들의 니즈를 잘 반영한 콘텐츠로 견고한 팬덤을 유지하고 있다.

남녀 시청자들의 선호하는 콘텐츠 스타일도 달랐다. 남성 시청자들은 스트리머나 코미디 크리에이터와 같이 자극적이면서 날 것의 느낌이 있는 강력한 입담과 개그를 선호했다. 반면 여성 시청자들은 웹예능과 유사하게 상대적으로 정제되고 일상적인 공감대를 형성할 수 있는 웃음을 선호했다.

코미디 콘텐츠 채널 지형도

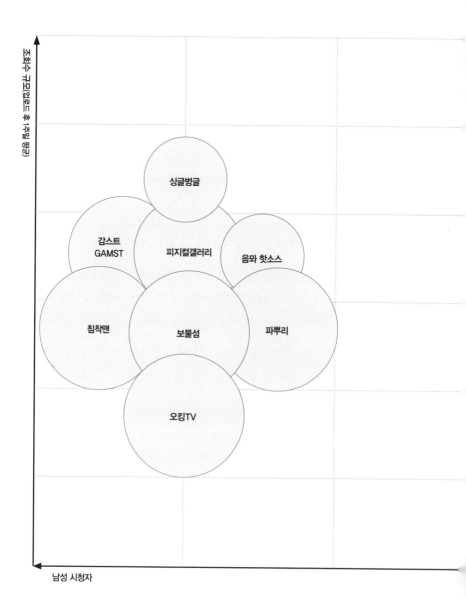

조회수 규모(업로드 후 1주일 평균)

남성 시청자

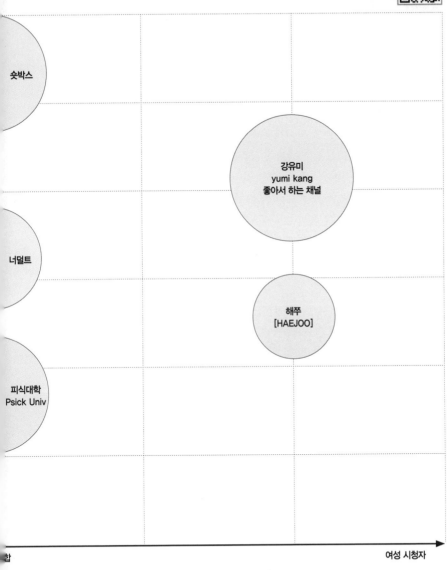

숏박스

강유미
yumi kang
좋아서 하는 채널

너덜트

해쭈
[HAEJOO]

피식대학
Psick Univ

합   여성 시청자

연예인의 '찐' 매력 탐구는
유튜브에서

연예인(일상)
김나영의 nofilterTV, 도장TV, 걍밍경, 홍현희 제이쓴의 홍쓴TV,
성시경 SUNG SI KYUNG

연예인(예능)
할명수, 공부왕찐천재 홍진경, 매미킴 TV,
김종국 GYM JONG KOOK

최근 배우, 가수, 예능인 등 다양한 분야에서 활동하는 연예인들이
유튜브를 대중과의 소통 창구이자 새로운 도전의 무대로 적극 활용
하고 있다. 개인 채널을 개설해 일과나 취미 활동 등 일상을 공유하
는 연예인들이 주를 이루지만 최근에는 특히 TV와 연계되어 유튜브
를 활용하는 경우가 많아졌다. TV 프로그램을 통해 인기를 얻은 연

예인들이 유튜브 채널을 개설해 TV에서 받았던 관심을 유튜브로 확장하고 있는 것이다.

대표적으로 〈슈퍼맨이 돌아왔다〉를 통해 큰 사랑을 받은 도경완, 장윤정 부부와 자녀들은 '도장TV' 채널을 통해 가족의 일상을 보여주며 시청자들의 관심을 끌어당기고 있다. 〈전지적 참견 시점〉에서 주목을 받은 홍현희, 제이쓴 부부 역시 '홍현희 제이쓴의 홍쓴TV' 채널을 통해 대세감을 이어가는 중이다.

그런가 하면 박명수나 홍진경 등 TV를 통해 재능과 끼가 검증된 인기 예능인들이 유튜브에 진출해 새로운 예능 콘텐츠를 선보이는 경우도 많다. TV에서는 정해진 프로그램의 성격과 특성에 맞춰 다양한 모습을 보여줬다면, 유튜브 채널에서는 토크쇼나 스포츠, 공부 등 자신이 가장 잘 소화할 수 있는 영역을 선택해 집중적으로 보여준다. 이들은 특히 MZ세대들이 좋아하는 솔직하고 거침없는 입담을 보여주는데, 매 영상마다 MZ세대들의 관심사를 반영한 주제를 다루어 공감대와 인기의 끈을 놓지 않는다.

예능인들의 유튜브 채널은 웹예능과 유사하게 디지털 콘텐츠 스튜디오와 협업하는 경우가 많고, 영상에서도 웹예능과 유사한 성격을 보인다. 하지만 자신의 이름을 앞세워 유튜브 채널을 운영한다는 점, 웹예능보다 상대적으로 크리에이터의 역량과 매력이 더 중요하다는 점에서 큰 차이가 있다. 연예인들이 가진 진짜 매력이 유튜브를 만나 제대로 폭발하는 것이다.

연예인 유튜브 채널 지형도

조회수 규모(업로드 후 1주일 평균)

남성 시청자

매미킴 TV

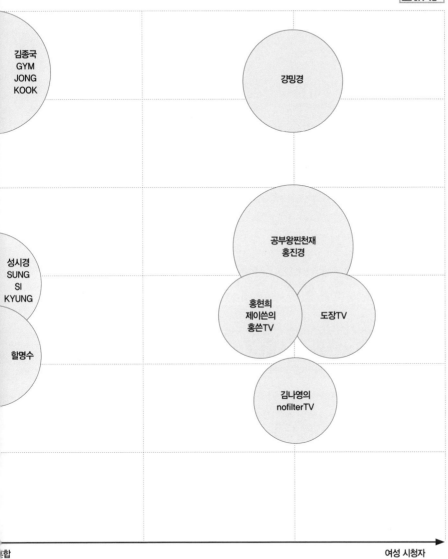

김종국
GYM
JONG
KOOK

강밍경

공부왕찐천재
홍진경

성시경
SUNG
SI
KYUNG

홍현희
제이쓴의
홍쓴TV

도장TV

할명수

김나영의
nofilterTV

합

여성 시청자

인생의 즐거움 1순위,
맛있게 먹고 건강하게 살기

> **요리/레시피**
> 승우아빠, 육식맨 YOOXICMAN, 이 남자의 cook, 주부나라,
> 입질의추억TV jiminTV, 수빙수tv sooBingsoo
>
> **건강 정보**
> 닥터프렌즈, 건나물TV, 약사가 들려주는 약 이야기

음식에 대한 사람의 욕망은 매우 기본적이다. 누구나 맛있는 음식을 먹고자 하며 건강한 삶을 살고 싶어 한다. 유튜브는 이러한 인간의 욕망을 가장 빠르게 충족시켜주는 플랫폼이다. 맛있고 간단한 조리법, 건강한 식생활, 좋은 식재료 구하기 등 유튜브를 검색하면 잘 먹고 잘사는 데 필요한 정보와 노하우를 빠르게 얻을 수 있다. 음식 관

련 분야에서는 음식을 맛있게 먹는 먹방 영상들이 오랜 기간 대세의 자리를 지켰다. 하지만 최근에는 그 흐름이 달라지고 있다. 음식 만드는 과정과 조리법을 다루는 정보형 요리 영상들이 갈수록 더 많은 사랑을 받는 쪽으로 바뀌고 있다.

요리 콘텐츠는 남성과 여성 시청자들의 관심사가 매우 다르다. 남성 시청자들의 경우 육류부터 수산물 등 식재료를 활용한 요리 콘텐츠를 선호한다. 특히 대형 식재료나 조리 기구, 쉽게 구할 수 없는 희귀한 재료 등 요리의 스케일이 크고 희소성이 높은 콘텐츠가 좋은 반응을 얻는다. 반면 여성 시청자들은 반찬 레시피나 쉽게 구매할 수 있는 식재료 활용법 등 일상에서 적용할 수 있는 실용적인 요리 콘텐츠들에 대한 니즈가 높다.

한편, 과거에는 주로 TV에서 방영하는 건강 정보 프로그램을 통해 관련 정보를 확인할 수 있었는데 점점 유튜브가 그 역할을 대체하는 중이다. 의사나 약사, 교수 등 건강 분야 전문가들이 직접 유튜브 채널을 운영하며 식재료의 효능을 비롯해 다양한 의학 정보, 질병 치료 및 예방법 등의 전문성을 바탕으로 건강 정보를 공유하고 있다. 실용적인 정보를 원하는 여성들을 비롯해 건강 관리가 중요해지는 중장년층들이 이러한 건강 정보 콘텐츠의 주요 시청자다.

요리 및 건강 콘텐츠 채널 지형도

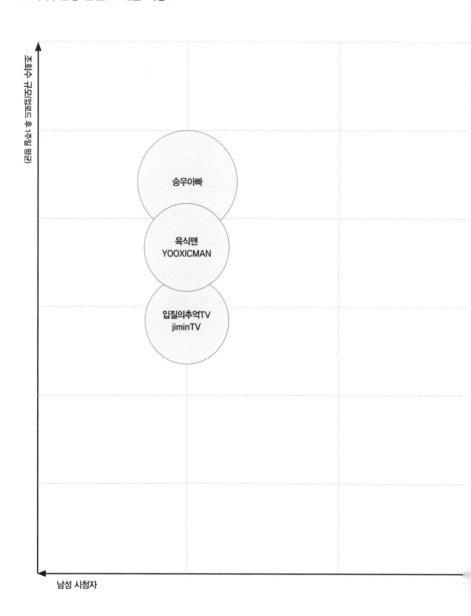

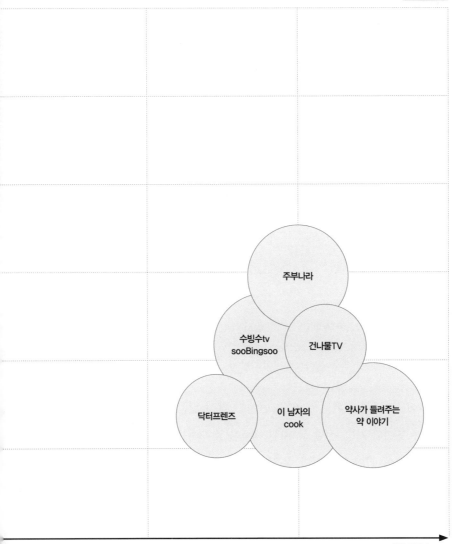

혼합

여성 시청자

잘 입고 잘 꾸미는
남녀들의 꿀팁 대방출

패션
AliceFunk 앨리스펑크, 깡스타일리스트

뷰티
LeoJ Makeup(레오제이 메이크업), 회사원A, kiu기우쌤

코로나19가 장기화되면서 2022년에도 역시 얼굴 중심의 메이크업 보다는 옷이나 가방, 신발 등 패션 제품을 소개하는 패션 크리에이터 들의 채널이 인기를 얻었다. 특히 디자이너나 스타일리스트 출신의 감각 있는 크리에이터들이 운영하는 채널이 크게 부상했다. 이들은 단순한 제품 소개나 언박싱을 하는 데 머물지 않고 연령별, 체형별, 상황별, 가격대별, 구매처별로 시청자들의 궁금증과 관심사를 아우

르는 맞춤형 패션 정보와 노하우를 제공한다. 남성 패션 크리에이터들의 경우 팬들과 소통하는 커뮤니티를 활용해 팬들이 구매한 제품이나 스타일링에 대해 평가와 조언을 해주는 콘텐츠를 주력으로 하는 특징이 있다.

뷰티 크리에이터들은 그동안 메이크업 정보 중심의 콘텐츠를 주로 제작해왔다. 그러나 최근에는 영역을 확장해 예능 콘텐츠나 브이로그 포맷을 활용한 일상 모습이나 여행기 등 영상에 재미 요소를 가미하는 쪽으로 변화하는 중이다. 대표적인 예로 '레오제이 메이크업'을 들 수 있는데, 친한 친구들과 함께 찍어 올린 브이로그 콘텐츠로 대중적인 인기를 끌었다. '회사원A' 또한 해외여행 후기나 럭셔리 서비스 체험 영상 등을 선보이며 시청자들에게 새로운 재미를 제공하고 있다.

패션 및 뷰티 콘텐츠 채널 지형도

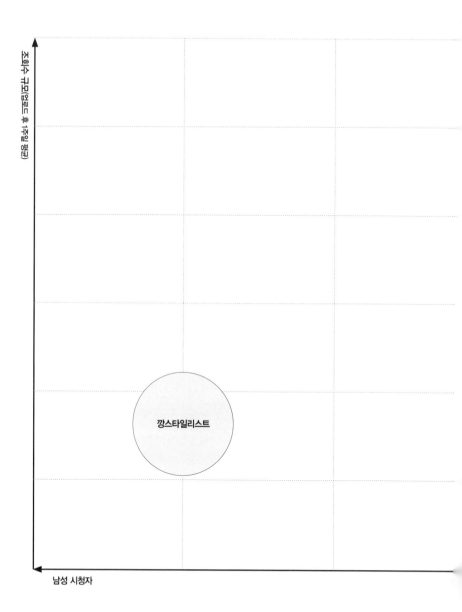

조회수 규모(업로드 후 1주일 평균)

남성 시청자

깡스타일리스트

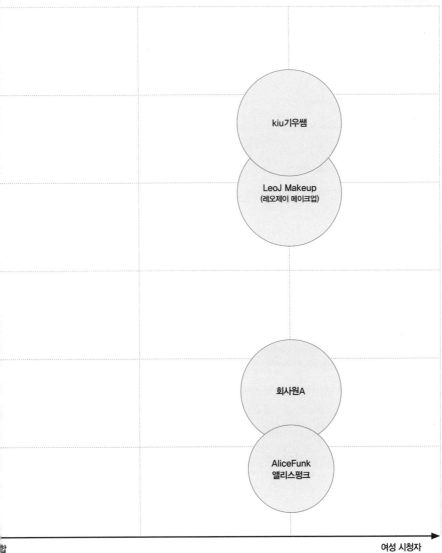

kiu기우쌤

LeoJ Makeup
(레오제이 메이크업)

회사원A

AliceFunk
앨리스펑크

합

여성 시청자

돈과 경제,
세상의 흐름을 읽다

경제/재테크 슈카월드, 삼프로TV_경제의신과함께, 김작가 TV, 부읽남TV – 부동산 읽어주는 남자, MKTV 김미경TV	
복지/사업 시니어전성시대, 장사의 신	

팬데믹이 시작된 2020년부터 2021년까지 재테크 열풍이 불면서 경제 전문 채널들이 대중적인 관심과 인기를 얻기 시작했다. 이 시기에 성장한 경제 크리에이터들은 전문적인 분석과 유용한 정보들을 제공하며 시청자들의 신뢰를 얻었다. 그러나 2022년 들어 한국을 비롯한 세계 경제가 침체되면서 주식과 코인 시장은 폭락했고 부동

산 시장 또한 크게 위축되었다.

경제 위기가 찾아오면서 경제 채널들도 이전보다 다양한 콘텐츠를 제공하기 어려워졌다. 하지만 이미 입지를 굳힌 크리에이터들은 큰 흔들림 없이 굳건히 자리를 지키는 중이다. 특히 정보력과 신뢰가 무엇보다 중요한 분야다 보니 크리에이터와 신뢰 관계가 형성된 시청자들은 시청 채널을 쉽게 바꾸지 않는 경향이 강하다.

이런 흐름 속에서도 성장세를 보인 채널들이 있었다. 경제 크리에이터 '슈카월드'처럼 경제를 비롯해 사회, 역사, 과학, 게임 등으로 정보의 분야를 넓히거나 자영업자들을 찾아가 컨설팅해주는 '장사의 신' 채널처럼 영상에 예능적인 요소를 가미한 채널들의 성장세가 돋보였다.

경제 채널은 남성 시청자들의 비중이 압도적으로 높았다. 반면 평균 조회수는 다른 카테고리에 비해 낮은 편인데 그 이유는 많은 경제 채널들이 다양한 정보를 매일 혹은 실시간으로 전달하는 경우가 많기 때문이다. 매일 다량의 영상이 업로드되다 보니 평균 조회수는 낮아지게 된다. 여성 시청자들도 경제 콘텐츠를 소비하고 있지만 그 규모는 크지 않다. 인지도가 압도적으로 높은 '김미경TV'가 많은 여성 시청자들을 확보하고 있는 상황이다.

경제/재테크 콘텐츠 채널 지형도

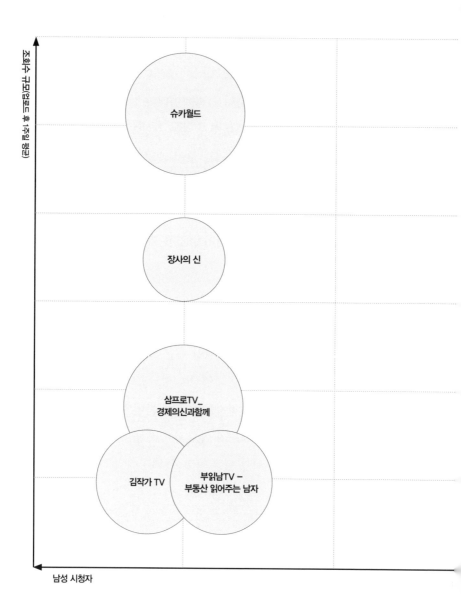

조회수 규모(업로드 후 1주일 평균)

슈카월드

장사의 신

삼프로TV_
경제의신과함께

김작가 TV

부읽남TV –
부동산 읽어주는 남자

남성 시청자

니어
성시대

MKTV
김미경TV

여성 시청자

알아두면 쓸모 있는
다양한 잡학 상식

IT/가전 ITSub잇섭, 귀곰	
자동차 김한용의 MOCAR, 한문철 TV	
게임 김성회의 G식백과, 중년게이머 김실장, 아이템의 인벤토리, GCL 지씨엘	
기타 긱블 Geekble, 입시덕후	

전자제품, 자동차, 게임, 과학, 대학입시 등 분야별로 전문적인 상식

을 제공하는 크리에이터들은 대중적인 인지도나 인기는 다소 낮은 편이다. 대신 각 분야에 관심도와 관여도가 높은 마니아 시청자들을 보유하고 있는 것이 특징이다. 주로 다루는 분야에 있어 시청자만큼이나 진심인 그들은 다양한 제품과 서비스를 전문적으로 살펴보면서 장단점이나 차별성 등을 솔직하게 평가한다. 혹은 전문 상식을 바탕으로 흥미로운 주제를 선정해 새로운 관점과 해석, 유용한 정보, 직접 제작한 창작물 등을 선보이기도 한다.

전문 상식 크리에이터의 채널은 다양한 정보를 깊게 알고자 하는 남성 시청자들의 비중이 높은 편이다. 그런 까닭에 주로 남성들의 관심도가 높은 과학, 자동차, 게임 분야의 전문 채널들이 많이 포진되어 있다. 반면 IT 기기나 가전제품 등을 전문으로 다루는 채널들은 남녀 시청자 모두 고르게 시청하는 것으로 나타났다.

잡학 상식 콘텐츠 채널 지형도

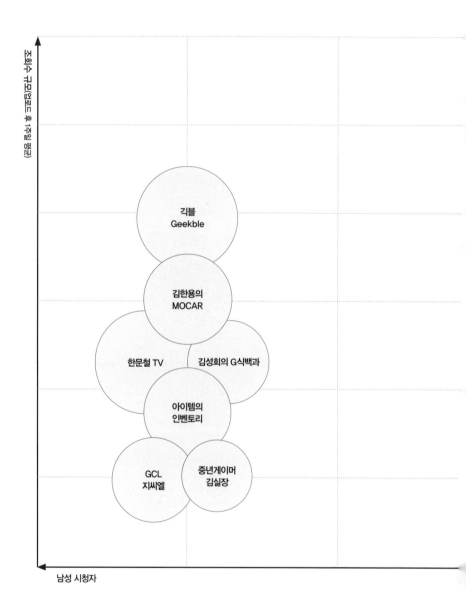

조회수 규모(업로드 후 1주일 평균)

긱블
Geekble

김한용의
MOCAR

한문철 TV

김성회의 G식백과

아이템의
인벤토리

GCL
지씨엘

중년게이머
김실장

남성 시청자

ITSub잇섭

김시덕후

귀곰

합

여성 시청자

마음의 양식을 쌓고
삶의 지혜를 얻다

교수/학자
셜록현준, 최재천의 아마존, 조승연의 탐구생활, 김지윤의 지식Play,
지식해적단

멘토링
김창옥TV, 법륜스님의 즉문즉설

2021년부터 인문학, 건축학, 과학, 법학 등 여러 학문 분야의 저명한
교수나 전문직 종사자들이 유튜브에 진출해 인기를 얻기 시작했다.
이들은 유튜브 크리에이터가 되어 오랜 시간 쌓은 전문 지식과 통찰
력을 공유하는데, 가벼운 지식부터 사회적인 쟁점까지 다양한 주제
들을 두루 다룬다. 전문가들이 다루는 콘텐츠라 신뢰할 수 있고, 유

튜브라는 매체 특성상 교양 차원의 지식을 쉽게 전달하다 보니 많은 호응을 얻고 있다.

대표적으로 생물학자인 최재천 교수의 '최재천의 아마존' 채널을 들 수 있다. 이 채널은 최재천 교수가 한국 사회의 세대 갈등에 대해 이야기하면서 큰 인기를 얻기 시작했고 구독자 역시 증가하는 추세다. 건축가 유현준은 '셜록현준'을 통해 한국의 반지하 주거 공간이 가진 문제점을 짚었는데 이 역시 많은 시청자들의 공감과 지지를 받았다. 향후 더 많은 학문 분야의 전문가들이 유튜브에 진출할 것으로 예상된다.

대중적인 지지를 받는 소통 전문가나 종교인, 상담가 등 다양한 분야의 멘토나 전문 강연자들도 유튜브로 진출했다. 이들은 유튜브를 통해 고민 상담을 진행하고 대중에게 위로와 조언을 해주고 있다. 오프라인 강연장을 찾아가야 했던 과거에는 연사들과 소통할 수 있는 시간과 기회가 매우 한정적이었지만, 이제는 유튜브를 통해 언제 어디서나 삶의 지혜를 배우고 마음의 위안을 얻을 수 있게 되었다.

전문 지식/멘토링 콘텐츠 채널 지형도

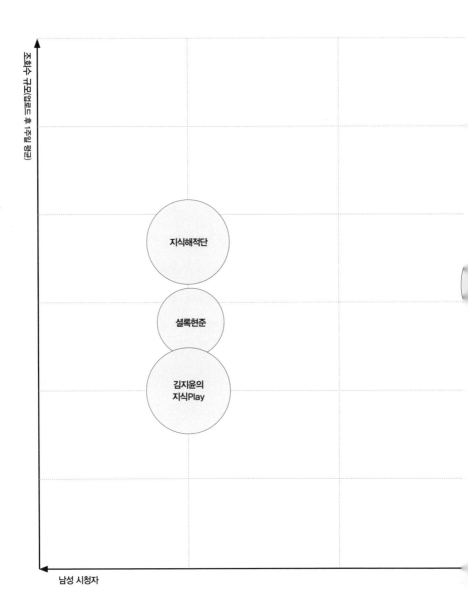

조회수 규모(업로드 후 1주일 평균)

남성 시청자

조승연의
탐구생활

대천의
마존

법륜스님의 즉문즉설

김창옥TV

합

여성 시청자

다채로운 라이프스타일을 골라 보는 재미

한국

tweety 트위티, 삐루빼로, 가요이 키우기 YoiKi, 자취남

해외

영국남자 Korean Englishman, 올리버쌤, 토모토모TomoTomo,
유우키의 일본이야기 YUUKI, 오사카에사는사람들TV,
곽튜브 KWAKTUBE

다른 사람들의 다양한 일상을 엿볼 수 있는 브이로그 콘텐츠는 수년
째 꾸준한 인기를 유지하고 있다. 해를 거듭할수록 크리에이터들의
연령이나 직업, 사회적 환경과 상황, 관심사, 거주지 등도 다양해지
는 추세다. 이에 따라 그들이 보여주는 일상도 연애와 결혼생활, 아
르바이트, 육아, 살림, 인테리어, 구직과 퇴사, 투병 생활 등 광범위해

지면서 다양한 주제로 확장되고 있다.

2022년부터 하늘길이 다시 열리긴 했지만 여전히 팬데믹 이전처럼 활발한 해외여행이나 체류는 쉽지 않은 상황이다. 이런 현실 때문에 세계여행을 다니거나 타국에 살고 있는 사람들의 콘텐츠가 높은 조회수를 얻고 있다. 특히 다양한 조합의 국제 커플이나 국제 가족의 일상을 담은 채널들의 인기가 높다. 한국인과 함께 출연하는 구성원의 국적도 일본, 미국, 러시아, 우크라이나, 마케도니아, 스페인, 체코, 브라질 등 상당히 다양하다. 외국인들이 한국 문화를 체험하는 영상도 호응이 높은데, 많은 시청자들이 다른 문화권에서 자란 사람들의 반응과 해석, 생각 등을 접하며 신선함과 자긍심을 동시에 느끼기 때문이다.

브이로그의 경우 주로 2030 여성들의 시청 비율이 높다. 댓글을 살펴보면 대부분 삶에 대한 지지, 동경, 감사, 공감, 동기부여 등 긍정적인 반응이 압도적으로 많고 악플이 거의 없는 편이다. 그렇다고 해서 브이로그를 2030 여성 시청자들의 전유물로 생각하면 오산이다. 최근에는 브이로그를 시청하는 4050 여성 시청자들도 증가하고 있다. 반면 남성 시청자들은 감성적인 브이로그보다는 해외여행이나 한국인의 타지 생활기, 혹은 외국인들의 한국 체험 및 리액션 등 엔터테인먼트형 일상 콘텐츠에 대한 선호도가 높다.

라이프스타일 콘텐츠 채널 지형도

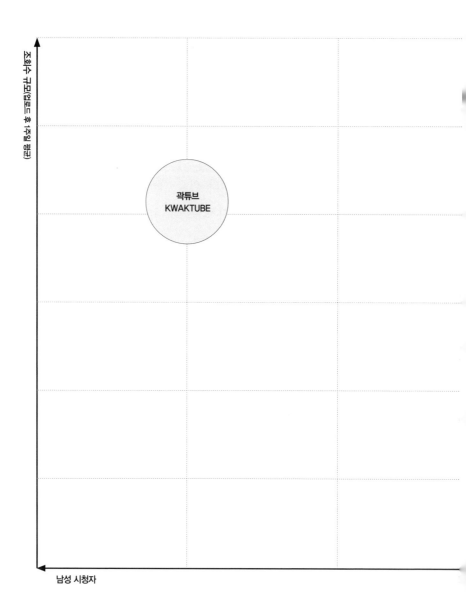

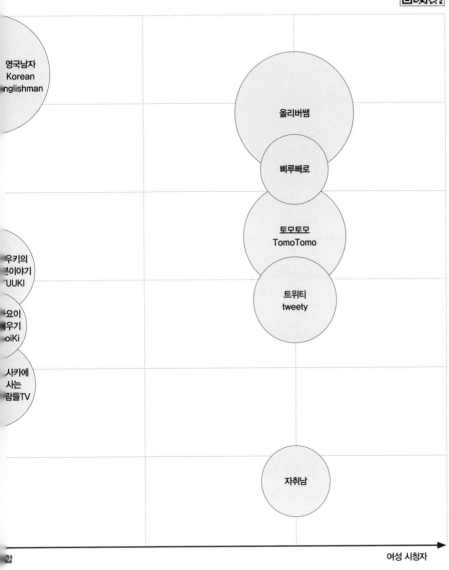

영국남자
Korean
Englishman

올리버쌤

삐루빼로

토모토모
TomoTomo

트위티
tweety

우키의
이야기
UUKI

요이
우기
oiKi

사카에
사는
람들TV

자취남

합

여성 시청자

보기만 해도 눈과 귀가
즐거워지는 시간

먹방 [햄지]Hamzy, tzuyang 쯔양, 조조캠핑
ASMR/DIY 사나고 Sanago, 지읒asmr, K-현실고증
동물 haha ha(하하하), 냥이아빠, 프응TV, [THE SOY]루퐁이네

시각과 청각을 자극해 즐거움을 주는 채널들의 2022년 성장세는
다소 둔화된 편이다. 하지만 여전히 몇몇 채널들은 견고한 팬덤을 유
지 중이다. 특히 오랜 기간 활동한 먹방 크리에이터들의 경우 국내
대비 해외 시청자 비율이 압도적으로 높아지고 있다는 점이 주목할

만하다. 먹방을 즐겨 찾는 시청자들의 선호도 역시 변화하고 있다. 방 안에서 많은 음식을 세팅한 후 카메라를 바라보며 먹는 정형화된 포맷보다는 캠핑이나 여행 등 다양한 장소에서 먹는 모습이 자연스럽게 녹아든 브이로그형 먹방의 선호도가 높아지는 중이다.

감각적인 ASMR이나 수공예 작품, 게임 프로그램을 활용한 창작물을 제작하는 창작 콘텐츠에도 최근에는 기획적인 요소가 가미되고 있다. 기존 창작 콘텐츠들은 주로 사운드나 작품의 완성도 등 높은 영상 퀄리티가 인기를 얻는 주요 포인트였다. 하지만 갈수록 유머러스한 자막이나 스토리텔링, 빠른 장면 전개를 적용한 영상들이 인기를 얻고 있다.

동물 채널의 경우 과거에는 강아지와 고양이 채널이 대다수를 차지했다. 하지만 현재는 꿀벌, 미어캣, 다람쥐, 돼지, 도마뱀, 모기, 해수어 등 다양한 종의 동물 채널들이 생기면서 다변화되는 모습을 보이고 있다. 또 과거에는 귀엽고 사랑스러운 반려동물의 모습과 행동을 보여주는 콘텐츠가 대세였다면, 최근에는 스토리가 있는 영상이나 브이로그, 다큐멘터리 등 다양한 포맷과 장르를 접목시킨 콘텐츠가 큰 호응을 얻고 있다.

먹방/ASMR/동물 콘텐츠 채널 지형도

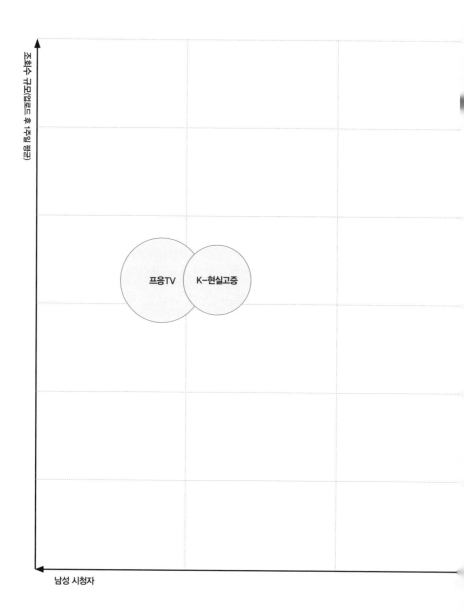

초회수 규모(업로드 후 1주일 평균)

프응TV K-현실고증

남성 시청자

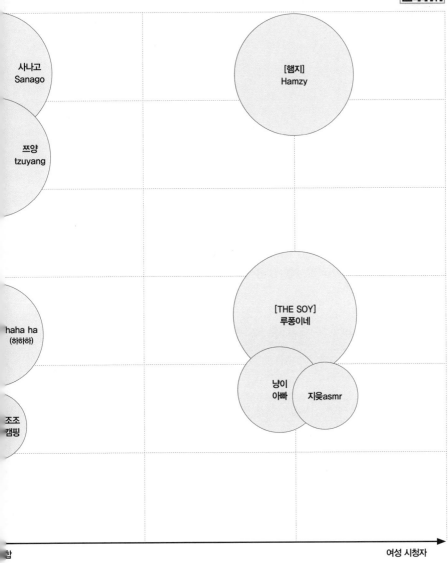

사나고
Sanago

[햄지]
Hamzy

쯔양
tzuyang

[THE SOY]
루퐁이네

haha ha
(하하하)

낭이
아빠

지읏asmr

조조
캠핑

합

여성 시청자

요즘 아이들,
알파세대의 선택은?

코미디/예능 흔한남매, 급식왕, 민쩌미, 허팝Heopop, 빨간내복야코
가족 MariAndFriends(말이야와 친구들), 토깽이네

디지털 문화에 익숙한 1980년대생, 즉 M세대가 부모가 되는 시대
에 접어들었다. 그리고 M세대 부모 아래서 자라는 2010년대 이후
출생한 아이들, 일명 알파^{Alpha}세대들은 디지털 기기와 콘텐츠에 더
욱 친화적이다. 태어날 때부터 이미 디지털 환경을 접하며 성장한 알
파세대는 TV보다 유튜브를 더 많이 보고 있다. 그렇다면 이들은 과
연 어떤 유튜브 채널을 보고 있을까? 알파세대 자녀나 친인척이 있

는 독자들을 위해 최근 알파세대들이 선호하는 채널들을 마지막으로 소개해보고자 한다.

유튜브 내 키즈 콘텐츠의 강자는 단연 어린이들의 눈높이에 맞는 상황극과 가족 예능을 제작하는 크리에이터들이다. 이러한 키즈 크리에이터들은 일상에서 아이들이 겪는 다양한 상황과 관심사, 공감대를 형성할 수 있는 소재를 활용해 발랄한 상황극을 펼친다. 때로는 아이들에게 도움이 되는 교육적인 내용을 다루기도 한다. 대개 하나의 영상으로 끝나는 짧은 에피소드형 콘텐츠로 제작되어 한 채널에서 다양한 주제의 콘텐츠들을 즐길 수 있다.

현재의 성인들은 과거 한국이나 일본, 미국 등에서 제작된 애니메이션이나 만화를 정해진 시간에 맞춰 챙겨보면서 자랐다. 그러나 요즘 아이들은 다르다. 이들은 아주 어릴 때부터 유튜브 크리에이터들의 다양한 콘텐츠들을 자기만의 공간에서, 원하는 시간에, 원하는 콘텐츠를 빠르게 찾아보는 데 익숙하다.

이러한 알파세대의 콘텐츠 시청 특성을 이해하는 일은 아이들의 관심사와 생각을 한층 더 깊게 이해하는 지름길이 될 것이다. 아이들에게 어떤 유튜브 채널을 좋아하는지 물어보고, 이 책에서 추천하는 채널들을 비롯해 여러 키즈 크리에이터들의 영상을 함께 시청해보자.

키즈 콘텐츠 채널 지형도

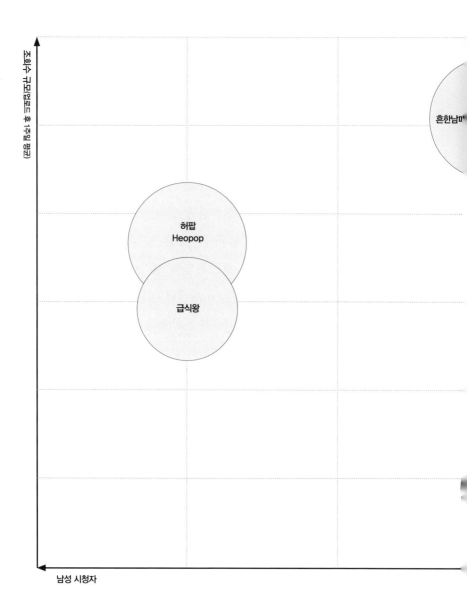

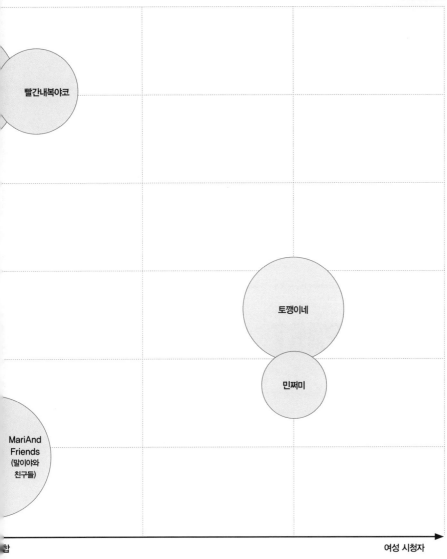

빨간내복야코

토깽이네

민쩌미

MariAnd
Friends
(말이야와
친구들)

합

여성 시청자

변화하는
콘텐츠 미디어,
그 속에 숨어 있는
니즈와 맥락을 읽다

PART

세상을 잠식했던 코로나19의 어두운 그림자가 조금씩 걷히고 엔데믹의 시대가 왔다. 엔데믹과 함께 찾아온 가장 대표적인 변화는 크게 3가지다. 오프라인으로의 회귀, 코로나19와 함께 부풀었던 자산 거품의 붕괴, 환상보다는 현실에 집중한다는 점 등이다. 언제나 그렇듯 콘텐츠와 미디어는 이러한 사회문화적 변화를 빠르게 반영하며 새로운 트렌드를 만들어나가고 있다.

전작에서는 10가지 핵심 키워드를 중심으로 역동적으로 변화하는 콘텐츠 미디어 트렌드를 살펴봤다. 그러나 거대하게 몰아치던 파도가 잦아들고 일상 회복에 몰두한 지금은 모든 부분에서 수비적인 자세를 취하고 있다. 다음 파도를 기다리며 준비하는 시기이기 때문이다. 이럴 때는 폭발하는 욕망이 아니라 내밀하게 숨겨져 있는 대중의 니즈에 주목해야 한다. 잔잔한 물결 아래에서 숨죽이며 움직이고 있는 대중의 욕구와 니즈가 다음 파도를 만나 활성화될 것이기 때문이다. 따라서 이번 책은 변화 그 자체보다 그러한 변화 속에서 주요하게 포착해야 할 맥락을 읽어내는 데 중점을 두었다.

크고 작은 트렌드 속에서 우리가 가진 관점과 대중이 인지하고 있는 관점의 차이가 가장 큰 키워드 5개를 선별했다. '크리에이터 빅웨이브', '하이퍼리얼리즘의 시대', '리본세대', '뉴미디어와 패션 산업', '주인공들의 성 역할 변천사'가 그것이다. 파트 2에서는 각각의 주제별로 깊이와 밀도를 높이고 보다 정확히 맥락을 전달하기 위해 유튜브뿐만 아니라 커뮤니티 및 비즈니스 데이터도 많이 활용했다.

우리를 둘러싸고 일어나는 변화의 물줄기를 파악하고 그것이 어디로 흘러가는지를 탐색하는 과정은 언제나 흥미롭다. 세상이 예측대로 움직이지 않는다는 점에서 더욱 그렇다. 앞으로 세상은 어떤 변화를 맞이하며 우리는 그 변화를 어떻게 헤쳐 나가게 될까?

콘텐츠 세상의 새로운 물결, 크리에이터 빅웨이브

크리에이터에 의한, 크리에이터를 위한 세계

01

크리에이터 빅웨이브

#OTD #1인엔터테인먼트기업 #플랫폼경쟁 #크리에이터이코노미 #비즈니스
확장 #팬덤 #크리에이터IP

과거에는 '크리에이터'를 영상 콘텐츠를 만드는 '유튜버'와 동의어로 생각하는 경향이
강했다. 하지만 디지털 플랫폼의 영향력이 확대되면서 크리에이터의 위상과 영향력도
함께 커지고 있다. 크리에이터에 대한 새로운 정의가 필요한 시점이다.

오늘날 크리에이터는 더 이상 '1인 미디어'가 아니다. 자신의 IP를 바탕으로 콘텐츠 비
즈니스를 하는 '1인 미디어 엔터테인먼트 기업', 즉 산업의 최소 단위로 바라봐야 한
다. 그들은 자신의 콘텐츠로 거대 팬덤을 움직이며 그 영향력을 바탕으로 CEO, 마케
터, 광고기획자, 쇼핑호스트, 광고모델, 강사, 투자자 등 전방위적으로 활동하면서 새
로운 경제 트렌드를 만들어나가고 있다.

이제 크리에이터들의 영향력은 플랫폼을 넘어 확장되고 있다. 이 과정에서 크리에이
터들이 더 이상 특정 플랫폼에 종속되지 않고 자신만의 플랫폼을 구축할 수 있도록
도와주는 솔루션도 등장했다. 미국 등지에서는 이러한 트렌드를 '크리에이터 이코노
미'라고 부른다. 이른바 'Over The Digital-platform(이하 OTD)'이 시작된 것이다.
이 책에서는 보다 명확한 의미 전달을 위해 크리에이터 이코노미가 아닌 'OTD'로 지
칭하도록 하겠다.

현재 전 세계에 약 5,000만 명의 콘텐츠 크리에이터가 존재한다. 그리고 크리에이터
경제 규모만 해도 130조 원(2022년 기준)에 육박한다.[1] 이제 크리에이터를 기반으로
하는 경제 생태계가 새로운 미래 먹거리가 될 것이다. 이러한 크리에이터 빅웨이브에
어떻게 올라탈 것인지 빠르게 결정해야 할 때다.

크리에이터 빅웨이브가
시작되다

초창기 크리에이터들이 만든 콘텐츠는 다분히 재미를 위한 것, 즉 취미 활동의 성격이 강했다. 그러던 것이 이후 다양한 분야에서 전문성을 발휘하는 콘텐츠 크리에이터와 전문 커머스 크리에이터가 등장하면서 전성시대가 펼쳐지더니 어느덧 '크리에이터 이코노미'가 형성되기에 이르렀다. 누구나 손쉽게 온라인 플랫폼에 자신만의 창작물을 올려 직접 수익을 올릴 수 있는 시대가 열린 것이다.

사실 크리에이터라는 개념이 대중들에게 인지된 건 불과 얼마 전의 일이다. 그랬던 그들이 어느새 자신들만의 생태계를 만들어 산업 전반에 지대한 영향을 미치고 있는 상황이다. 크리에이터들이 이렇게 빠른 속도로 자신들의 영향력을 확보하면서 산업 전반의 트렌드를 이끌어나갈 수 있는 이유는 무엇일까? 이를 알기 위해서는 먼저 크리에이터의 진화에 대해 살펴볼 필요가 있다.

크리에이터들은 어떻게 진화해왔나

초기 크리에이터, 재미와 취미로 콘텐츠를 만들다

크리에이터 생태계의 태동기를 이해하기 위해서는 초기 유튜브나 아프리카TV에 어떤 사람들이 모여들었는지 살펴보는 것이 중요하다. 2015년 이전 초창기 유튜브 콘텐츠는 주로 '게임', '뷰티', '키즈'에 집중되어 있었다.[2] 아프리카TV 역시 다양한 콘텐츠가 있었지만 가장 중심이 되는 콘텐츠는 '게임'이었다. 주 시청자는 영유아 혹은 초등학교 고학년에서 중고등학생과 20대 초반이었고 게임 유저들도 있었다. 이들의 공통점은 바로 레거시 미디어에서 소외된 계층이라는 점이었다. 공중파에서 자신들의 니즈를 충족시켜줄 콘텐츠를 찾지 못한 이들이 뉴미디어를 통해 본인들이 좋아하는 것을 공유하며 모여들기 시작한 것이다.

이 무렵 활동했던 크리에이터들은 돈을 벌기 위한 직업의 개념으로 크리에이터에 접근한 것이라고 보기 어렵다. 그보다는 자신의 재능을 더 많은 사람들과 나누며 즐기고 싶어서 시작한 경우가 압도적으로 많다. 즉, 수익보다는 재미 혹은 취미 활동의 일환으로 크리에이터 활동을 시작한 것이다. 이처럼 뉴미디어 플랫폼은 기존 레거시 미디어에서 즐길 거리가 없던 소외계층을 빠르게 흡수하면서 저변을 확대해나갔다.

유튜브에는 재미있고 흥미로운 콘텐츠가 많다는 인식이 빠르게 퍼져 나가면서 대중들의 관심이 커지자 보다 다양한 콘텐츠가 등장했다. 특히 기존의 콘텐츠와는 전혀 다른, 뉴미디어에서만 볼 수 있거나 뉴미디어에 최적화된 형태의 콘텐츠들이 생겨나기 시작했다. 대표적인 사례가 바로 먹방, 쿡방, ASMR, 보이는 라디오 등이다. 이렇게 콘텐츠가 다양해지자 새로운 시청자들이 지속적으로 유입되는 선순환이 이루어졌고, 스마트폰의 보급으로 점점 더 판이 커지게 됐다.

스마트폰으로 시청과 창작이 간편해지고 콘텐츠 제작의 허들이 낮아지면서 유튜브 플랫폼은 본격적으로 대중화되기 이르렀다. TV의 자리를 스마트폰이 차지하고 방송국의 역할을 크리에이터들이 대체하면서 콘텐츠 패러다임의 일대 전환이 일어나기 시작한 것이다. 점점 더 판이 커지자 크리에이터들이 얻는 수익도 많아졌다. 전문가가 아닌 일반인들 중 억대 연봉자보다 더 많은 돈을 벌어들이는 크리에이터들이 대거 등장한 것도 바로 이때쯤이다. 이처럼 1세대와 1.5세대 유튜버들의 성공 신화를 접한 이들이 유튜브로 몰려들면서 최근에는 전문가가 없는 분야를 찾아보기 힘들 정도다.

크리에이터, 경제 활동을 하는 직업으로 인정받다
'내가 좋아하는 일을 하면서도 직장인보다 많이 벌 수 있다.' 크리에이터가 재미와 수익 두 마리 토끼를 다 잡을 수 있는 일이라는 인식이 퍼지자, 2018~2019년 무렵에는 전 국민이 유튜브를 부업으로 고려할 정도로 그 열풍이 심했다. 이런 수요에 힘입어 예비 유튜브 크리에이터를 위한 다양한 강의가 생겨났고, 퇴근 이후에 콘텐츠를

구글 트렌드 유튜브 검색 기준 '영상 편집' 및 '마이크 추천' 월별 검색량 추이

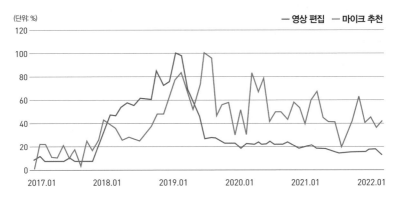

(단위: %)

— 영상 편집 — 마이크 추천

가장 검색량이 많았던 시점을 100%로 잡고 추세 변화를 비교한 결과로, 두 검색량의 절대값의 비교가 아님

만들어 업로드하는 직장인 크리에이터들도 늘어났다. 2019년에는 크리에이터 업종 코드가 생기면서 크리에이터가 엄연한 '사업자'로 인정받았고, 그해 대표적 유망 업종으로 떠올랐다.[3]

유튜브 활동에 얼마나 많은 사람들이 관심을 가졌는지는 구글 트렌드 관련 키워드 검색량 변화를 통해 유추해볼 수 있다. 대개 영상 편집 경험이 없는 사람들은 '영상 편집'이라는 키워드와 함께 촬영 장비 구매를 위해 '마이크 추천'과 같은 키워드를 많이 검색한다. 2018~2019년도에 '마이크 추천' 키워드 검색량이 늘어난 것을 통해 많은 사람들이 시청자가 아닌 창작자로서 유튜브 활동에 관심을 갖기 시작했음을 알 수 있다.

누구나 크리에이터가 될 수 있는 세상이지만

많은 이들이 콘텐츠 창작자가 되기 위해 유튜브에 뛰어들었지만 현실은 녹록지 않았다. 자신만의 차별화된 콘텐츠와 독특한 개성이 있어야만 시청자들의 지속적인 관심을 받을 수 있기 때문이다. 2018~2019년도에 몰아쳤던 유튜버 열풍은 현재 많이 사그라들었다. 대신 기존의 10~20대 위주로 편향되어 있던 크리에이터 시장에 30대 이상의 사회 경험을 가진 이들이 대거 합류하면서 또 다른 변화가 일어나고 있다. 이들은 자신들의 역량을 콘텐츠 제작뿐 아니라 비즈니스 영역으로까지 확장하는 진화를 꾀했다. 또한 국민 대다수가 유튜브와 크리에이터에 대해 인지하게 되면서 그 저변이 빠르게 확대되고 있다. 재능 있고 끼가 많은 주변 사람들을 보면 과거에는 연예인이 되라고 권했지만 지금은 "너는 유튜버 하면 잘하겠다."라고 칭찬한다. 이런 변화만 봐도 크리에이터라는 직업이 우리 삶에 빠르게 뿌리 내린 것을 알 수 있다.

오늘날의 유튜브는 한 단계 더 진화했다. 과거에는 일반인이 대다수였다면 이제는 특정 분야의 전문가를 비롯해서 대학교수와 연예인에 이르기까지 다양한 직업군의 사람들이 유튜브를 통해 소통한다. 이전에는 대중들에게 전하고 싶은 메시지가 있어도 특정 매체에 출연하거나 글을 쓰는 것 외에는 별다른 루트가 없었다. 하지만 유튜브 및 소셜미디어가 활성화되면서 상황이 완전히 바뀌었다. 콘텐츠만 좋다면 불과 하루 사이에도 수백만 명에서 수천만 명에게 퍼져 나갈 수 있고, 소위 대박이 났을 때의 파급력은 TV 못지않다. 이

젠 유튜브가 개인 PR과 퍼스널 브랜딩을 위해 고려해야 할 첫 번째 플랫폼이 된 것이다.

과거의 유튜브는 기획부터 촬영, 편집까지 제작의 전 과정을 혼자 하는 경우가 많아서 '1인 미디어'라고 불렸다. 하지만 지금은 많은 채널들이 팀 단위로 운영되고 있다. 크리에이터를 중심으로 기획, 촬영, 편집의 각 단계가 분업화되고 전문화되면서 콘텐츠의 퀄리티 역시 높아지는 추세다. 경우에 따라 유명인은 자신의 IP만 제공하고 콘텐츠 제작과 채널 운영 일체를 외부에 맡기는 사례도 늘어나고 있다. 자신만의 콘텐츠만 있다면 누구나 크리에이터가 될 수 있는 토양이 마련됨으로써 진입장벽이 낮아졌다는 의미다.

끊임없이 진화하고 있는 뉴미디어

국민 플랫폼이 된 유튜브

오늘날 유튜브는 전 국민이 사용한다고 해도 과언이 아닐 정도로 빠르게 성장하고 있다. 모바일 인덱스 자료에 의하면 유튜브의 국내 월간순이용자^{MAU, Monthly Active User}(이하 MAU)는 2018~2019년도 4,000만 명을 돌파했다. 그리고 이후 현재까지도 그 수준을 유지하면서 카카오톡, 네이버와 더불어 국민 플랫폼으로 자리매김한 상황이다.

2022년 5월 국내 MAU 순위를 살펴보면 1위 카카오톡(약 4,270만

유튜브 MAU 변화 추이

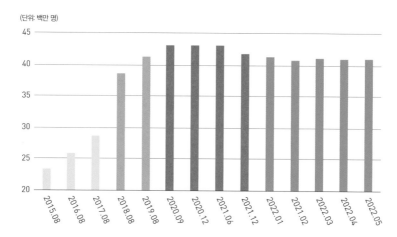

(단위: 백만 명)

(출처: 모바일인덱스)

2022년 카카오톡, 유튜브, 네이버 MAU 및 총 사용 시간 변화 추이

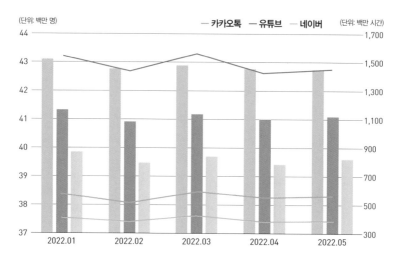

(단위: 백만 명)   — 카카오톡 — 유튜브 — 네이버   (단위: 백만 시간)

(출처: 모바일인덱스)

명), 2위 유튜브(약 4,110만 명), 3위 네이버(약 3,960만 명) 순으로 나타난다. 그러나 총 사용 시간 측면에서의 양상은 조금 다르다. 유튜브 사용 시간은 약 14억 5,450만 시간으로, MAU 1위인 카카오톡(5억 6,010만 시간)의 2배가 넘는 것을 확인할 수 있다. 이는 그만큼 유튜브가 대중들의 삶에 가장 오랜 시간 관여하고 있는 서비스임을 의미한다.[4]

유튜브도 길다, 숏폼으로의 진화

숏폼 콘텐츠의 원조인 틱톡의 경우 국내 MAU는 현재 약 400만 명에서 정체 중이다. MAU 순위는 전체 앱 중 85위로 대세감에 비해 순위가 낮다고 볼 수 있지만, 총 이용 시간으로 봤을 때는 14위(6,650만 시간)로 압도적으로 높다. 남녀노소 누구나 사용하는 플랫폼은 아니지만, 주 소비자층에서는 폭발적으로 사용하고 있다고 해석할 수 있다.

틱톡의 진가는 몰입도와 중독성에 있다. 1인 평균 사용 시간을 살펴보면 유튜브가 72분으로 1위고, 틱톡이 32분으로 2위다. 3위는 아프리카TV인데, 주로 긴 호흡의 라이브 스트리밍 영상이 많은 것을 감안하면 틱톡의 인당 평균 사용 시간이 얼마나 긴지 짐작할 수 있다.[5]

틱톡이 쏘아 올린 숏폼 열풍은 고스란히 유튜브로 이어졌다. 2022년 7월 기준으로, 유튜브에 업로드되는 콘텐츠 중에 쇼츠의 비중이 무려 35%까지 늘어났다. 유튜브 총 조회수에서 약 35%를 차

틱톡 MAU 변화 추이

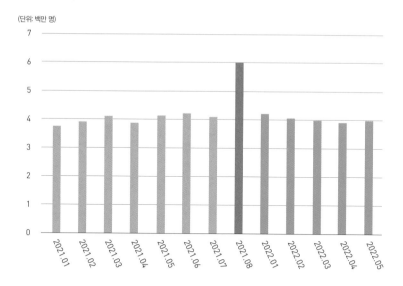

(단위: 백만 명)

2022년 주요 모바일 애플리케이션 1인당 하루 평균 사용 시간

(데이터 출처: 모바일인덱스)

지하는 수치다. 유튜브가 쇼츠를 정식 출범한 지 1년 만에 생긴 변화임을 감안한다면 숏폼이 얼마나 빠르게 뉴미디어에 확산되고 있는지 알 수 있다.

2022년 4월, 가요계는 새로운 방식의 차트 제도를 도입했다. 틱톡 내 음원 사용량 혹은 아티스트의 음원을 활용한 틱토커의 팔로워 증가량을 통해 아티스트와 음원의 성적을 매기는 방식이다.[6] 기존에는 음악을 단지 듣고 감상하는 대상이라고 생각했기 때문에 방송 횟수나 판매량을 기준으로 순위를 매겼다. 하지만 틱톡이 음원을 활용한 다양한 챌린지를 하나의 문화로 만들면서 듣는 횟수를 넘어 '즐기는 횟수'까지 체크해 순위를 매기게 된 것이다. 틱톡이 가져온 변화와 달라진 영향력을 체감할 수 있다.

세상을 변화시키는
크리에이터의 영향력

과거에는 대중들의 문화나 취향에 큰 영향을 미치는 주체가 TV 프로그램에 출연하는 연예인들이었다. 그들의 재미있는 말이 유행어가 되고, 그들이 방문했던 장소가 핫플레이스가 되고, 그들이 걸친 옷과 가방이 그대로 품절 대란을 일으켰다.

하지만 최근에 유행하는 여러 밈이나 트렌드의 대부분이 크리에이터들로부터 시작된다. 그래서인지 크리에이터들의 말 한마디가 예측하기 어려울 정도로 상당한 파급력을 지니기도 한다. 소셜미디어나 커뮤니티는 물론 방송가로 역수출되기도 하고, 각종 오프라인 행사와 광고 문구에 활용되는 등 온오프라인 전방위에서 대중적인 트렌드가 되는 경우가 많다.

말 한마디로 대중문화 트렌드를 이끌다

웹툰 작가 이말년은 유튜브와 트위치에서 '침착맨'이라는 이름으로 활동하고 있는 크리에이터이자 스트리머다. 침착맨 유튜브 채널의 구독자는 181만 명에 달한다(2022년 9월 기준). 그는 쇼츠만 전용으로 업로드하는 채널인 '침착맨 플러스'도 함께 운영 중인데 두 채널에서 발생하는 월평균 조회수는 1억 회가 넘는다.

조회수와 팬덤의 규모가 크기 때문에 그 영향력 또한 상당하다. 그가 방송 중에 하는 말들이 곧바로 트렌드가 될 정도다. 가령 방송 중 안 좋은 상황이 발생했을 때 이를 긍정적으로 받아들이자는 맥락에서 사용한 "오히려 좋아."가 침착맨의 대표적인 밈이다. 침착맨과 함께 자주 방송에 나오는 주호민의 '재즈밈'도 유명하다. 2022년 3월, 주호민이 침착맨에게 "재즈가 뭐라고 생각하세요?"라고 묻자 침착맨은 "상대방과의 호흡, 화합?"이라고 답했다. 그러자 주호민은 그게 아니라며 갑자기 스캣을 하기 시작했고, 이 장면이 소셜미디어와 커뮤니티에 빠르게 퍼지며 밈이 되었다.

해당 스캣은 1976년 그래미 어워드에서 재즈 가수 엘라 피츠제럴드Ella Fitzgerald와 멜 토메Mel Torme가 했던 질문과 화답을 따라 한 것으로, 주호민의 표정과 침착맨의 리액션이 더해져 2022년 버전으로 재탄생하게 됐다. 이 '재즈란 말이죠' 밈은 BTS 등의 아이돌 멤버들이 따라 할 정도로 파급력이 컸다. 음악 전공자들은 주호민의 스캣 위에 음악을 얹어 새로운 작품을 만들기도 했는데, 주호민은 이들의

크리에이터 침착맨의 밈

아프리카TV 등의 게임 방송에서 쓰기 시작한 용어였으나, 침착맨이 자신의 채널에서 자주 쓰면서 널리 퍼지게 되었다. (출처: 유튜브 '침착맨' 채널)

'쭈펄 재즈 페스티벌' 섬네일

많은 시청자들이 주호민의 재즈 영상을 기반으로 2차 창작물을 유튜브에 올렸고, 주호민은 이 중 34개를 골라 시청자와 함께 보며 감상회를 진행했다. (출처: 유튜브 '주호민' 채널)

2차 창작물을 모아 시청자와 함께 감상하는 영상을 따로 제작하기도 했다. 밈의 탄생에서부터 확산, 재창작, 콘테스트로 이어지는 전 과정을 한눈에 볼 수 있는 좋은 사례다.

뷰티 크리에이터 레오제이의 "혹시 너 뭐 돼?"도 대표적인 밈 중 하나다. 레오제이는 브이로그 영상에서 잘난 척하는 친구에게 웃으면서 "너 혹시… 뭐 돼?"라고 말했고 그에 많은 시청자들이 속 시원한 멘트라며 즐거워했다. 이후 커뮤니티에서 누군가 잘난 척을 하거나 거들먹거릴 때 "너 뭐 돼?"라는 댓글이 주르륵 달릴 정도로 유행하며 밈으로 퍼져 나갔다. 그리고 곧이어 TV나 웹예능 자막에까지 쓰이며 빠르게 확산되었다. 유튜브에서 만들어진 밈이 소셜미디어를 넘어 커뮤니티와 공중파까지 퍼져 나가는 현상의 대표적인 예라 할 수 있다.

크리에이터의 영향력이 전 산업으로 확산되다

크리에이터를 적극 활용한 브랜드 마케팅

최근 기업이 주최하는 행사장에서 빠지지 않는 셀럽이 바로 크리에이터다. 크리에이터가 오프라인 행사에 등장하면 몇천 명의 팬들이 몰려들고, 그들이 자주 사용하는 아이템은 완판으로 이어지는 사례가 늘어나고 있다. 크리에이터의 팬덤이 알아서 입소문을 내줄 뿐만 아니라 초기 구매에 적극적이기 때문에 고객의 구매 독려에도 효과적이다. 이처럼 크리에이터들의 영향력이 점점 커지자 그 파워를 캐치한 기업들은 크리에이터의 파급력을 마케팅에 적극 활용하기 시작했다.

대표적인 케이스가 바로 지스타^{G-Star}나 플레이엑스포^{playX4} 같은 게임 전시회다. 그동안 게임 전시회의 성패는 유명 신작 게임이 공개되느냐 혹은 인기 많은 게임사가 참여하느냐에 좌우됐다. 즉, 게임 IP가 가장 중요한 콘텐츠였다. 그러던 것이 2017년부터 게임 크리에이터나 트위치 스트리머들이 적극적으로 게임 전시회에 참석하기 시작하면서 판세가 바뀌게 되었다. 이들을 보기 위해 팬들이 엄청나게 몰려들면서 크리에이터의 참석 여부가 전시회의 흥행을 좌우하게 된 것이다. 게임 업계 관계자들이 크리에이터들의 영향력을 간파하면서 최근에는 전시회에 참여하는 모든 게임사에서 유명 크리에이터나 스트리머를 섭외해 홍보하는 것이 필수가 됐다. 전시회의 주인공이 게임 IP에서 크리에이터 IP로 이동하고 있는 것이다.

대세감 있는 크리에이터의 홍보는 브랜드 인지도와 호감도를 제고시킨다. 따라서 기업들은 화제성이 큰 크리에이터를 선점해 브랜디드 콘텐츠나 PPL 방식의 광고 콘텐츠 협업을 진행하거나 전속 모델로 기용하는 등 마케팅을 진행한다.

최근 인기를 끌며 급부상한 유튜브 크리에이터 겸 방송인 조나단에게도 다양한 브랜드들로부터 광고 러브콜이 쇄도하고 있다. 화제성과 호감도가 높은 조나단을 선점해 브랜드 인지도 및 노출 효과를 누리기 위해서다. 2022년에만 맥도날드, 맥심, 세븐일레븐 등 식품업계뿐만 아니라 KB국민은행, 호텔스컴바인, 11번가, 메가스터디 등 다양한 산업군의 기업들과 광고를 진행했다.

과거에는 김연아, 박지성 같은 스포츠 스타들이 올림픽에서 메달을 따거나 국제 대회에서 연승 행진을 거듭할 때마다 광고가 폭주했다. 이제는 그런 흐름이 크리에이터에게로 몰리고 있다. 팬덤의 규모가 크다면 좋지만 꼭 그렇지 않다 해도 대세라는 분위기가 형성되면 광고주들은 그 인기를 최대한 활용하려 한다. 크리에이터들이 가진 영향력이 점점 더 커지고 있음을 이와 같은 광고를 통해 다시 한번 확인할 수 있다.

크리에이터와 기업의 콜라보를 통한 커머스 확대

이러한 기업과 크리에이터의 콜라보는 전방위적으로 확대되고 있다. 초기에는 이러한 콜라보가 주로 뷰티(메이크업 관련) 제품들에 국한되었지만, 최근에는 식음료에서 완구와 패션 등 B2C 전체로 퍼져 나가고 있어 콜라보를 하지 않는 분야를 찾기 어려울 정도다.

크리에이터와 콜라보한 제품들은 순식간에 완판되어 매출에 도움이 될 뿐만 아니라 그 이상의 의미를 갖는다. 바로 크리에이터를 통해 소비자가 원하는 취향을 제품과 가격에 반영할 수 있다는 점이다. 기획 단계부터 참여하는 크리에이터는 일종의 소비자 대표단의 역할을 한다. 또한 제품이 출시되는 과정 자체가 콘텐츠화되면서 소비자에게 색다른 스토리텔링으로 접근할 수도 있다. 즉, 크리에이터의 팬덤에 국한되지 않고 일반인들에게까지 설득력 있는 구매 포인트로 다가갈 수 있다는 이점이 있는 것이다.

가장 눈에 띄는 것이 프레시지와 박막례 할머니의 콜라보다. 2021년 7월 밀키트 회사 프레시지는 시니어 크리에이터 박막례 할머니와 협업해 '박막례 비빔국수'를 출시했다. 박막례 할머니의 인기 레시피를 활용해 만든 비빔국수는 배민쇼핑 라이브 방송 1분 만에 2만 1,000개가 완판되었다. 이어 같은 해 11월 후속으로 출시한 '박막례 국물떡볶이'는 3만 6,000개가 완판되었고, 이후 '박막례 된장국수'와 '박막례 오징어국수'까지 2만 3,000개가 모두 완판되었다.[7]

프레시지와 인기 크리에이터 박막례 할머니가 런칭한 국수 밀키트

박막례 할머니의 유튜브 채널에서 인기가 높았던 비빔국수 만들기 영상의 조리법을 그대로 구현해 제품으로 출시했다. (출처: 프레시지)

티몬과 정육왕의 콜라보도 놀라운 성과를 거뒀다. 티몬은 2021년 12월 고기 전문 크리에이터 정육왕과 협업해 한우등심 상품을 출시했다. 정육왕은 상품을 기획하고 출시하는 과정을 영상으로 공개해 제품의 신뢰도를 높였다. 해당 제품은 누적 기준 3억 7,000만 원에 달하는 매출을 올렸다.[8]

2022년 4월 이랜드의 신발 SPA 브랜드 슈펜은 뷰티 크리에이터 쭈언니와 협업해 신발과 가방 신상품을 출시했다. 해당 협업 컬렉션 제품은 온라인 패션 쇼핑 앱 지그재그를 통해 판매됐으며, 출시 후 이틀간 매출 2억 원을 달성해 슈펜의 단일 상품 최단 시간 판매 기록을 세웠다.[9]

신발 SPA 브랜드 슈펜과 뷰티 크리에이터 쭈언니의 협업

쭈언니는 상품 출시까지 5개월간 협업하며 상품 기획부터 디자인, 부자재 선정에까지 참여했다. (출처: 유튜브 '뷰티트레이너 쭈언니' 채널)

다양한 사회적인 기능을 통해 선한 영향력을 발휘하다

오늘날 크리에이터는 단순히 창작자의 역할을 수행하는 데만 머물지 않는다. 크리에이터 역시 한 명의 소비자이기 때문이다. 그들은 자신의 관심사와 전문성을 토대로 제품의 서비스와 품질을 경험한 후 문제가 있다고 판단되면 시청자에게 적극적으로 알리고 이를 공론화하기도 한다. 크리에이터가 일종의 저널리즘의 역할을 하게 된 것이다. 다만 이 과정에서 섣불리 잘못된 정보를 영상화할 경우에는 문제가 생길 수 있기에 민감한 사안일수록 다방면으로 꼼꼼하게 팩트 체크를 해야 한다.

2022년 9월 기준 222만 구독자를 보유한 대표 IT 크리에이터 잇섭은 2021년 4월 KT의 인터넷 속도 저하 문제를 제기했다. 당시 잇섭은 유튜브 영상을 통해 자신이 사용 중인 10Gbps 인터넷 요금제의 실제 인터넷 속도가 100Mbps(10Gbps의 1%) 수준에 불과하다며 불만을 제기했다. 이는 다수의 인터넷 사용자들의 호응을 얻었고 언론과 국회가 이를 주목하면서 사회적으로 공론화되었다.

논란이 거세지자 정부 기관은 KT를 비롯해 SK브로드밴드, LG유플러스, SK텔레콤까지 4개 통신사의 인터넷 상품 가입자를 대상으로 인터넷 품질 실태 조사를 실시했다. 조사 결과 잇섭의 주장대로 인터넷 속도 저하가 사실로 드러났다. 이로 인해 KT는 방송통신위원회와 과학기술정보통신부로부터 5억 원의 과징금 처분을 받았다.

비양심적인 업체들의 제품을 주로 리뷰하는 크리에이터인 사망여우TV는 2020년 LED 마스크 업체 셀리턴과 인기 크리에이터들의 허위 과대광고를 고발했다. 당시 사망여우TV의 고발로 인기 크리에이터들의 과대광고 논란이 점화되었으며 셀리턴도 매출에 큰 타격을 입었다. 사실 이 일이 있기에 앞서 2019년 셀리턴은 식약처로부터 과대광고 적발로 시정명령을 받은 바 있었지만 이 사실이 소비자에게 크게 알려지지는 않았다. 그러다 2020년 사망여우TV가 세 편의 영상에 걸쳐 고발하면서 본격적인 소비자들의 불매 운동이 일어난 것이었다. 이에 셀리턴의 2020년 매출은 2019년 대비 90% 하락하기에 이르렀다.[10]

나아가 크리에이터는 자신이 중요하다고 생각하는 사회적 문제가 있다면 팬덤의 힘을 활용해 사회에 선한 영향력을 끼치기도 한다. 모금을 하면서 참여한 팬들과 함께 공익 활동에 앞장서는 방식이다. 구독자 1억 5,000명(2022년 9월 기준)을 보유한 해외 유튜브 크리에이터 미스터 비스트MrBeast의 일화가 대표적이다. 그는 2019년 채널 구독자수가 2,000만 명을 돌파한 것을 기념해 2,000만 그루의 나무를 심는 계획을 발표하며 2,000만 달러(약 258억 원)를 모금하는 #TeamTrees 캠페인을 진행했다. 1달러가 기부될 때마다 나무한 그루가 심어지는 방식이다. 이 캠페인은 모금 시작 직후 테슬라의 CEO 일론 머스크로부터 100만 달러를, 글로벌 전자상거래 업체 쇼피파이Shopify의 CEO 토비아스 뤼트케Tobias Lutke로부터 100만 달러를 기부받았다.[11] 이외에도 기업가와 아티스트, 기관, 구독자 등의 기부를 통해 2,370만 달러 이상의 돈이 모여 목표 모금액을 초과 달성했다.

이 캠페인에 이어 2021년에는 바다나 강을 오염시키는 쓰레기 3,000만 파운드를 치우기 위해 3,000만 달러(약 388억 원)를 모금하는 #TeamSeas 캠페인이 시작되었다. 마찬가지로 1달러가 모금될 때마다 1파운드의 쓰레기가 치워진다. 이 캠페인은 시작 2개월 만에 목표 금액인 3,000만 달러 모금을 달성했다.[12]

크리에이터가 자신의 영향력을 활용해 사회적 기여를 하기 위해 노력한다는 점에서 이러한 캠페인은 매우 긍정적인 활동으로 평가할 수 있다. 그리고 여기에 참여하는 사람들에게 선한 영향력을 미쳐 선순환을 확대한다는 측면에서도 의미 있는 활동이다. 국내에서도 크리에이터의 기부 문화가 점점 자리를 잡아 나가고 있는 중이다. 코로나19 팬데믹 초기에 유병재, 오예커플, 악동 김블루, 곈브링, 밍모, 진자림 등 많은 크리에이터들이 어린이재단이나 구호협회 등에 성금을 기부했다. 그뿐 아니라 자신의 채널에 기부를 독려하는 콘텐츠를 업로드하기도 했다.

플랫폼 경쟁의 최전선, 크리에이터의 마음을 사로잡아라

다양한 플랫폼들이 생겨나면서 플랫폼 간 경쟁 또한 점점 심화되고 있는 양상이다. 플랫폼이 경쟁력을 유지하고 성장하려면 무엇이 가장 중요할까? 바로 독점적인 콘텐츠다. 그리고 그러한 콘텐츠를 만들어내는 주체가 크리에이터이기에 양질의 콘텐츠를 생산하는 크리에이터들을 유치하는 것이야말로 플랫폼들의 최대 과제라 할 수 있다.

이런 이유로 글로벌 플랫폼들은 크리에이터들과 그들의 시청자들을 확보하기 위해 고군분투 중이다. 크리에이터들의 니즈를 파악해 그들이 사용하기 편하도록 기능을 개발하거나 수익화 정책을 전개하는 등 여러 노력을 기울이고 있다. 영향력 있는 크리에이터들이 자신들의 플랫폼에 종속되어 팬덤을 구축하며 활동하기를 원하기 때문이다.

크리에이터 이코노미를 확장시켜온 소셜미디어 플랫폼들

크리에이터 유치와 확보를 위한 플랫폼들의 노력

점점 줄어드는 플랫폼 간의 차이

틱톡이 처음 등장했을 때만 해도 사람들은 1분 남짓한 세로 영상에 무엇을 담아야 할지 잘 몰랐다. 틱톡이 성공할 거라 예상한 사람은 많지 않았지만 틱톡은 생각보다 빠르게 성장했고 현재 그 영향력도 상당하다. 이에 크리에이터들은 틱톡에서만 볼 수 있는 독특한 영상들을 만들기 시작했고, 틱톡은 숏폼이라는 장르를 개척하며 전 세계의 많은 MZ세대를 끌어들였다.

이처럼 틱톡이 MZ세대를 중심으로 대세 플랫폼으로 떠오르자 숏폼에 대한 니즈가 많다고 판단한 경쟁 플랫폼들은 서둘러 해당 기

주요 플랫폼별 기능 비교

	스토리	라이브	메시지(DM)	보정/필터	숏폼(세로)	커머스
페이스북	○	○	○	○	○	○
인스타그램	○	○	○	○	○	○
유튜브	○	○		○	○	○
스냅챗	○		○	○	○	○
틱톡		○	○	○	○	△
링크드인	○	○	○			
트위터	△	○	○			△

* 기능 도입을 준비 중이거나 일부 국가에서만 적용 중인 기능은 △로 표기함

능을 추가하기 시작했다. 유튜브는 유튜브 쇼츠를, 인스타그램은 릴스Reels를 출시했다. 릴스는 페이스북에도 노출되고 있는데, 그만큼 메타Meta가 숏폼을 적극적으로 도입하고 있음을 보여준다.

숏폼뿐만 아니라 하루 정도만 보였다가 사라지는 스토리 기능, 라이브 방송 기능, 사용자 간에 다이렉트 메시지DM를 보낼 수 있는 기능, 숏폼을 찍을 수 있는 기능, 사진을 편하게 보정할 수 있는 기능, 그 외에 커머스 기능까지 경쟁적으로 추가하면서 플랫폼 간의 기능 차이는 점차 줄어들고 있다.

플랫폼 기업들의 이런 움직임에는 크리에이터들이 특정한 기능 때문에 타 플랫폼으로 이탈하는 것을 최대한 막아보겠다는 의지가 반영되어 있다. 실제로 유튜브 쇼츠와 인스타그램 릴스가 론칭되고 나서 가장 먼저 각 플랫폼으로 유입된 콘텐츠는 바로 틱톡의 숏폼 콘텐츠였다.

크리에이터 펀드 조성과 지원 프로그램 운영

과거 크리에이터들은 자신의 창작물을 대중에게 보여주는 것 자체에서 창작 활동의 동기를 얻었다. 스스로 재미있어서 영상을 만들었고 취미 활동의 일환으로 하는 일이었기 때문이다. 하지만 크리에이터가 하나의 직업으로 자리 잡게 되면서부터 많은 변화들이 나타났다. 크리에이터의 활동이 수익으로 이어지지 않을 경우 창작 활동을 지속할 수 없기 때문이다. 이런 이유로 플랫폼들은 크리에이터들의 창작 활동을 지원하기 위해 펀드를 조성하고 다양한 프로그램들을 운영하는 중이다.

유튜브는 일정 기준을 충족하면 영상 앞에 광고가 붙어 조회수와 비례해 수익이 발생한다. 반면 틱톡이나 숏폼은 광고가 없기 때문에 1억 조회수가 나오더라도 실질적으로 발생하는 수익은 없다. 이러한 상황을 개선하기 위해 플랫폼들은 자체 펀드를 조성해 숏폼 콘텐츠를 전문적으로 창작하는 크리에이터들에게 수익을 지급하고 있다. 유튜브의 경우 유튜브 쇼츠만을 위해 1억 달러 규모의 쇼츠 펀드를 조성했다.[13] 또한 2023년부터 쇼츠 피드 사이에 광고를 게재하여

쇼츠에 광고를 도입하는 유튜브

유튜브는 2023년 초 크리에이터에게 수익금의 45%를 제공할 것이라고 밝혔으며, 이는 전체 쇼츠 조회수에서 차지하는 비율에 따라 분배될 예정이다.

광고 수익을 크리에이터에게 보상으로 제공한다는 정책을 2022년 8월 발표하기도 했다.

2021년, 메타의 CEO 마크 저커버그는 페이스북과 인스타그램 크리에이터들을 위해 10억 달러(약 1조 원)를 지원하겠다고 선언했다.[14] 이에 미국 인스타그램에 '릴스 서머 보너스Reels summer bonus' 프로그램을 도입했으며, 릴스 콘텐츠를 올린 크리에이터를 대상으로 좋아요, 댓글, 콘텐츠 퀄리티 등을 고려해 보너스를 지급하고 있다. 또한 페이스북에는 크리에이터가 자신의 프로필 페이지에서 수익을 창출할 수 있도록 하는 '프로페셔널 모드'를 도입했다. 이 프로페셔널 모드를 통해 크리에이터는 '릴스 플레이 보너스 프로그램^{Reels} play bonus program'에 참여할 수 있으며, 릴^{reel} 조회수 등 요건 기준을 충족하면 월 최대 3만 5,000달러(약 4,100만 원)의 보너스를 받을 수 있다.

틱톡 역시 크리에이터의 역량을 강화하고 성장을 돕기 위해 '틱톡 파트너 크리에이터' 프로그램을 운영하는 중이다. 마찬가지로 자격 요건을 충족하면 여기에 참여할 수 있고, 카테고리별로 매월 콘텐츠 업로드 미션을 달성하면 순위에 따라 소정의 상금을 지급받을 수 있다.

크리에이터의 수익 창출을 위한 서비스 지원

크리에이터의 수가 많아지고 경쟁이 심화되면서 개별 크리에이터가 얻을 수 있는 수익성은 점점 떨어지는 추세다. 이런 이유로 크리에이터 영입에 적극적인 플랫폼들은 여러 기능을 추가해 새로운 수익 모델을 만들어주는 데 많은 노력을 기울이고 있다.

유튜브는 지난 몇 년간 크리에이터의 추가적인 수익화를 위해 여러 시도들을 했다. 멤버십, 슈퍼챗, 후원하기 등이 대표적이다. 2022년 내로 상품 판매 기능까지 추가할 예정이다. 멤버십은 유료 구독과 유사한 형태로, 유료 구독을 하면 특별한 배지를 달거나 멤버십에만 공개되는 영상을 보는 특혜를 누릴 수 있다. 슈퍼챗은 아프리카TV의 별풍선과 유사한 기능이다. 라이브 스트리밍에서만 사용할 수 있으며 크리에이터에게 1달러부터 최대 50달러(약 1,250원~62만

주요 플랫폼별 수익화 기능 비교

	광고수익 공유	유료구독	후원	크리에이터 펀드	상품 판매
페이스북	○	○	○	○	○
인스타그램	○		○	○	○
유튜브	○	○	○	○	○
틱톡	△		○	○	○
온니팬즈		○	○	○	
트위치	○	○	○		
스냅챗	○			○	
클럽하우스		△	○	○	
스포티파이		○	○		
서브스택		○		○	
트위터		○	○		△

＊ 기능 도입을 준비 중이거나 일부 국가에서만 적용 중인 기능은 △로 표기함

5,000원)까지 메시지 전달과 함께 후원을 할 수 있다. 콘텐츠를 보고 재미있거나 감명받았을 때 유료 구독과 별개로 영상 단위로 후원할 수 있는 기능이다.

　유튜브 외에도 대다수 플랫폼이 유사한 수익화 기능을 추가하는

형태로 가고 있다. 페이스북도 라이브 스트리밍 시 시청자가 크리에이터를 후원할 수 있는 '별stars' 기능을 추가했으며, 애플도 유료 팟캐스트 서비스를 시작했다. 트위터도 슈퍼 팔로우라는 콘텐츠 유료 구독 서비스와 후원하기, 유료 실시간 음성 대화 기능인 유료 스페이스ticketed spaces를 통해 수익화를 지원하기 시작했다.

이처럼 플랫폼들이 다양한 수익화 모델을 만들어내며 고군분투하는 최대 목적은 단 하나, 크리에이터의 이탈 방지다. 팬덤을 지닌 크리에이터를 확보함으로써 크리에이터와 함께 동반 수익을 누리는 것이 현재 경쟁의 최전선에 서 있는 플랫폼들이 당면한 절체절명의 과제라고 할 수 있다.

플랫폼을 넘어 탄생하는
새로운 경제 생태계

오늘날 콘텐츠 시장에서 크리에이터의 영향력 확대는 거부할 수 없는 흐름이다. 이런 흐름으로 인해 크리에이터와 플랫폼 간의 주도권 경쟁에서도 크리에이터가 우위를 점하고 있다. 그러다 보니 플랫폼들은 다양한 서비스를 제공하며 영향력이 큰 크리에이터를 잡기 위해 고심하는 상황이다. 이처럼 고군분투하는 플랫폼들과 달리 하나의 플랫폼에 얽매일 필요가 없는 크리에이터들은 여러 플랫폼을 오가며 자유롭게 창작과 수익 활동을 이어가고 있다.

뿐만 아니라 여기서 한 발 더 나아가 자신만의 플랫폼을 만들고, 그 안에서 직접 콘텐츠를 창작해 팬들과 공유하고 소통하며 수익 창출을 시도하고 있다. 자체 플랫폼을 통해 콘텐츠 제작부터 팬덤 관리, 비즈니스에 이르기까지 모든 창작 활동의 주도권을 크리에이터가 확보하고자 하는 것이다. 크리에이터의 영향력이 커지면서 그들의 비즈니스 생태계가 크리에이터 중심으로 활성화되었기에 생겨난 현상이다.

2021년 3월, 경제 크리에이터 슈카는 주식 커뮤니티 '앤톡'을 개설했다. 앤톡은 슈카월드의 팬들을 비롯해 주식 고관여자 유저들이 활동하는 공간으로 한국 증시, 미국 증시, 암호 화폐 등 주식 투자와 관련된 다양한 정보들을 서로 공유할 수 있는 곳이다.

'MKTV 김미경TV' 유튜브 채널을 운영하는 김미경은 스타 강사이자 베스트셀러 저자로 상당한 영향력을 가진 인물이다. 그녀는 2020년 3050세대를 위한 자기계발 플랫폼인 MKYU(MK유튜브대학)를 개설했다. MKYU의 재학생은 9만 9,000원의 입학금을 내게 되는데, 2022년 9월 기준 누적 재학생 수가 7만 명이 넘을 정도로 활성화되어 있다. MKYU에 입학하면 자기계발, 재테크, 디지털 트렌드, 도서, 일상 상식 등 다양한 분야 강사들의 강의 콘텐츠를 제공받는다. 뿐만 아니라 함께 책을 읽고 토론하는 북클럽, 14일 챌린지 모임, 찾아가는 튜터링 서비스 등 재학생을 위한 다양한 커뮤니티에도 참여할 수 있다.

OTD의 도래,
플랫폼을 넘어 활동 영역과 영향력을 확대하다

오늘날 크리에이터들은 특정 플랫폼에 종속되지 않고 자유롭게 플랫폼을 넘나들며 수익을 얻고자 한다. 유튜브나 틱톡 같은 메이저 플랫폼들은 자체적인 제약이 많다 보니 수익 활동에도 한계가 생길 수밖에 없는 게 사실이다. 때문에 제약이 없고 보다 자유롭게 창작 활동이 가능한 곳으로 옮겨 활동하려는 것이다.

나아가 크리에이터들은 이제 기성 디지털 플랫폼을 통한 수익 외에도 자신의 창작물로 직접 수익을 창출할 수 있게 되었다. 이른바 OTD가 시작된 것이다. 크리에이터들은 자신의 콘텐츠로 팬덤을 확보하고, 그 영향력을 바탕으로 비즈니스, 마케팅, 커머스, 커뮤니티, 교육 등의 다양한 방법으로 수익을 실현하고 있다.

이런 도전적인 변화들이 의미하는 것은 무엇일까? 바로 '1인 미디어'가 아니라 '1인 미디어 엔터테인먼트 기업'의 도래다. 이제 OTD는 일시적인 현상이 아닌 하나의 트렌드로 자리 잡았다. 인플루언서 마케팅 허브Influencer Marketing Hub에 따르면, 전 세계적으로 5,000만 명의 콘텐츠 크리에이터가 존재하며 이 중 200만 명은 10만 달러(약 1.3억 원) 이상의 소득을 얻고 있다고 한다. 또한 2021년에만 크리에이터 경제에 13억 달러(약 1.6조 원)의 투자가 이루어졌으며 2022년 크리에이터 경제의 규모도 약 1,040억 달러(약 130조 원)에 달한다고 추정했다.[15] 크리에이터를 기반으로 하는 경제 생태계가 미래의 새로운 먹거리로 부상했음을 이러한 데이터를 통해 엿볼 수 있다.

IP를 기반으로 비즈니스를 확장하다

크리에이터들은 자신들의 IP를 기반으로 온오프라인을 전방위적으로 넘나들며 비즈니스를 확장하고 있다. 이를 통해 다양한 수익 파이프라인을 마련해 탈플랫폼을 꾀하고자 하는 크리에이터들의 욕구를 확인할 수 있다.

크리에이터 IP 비즈니스 성공 사례로는 뮤지컬 '민쩌미 〈사랑해요 엄마!〉'를 들 수 있다. 키즈 인플루언서 민쩌미의 뮤지컬인 이 작품은 유튜버 지망생이 된 민쩌미가 신인 크리에이터 오디션을 준비하는 과정에서 엄마와 영혼이 뒤바뀌어 서로의 삶을 살아가게 된다는 내용이다. '민쩌미 〈사랑해요 엄마!〉'는 티켓 오픈과 동시에 인터파크 티켓 아동·가족 부문 예매 랭킹 1위를 기록하며 흥행의 신호탄을 쏘아 올렸다.

도서 분야에서도 크리에이터들의 영향력이 확대되고 있다. 키즈 크리에이터 '급식걸즈' 팀이 2021년 12월 출간한 어린이 만화『급식걸즈』와 코미디 크리에이터 '인싸가족'이 2022년 5월 출간한『인싸가족』이 대표적인 성공 사례다. 자기계발 크리에이터인 라이프해커 자청의 도서『역행자』도 출간 즉시 베스트셀러가 되었다.

크리에이터들이 만든 이모티콘 역시 선풍적인 인기를 끌며 판매를 리드했다. 2022년 3월 출시된 애니메이션 크리에이터 소맥거핀의 '소맥이 맨정신이지용', 2022년 6월 출시된 펫 크리에이터 루퐁이네의 '내 작고 귀여운 루퐁이' 모두 이모티콘 출시 직후 전체 판매 1위 기록했다.

크리에이터 급식걸즈, 인싸가족의 어린이 만화

(출처: 샌드박스스토리 키즈)

크리에이터 승우아빠가 운영하는 레스토랑 '키친마이야르'

(출처: 승우아빠)

이뿐만이 아니다. 요리 크리에이터 승우아빠의 레스토랑 역시 오픈과 동시에 큰 호응을 얻어 눈길을 끌었다. 승우아빠는 2022년 1월, 강남에 자신의 요리 노하우를 담은 퓨전 레스토랑 '키친마이야르'를 오픈했다. 유튜브에서의 인기가 오프라인 매장으로 이어져 정식 오픈 후 사전 예약을 하고 방문해야 할 정도로 큰 관심이 쏟아졌다.

최초의 가상 걸그룹인 '이세계아이돌(이하 이세돌)'은 게임 크리에이터 우왁굳의 기획으로 탄생했다. 이세돌은 우왁굳의 팬들을 대상으로 가상 아바타를 이용한 아이돌 오디션을 진행해 선발되었다. 릴파, 주르르, 징버거, 비챤, 고세구, 아이네 이렇게 총 6명의 멤버로

크리에이터 우왁굳이 기획해 화제를 모은 가상 걸그룹 '이세계아이돌'

(출처: 왁타버스)

구성되어 있다. 이세돌의 활동은 모두 가상공간에서 아바타를 통해 이루어진다. 이세돌의 첫 데뷔 싱글 'RE: WIND'은 발매 당일 벅스 실시간 차트 1위, 유튜브 뮤직 인기 급상승 음악 5위, 멜론 Top 100 차트인, 가온차트 다운로드 차트 2위를 기록하며 새로운 역사를 썼다. 버추얼 아이돌이 단순히 소수 팬덤의 지지를 받는 데서 나아가 주요 음원 차트 상위 순위에 올랐다는 것은 그만큼 시장성을 인정받은 것이라 할 수 있다.

자체 플랫폼으로 소비자와 직접 소통하고 거래하다

크리에이터들의 활동 범위가 넓어지면서 크리에이터가 자신만의 플랫폼을 쉽게 만들 수 있도록 돕는 스타트업들도 등장하기 시작했다. 이들은 크리에이터가 창작 활동에 집중할 수 있도록 콘텐츠 배포, 후원, 멤버십(유료 구독), 메시지 등 다양한 기능들을 모두 하나의 플랫폼 내에서 제공한다. 또한 소비자가 크리에이터에게 직접 콘텐츠 이용료를 결제하게 하는 D2C Direct to Creator 서비스를 제공해 크리에이터의 비즈니스를 돕기도 한다. 일종의 패키지가 제공되는 셈이다.

　이처럼 다양한 플랫폼들이 생겨나면서 크리에이터의 탈플랫폼화 움직임 또한 서서히 일어나고 있다. 이러한 움직임에도 여전히 많은 크리에이터들이 유튜브에서 운영하는 본래의 채널을 계속 유지 중이긴 하다. 기존 회원들을 위해 자신의 본진은 유튜브에 두고 자체 플랫폼에서는 수익 활동을 목적으로 한 멤버십 전용 콘텐츠를 제공하는 방식으로 이원화시켜 운영하는 경우가 많다.

크리에이터들을 위한 자체 플랫폼 중 눈길을 끄는 몇 곳을 소개하면 다음과 같다.

- **서브스택**Substack**:** 유료 뉴스레터 플랫폼으로, 콘텐츠 배포부터 결제까지 한 번에 할 수 있도록 구축된 서비스다. 서브스택은 2017년 10월에 서비스를 시작했는데 불과 4년 만에 유료 구독자 100만 명을 확보할 만큼 무서운 속도로 성장하고 있다. 2021년 6,500만 달러(약 813억 원)의 투자를 받을 당시 기업 가치가 6억 5,000만 달러(약 8,125억 원)에 달해 새로운 유니콘의 등장을 알렸다. 많은 크리에이터들이 기존 플랫폼에서 벗어나 서브스택을 통해 구독자와 직접적인 관계를 형성하고 있다. 《파이낸셜 타임스Financial Times》에 의하면, 서브스택 유료 구독자 기준 상위 10명의 크리에이터가 버는 연간 수입의 합계 규모가 2,000만 달러(약 250억 원)에 달한다고 한다.[16]

- **패트리온**Patreon**:** 2013년 설립된 크라우드펀딩(다수의 개인으로부터 자금을 모으는 행위) 플랫폼의 일종이다. 팬들이 크리에이터에게 정기 후원 혹은 일시 후원을 하면 크리에이터에게서 그에 해당하는 콘텐츠나 상품을 제공받는다. 서비스 초기에는 인디 뮤지션 후원을 위한 목적으로 운영되었지만 지금은 그림, 영상, 소설, 게임 등 다양한 분야의 크리에이터들이 활동하고 있다. 패트리온은 2020년 12억 달러(약 1조 4,800억 원)에서 지난해 40억 달러(약 4조 9,400억 원)로 3배 이상 성장했다.

- **카메오**Cameo: 셀럽들이 팬들과 직접 상호작용할 수 있도록 연결해주는 플랫폼으로 셀럽의 개인 맞춤형 비디오 및 메시지를 판매한다. 이용자는 카메오에 등록된 4만 명이 넘는 셀럽 중 원하는 사람을 선택, 원하는 메시지 내용을 최대 250자 이내로 작성하고 결제한다. 요청을 받은 셀럽은 7일 이내에 이용자의 프로젝트를 받아들이거나 거부할 수 있다(거부 시 결제 금액은 환불된다). 셀럽이 특정 팬을 위한 서비스를 하게 될 경우 상당한 리스크가 따르지만 카메오 플랫폼을 이용하면 이 부분에서 무척 자유롭다.

  카메오는 구글 벤처스Google Ventures 및 소프트뱅크SoftBank 등의 투자사뿐만 아니라 스눕 독Snoop Dogg, 토니 호크Tony Hawk 등 셀럽을 투자자로 두고 있다. 또한 2021년 3월에는 시리즈 C 투자 라운드에서 1억 달러를 조달하며 10억 달러의 기업 가치를 인정받기도 했다.

국내에서도 크리에이터 플랫폼 빌더 스타트업이 계속해서 생겨나는 추세인데 대표적으로 '빅크'와 '비마이프렌즈' 두 회사를 꼽을 수 있다. 빅크는 방송이나 온라인 이벤트 등 크리에이터와 팬들을 위한 라이브 이벤트 플랫폼을 개발한 스타트업이다. 비마이프렌즈는 디자인부터 콘텐츠 업로드 및 거래, 후원, 커뮤니티 등 크리에이터와 팬의 소통에 필요한 모든 서비스를 제공하는 팬덤 비즈니스 스타트업이다.

창작자 그 이상, 브랜드가 되려는 크리에이터

크리에이터가 되려는 이유는 사람마다 다르다. 누군가는 재미를 위해 하고 누군가는 수익을 목적으로 하며 또 누군가는 퍼스널 브랜딩 구축이나 비전이 있어서 크리에이터가 되고자 한다. 이처럼 이유는 사람마다 제각각이지만 초기에는 대개 조회수 획득이라는 동일한 목표를 향해 달린다. 아무리 콘텐츠를 꾸준하게 업로드해도 조회수가 나오지 않으면 아무 일도 일어나지 않기 때문이다.

조회수라는 것은 사실 어떤 콘텐츠에서도 나올 수 있다. 몇 년 전에 아무 생각 없이 올린 영상이 갑자기 몇백만 조회수를 기록하기도 한다. 하지만 이것은 하나의 헤프닝에 불과할 뿐 크리에이터로서의 영향력을 만들어주지는 않는다. 결국은 조회수를 넘어 나의 콘텐츠를 정기적으로 보고자 하는 구독자를 확보해야 하는데, 이를 위해서는 크리에이터의 취향과 철학 그리고 매력이 콘텐츠 속에 담겨 있어야 한다. 데이터 분석을 하다 보면 조회수는 많이 나오지만 구독자 전환이 낮은 채널들을 자주 본다. 대개 매번 출연자가 바뀌거나, 크리에이터보다는 이슈나 밈이 콘텐츠의 핵심이거나, 정체성이 모호해 콘텐츠 사이의 연결성이 없는 채널들이다.

사람들이 모여들면서 조회수가 늘고 구독자가 쌓이면 크리에이터는 모여든 시청자들의 니즈를 반영해 이들이 원하는 콘텐츠를 창작한다. 이런 반복 속에서 크리에이터와 시청자는 자연스럽게 서로의 취향을 공유하고 이해하는 사이로 발전한다. 이는 곧 커뮤니티의

크리에이터의 진화 단계

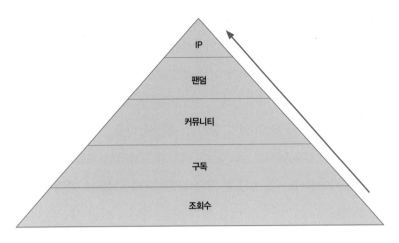

형성을 의미한다.

최근 들어 많은 크리에이터가 방송에도 출연하고 광고 촬영도 하는 등 여러 방면에서 맹활약 중이다. 하지만 연예인과 다르게, 크리에이터는 길을 다녀도 일반인이 알아보는 경우가 의외로 많지 않다. 그들에게 영향력이 없어서가 아니라, 그들의 영향력이 자신의 커뮤니티를 중심으로 강하게 형성되어 있기 때문이다. 내부에서는 서로 비슷한 사람들끼리 모여 있는 것처럼 보이고, 외부에서 보면 뚜렷한 개성을 가진 집단이 바로 커뮤니티다.

일반적인 커뮤니티와 이들의 다른 점은 커뮤니티의 중심 역할을 하는 크리에이터가 존재한다는 점이다. 따라서 크리에이터에 대한 감정이 호감과 재미에서 애정으로 변하는 순간 이들은 '커뮤니티 참여자'에서 '팬덤'으로 바뀌게 된다. 팬덤이 된 이들은 크리에이터를 적극적으로 지지할 뿐 아니라 크리에이터가 외부 비즈니스로 영향력을 확장하고자 할 때 중요한 마중물 역할을 한다.

이들의 굿즈 판매 추이가 이를 증명한다. 팬덤을 가진 크리에이터들의 굿즈는 인형, 마우스패드, 이모티콘 등 대부분이 완판으로 이어진다. 대개 첫날에 90%가 팔리기 때문에 다음 그래프에서 보듯 판매 추이가 L자 형태로 나타난다. 이처럼 일반적인 제품과 판매 패턴에서 차이를 보이는 이유는 무엇일까? 크리에이터의 팬덤은 1초도 주저하지 않고 바로 구매를 하는 반면, 팬덤이 아닌 사람은 아예 구매를 하지 않기 때문이다.

크리에이터들 역시 이러한 한계를 알고 있다. 때문에 자신의 견고한 커뮤니티를 넘어 보다 대중성을 확보한 IP가 되기 위해 여러 시도들을 하는 중이다. 기존에는 모든 활동을 자신의 구독자 중심으

크리에이터 굿즈와 일반 제품의 판매 추이 차이

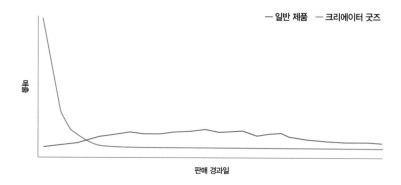

로 했다면, 이제는 새로운 영역에 도전하면서 커뮤니티에 속해 있지 않은 사람에게도 자신을 알리고 세일즈하려 노력하는 것이다.

경제와 금융을 주로 이야기하는 슈카월드의 경우 경제 전문가로 공중파에 출연했으며 그 외에도 다양한 활동을 하고 있다. 시사교양 프로그램의 내레이션을 맡는가 하면, 경영 트렌드에 대해 이야기하고, 예능에도 출연해 입담을 과시하기도 한다. 미스터리 음악쇼인 〈복면가왕〉에 출연해 자신의 노래 실력을 보여주기도 했다.

이처럼 크리에이터들이 자신의 팬덤을 넘어 대중에게까지 상당한 영향력을 발휘한다는 사실은 이제 웬만한 사람들은 다 알고 있는 사실이다. 하지만 이러한 변화는 앞으로 펼쳐질 다양한 가능성 중 이제 겨우 첫 장에 불과하다. 크리에이터는 더 이상 콘텐츠 창작자에 머물러 있고 싶어 하지 않으며 훨씬 더 큰 영향력을 발휘하고자 한다.

한국에만 구독자 100만 명이 넘는 개인 채널이 300개가 넘을 정도로 오늘날은 크리에이터 춘추전국 시대다. 이들은 점점 커져가는 자신의 영향력을 IP화하고 나아가 하나의 브랜드, 기업이 되기 위해 고군분투 중이다. 플랫폼의 영향력에 종속되지 않으려 하는 것도, 자신만의 플랫폼을 구축하려는 니즈도, OTD가 트렌드가 된 것도 다 이런 이유 때문이다.

크리에이터들이 콘텐츠 시장의 변화를 주도하는 크리에이터 빅웨이브의 시대를 맞아 플랫폼은, 새로운 서비스는, 그리고 우리는 여기에 어떻게 대처해야 할까?

크리에이터 빅웨이브에
어떻게 올라탈 것인가

어느새 크리에이터는 콘텐츠 산업을 움직이는 핵심축이 되었으며 그들로 인한 새로운 빅웨이브가 형성되고 있다. 이것은 비단 일시적인 현상이 아니라 거부할 수 없는 거대한 변화의 시작이다. 그런 의미에서 크리에이터가 되고자 하는 이들이나 플랫폼 사업자, 콘텐츠 산업 종사자들은 물론 일반 기업들도 이러한 변화를 빠르게 읽고 크리에이터 빅웨이브에 올라타야 할 필요가 있다.

기존 플랫폼들은 어떤 노력을 기울여야 하는가

투명한 운영은 필수다

크리에이터가 자신의 본진과도 같은 플랫폼을 이탈하는 일은 별로 없다. 팬덤이 아무리 강하다고 해도 시청자 전체가 고스란히 크리에이터를 따라 플랫폼을 옮기지는 않기 때문이다. 이러한 사실을 크리에이터 또한 잘 알고 있다. 구독자 중에는 다른 크리에이터의 채널을 시청하는 이들도 많을뿐더러 새로운 플랫폼으로 이동할 경우 플랫폼에 대한 소개부터 사용법까지 처음부터 알려주어야 하는 번거로움이 발생한다. 이런 허들은 상당히 높아서 크리에이터가 자신의 커뮤니티를 다른 플랫폼으로 그대로 옮기기란 사실상 불가능에 가깝다. 그런 이유로 본진은 그대로 둔 채 제2, 제3의 플랫폼을 추가로 활용하고자 하는 경향이 강하다.

이러한 이유에도 불구하고 크리에이터가 플랫폼 이탈을 결심하는 경우가 종종 발생한다. 이런 현상은 새로운 기회를 잡기 위해서라기보다는 기존 플랫폼에 대한 불만이 쌓였을 때 주로 나타난다. 특히 납득하기 어려운 정책들로 인해 피해를 보고, 이에 대한 개선을 요청했지만 반영되지 않으리라는 확신이 들었을 때다.

플랫폼은 사회적 책임에서 자유롭지 않고, 건설적인 콘텐츠 생태계를 만들어야 하다 보니 다양한 정책을 만들 수밖에 없다. 이러한 정책과 가이드라인 그 자체에 대해 불만을 갖는 크리에이터는 거의 없다. 문제가 되는 부분은 창작자가 아닌 플랫폼의 입장만 고려한 일방적인 정책, 누가 보더라도 불합리한 시스템, 편향적인 추천 시스템이다. 이런 불합리한 요소들은 크리에이터뿐 아니라 시청자 역시 등을 돌리게 만든다. 따라서 플랫폼들은 합리적인 정책을 만들고 투명하게 운영하는 것을 넘어서서 크리에이터 및 시청자들과 끊임없이 소통하려는 노력이 필요하다.

크리에이터를 번아웃에서 보호하라

한국 유튜브에만 하루 4만여 개의 콘텐츠가 업로드되고 있다. 상황이 이렇다 보니 크리에이터들은 그들 간의 경쟁을 넘어 방송국 및 전문 스튜디오와도 경쟁해야만 하는 상황에 놓였다. 플랫폼의 추천 알고리즘 역시 지속적이고 꾸준한 업데이트를 하는 채널에 우호적이기 때문에 크리에이터는 지속적인 콘텐츠 제작을 강요받고 있는 상황이다.

이런 이유로 몇 년간 크리에이터로 활동한 이들 중 상당수가 1주일 이상의 장기 휴식을 가져보지 못했다. 며칠 쉬고 오면 당장 영상의 조회수가 줄고 알고리즘에서 소외되기 때문이다. 트래픽과 수익이 깎이는 상황이 두려워 쉽게 휴식을 갖지 못하는 것이다. 혹여 여행을 가더라도 카메라를 챙겨가 콘텐츠를 생산하거나, 장기 휴가 기간 동안 업로드할 콘텐츠를 미리 다 만들어놓고 여행을 다녀오기도 한다. 하지만 이 또한 상당한 부담이다. 매주 콘텐츠를 만들고 업로드하는 크리에이터 특성상 몇 주치의 콘텐츠를 미리 만든다는 것은 굉장히 고된 일이다.

기본적으로 창작 활동은 소비 활동이기에 지속적인 창작을 위해서는 그들 역시 새로운 지식을 습득하고 경험하는 것이 필요하다. 인풋 없이 아웃풋만 지속될 경우 콘텐츠나 에너지의 고갈이 쉽게 찾아올 수 있다. 물론 크리에이터의 휴식은 기본적으로 그들 각자의 책임이자 의무이기는 하다. 그러나 그들의 일터와도 같은 플랫폼 쪽에서 크리에이터들의 번아웃을 방지할 만한 제도나 정책을 충분히 마련해줄 필요는 있다. 예를 들면 일정 기간은 휴가로 등록 가능하게 함으로써 알고리즘의 외면을 받지 않게 한다거나, 휴가 기간 동안 기존 콘텐츠의 하이라이트 모아보기 시리즈를 자동으로 큐레이션해주는 등의 기능이 필요하다. 플랫폼 내에서 자체적인 대안책이 마련된다면 크리에이터들도 시간 운영에서 상당 부분 자유로움을 확보할 수 있다.

크리에이터들의 비전에 투자하라

2022년 6월 18일, 인천 영종도에서 아마추어 격투 대회가 열렸다. VIP 12만 원, 일반석 7만 원, 입석 4만 원이라는 싸지 않은 티켓 가격과 영종도라는 외곽 지역, 스타 선수가 없는 아마추어 경기임에도 불구하고 2,000석이 모두 매진되었다. 대체 어떤 대회였기에 이토록 큰 호응을 얻었을까? 바로 2022년 2회차를 맞이한 격투 서바이벌 프로그램이자 대회인 '블랙컴뱃Black Combat'이다.

프로 종합 격투기 시장조차 마이너 취급을 받는 한국에서 블랙컴뱃은 어떻게 아마추어 선수만으로 이런 성적을 낼 수 있었을까? 이 대회를 기획한 곳은 34만 구독자(2022년 9월 기준)를 보유한 종합 격투기 유튜브 채널 '블랙컴뱃'이다. 격투기에 관심이 많은 구독자가 큰 도움이 되었던 것은 사실이지만 오직 그 이유만은 아니다. 흥행의 일등 공신은 아마추어도 빛나게 만들어주는 특별한 스토리텔링

2022년 6월 열렸던 '블랙컴뱃 II : 다크 나이트 비긴즈' 대회 포스터

(출처: 유튜브 '블랙컴뱃' 채널)

이었다.

이들은 대회 이전에 '블랙컴뱃 프로 오디션'이라는 사전 프로그램을 만들어 아마추어 선수들을 유튜브 채널에 출연시켰고, 이들이 훈련과 서바이벌을 겪는 과정을 12편에 걸쳐 보여주었다. 이 과정에서 선수 개인에게 스토리와 캐릭터가 부여된 것은 물론 선수 간의 갈등 구조가 형성되면서 탄탄한 서사를 만들어냈다. 시청자들은 이미 그들의 스토리에 감정 이입하거나 공감하며 정서적으로 몰입되어 있었던 상태였다. 이런 상태에서 개최된 오프라인 대회는 단순히 아마추어 선수들의 시합이 아니라 스토리텔링이 있는 '격투기 페스티벌'이 됐던 것이다. 무엇보다 시청자가 영상으로만 보던 콘텐츠와 크리에이터들을 실제로 직접 본다는 흥미로움이 더욱더 큰 열기를 만들어냈다고 볼 수 있다. 그 열기에 힘입어, 블랙컴뱃은 최근 공식 종합격투기ᴹᴹᴬ 대회사로 탈바꿈하고 본격적인 운영을 시작했다.

블랙컴뱃 대회는 크리에이터의 영향력과 유튜브 채널의 잠재력이 어디까지인지 궁금하게 만드는 매우 적절한 사례다. 하지만 놀라움의 이면에는 크리에이터들의 고충이 자리하고 있다. 이런 이벤트를 한 번 개최하기 위해서는 어마어마한 리소스와 노력이 필요하다. 오프라인 장소를 물색하고, 스폰서를 구하고, 포스터를 제작하고, 티켓을 판매하고, 경기장을 설치하고, 현장을 운영하는 모든 과정을 직접 맡아서 해야 한다. 크리에이터 대부분이 해본 적 없는 일들이다. 이런 경우 플랫폼이 나서 인프라를 지원하거나 스폰서를 해준다면 이들의 부담은 크게 줄어들게 된다.

콘텐츠가 흥행하면 크리에이터뿐 아니라 플랫폼 역시 큰 수혜를 입는다. 서로 윈윈하는 관계이므로 플랫폼이 크리에이터와 콘텐츠 제작에 투자하게 되면 장기적 관점에서 플랫폼에도 분명 큰 이득임이 분명하다. 그런데도 아직까지 크리에이터들을 위한 플랫폼의 투자는 거의 전무한 상황이다. 왜 그럴까? 플랫폼 내에 워낙 많은 크리에이터가 있어서 개별 크리에이터에게 적극적으로 지원하는 데 어려움이 따르기 때문이다.

하지만 크리에이터들이 플랫폼을 통해 성장하는 것을 넘어 그들의 비전을 현실화하는 데 플랫폼의 지원을 받는다면, 플랫폼과의 관계는 더 견고해질 수밖에 없다. 크리에이터는 물론 시청자들도 플랫폼의 서포트를 잊지 않는다. 이러한 서포트 덕분에 나중에 크리에이터가 플랫폼 이탈을 고민하더라도 시청자가 나서서 이를 말리기도 한다.

국내에서는 아프리카TV가 좋은 사례다. 아프리카TV는 콘텐츠 지원센터를 만들어 누적 방송 시간 10시간 이상인 모든 BJ에게 신청 시 최대 1,000만 원까지 제작비를 지원하는 프로그램을 2018년부터 운영 중이다. 행사나 이벤트가 아니더라도 콘텐츠 계획을 제출하면 여행경비, 영상편집비, 재료비, 대여비까지 적극적으로 지원해주고 있다. 초창기 이런 지원을 통해 성장한 창작자는 플랫폼에 우호적인 감정을 가질 수밖에 없다. 어쩌면 가장 적은 비용으로 플랫폼 록인lock-in을 하고 있다고도 볼 수 있다. 투자의 선순환이 이뤄지는 것이다.

신규 플랫폼들이 염두에 둬야 할 핵심 포인트

크리에이터의 목소리에 귀 기울여라

OTD가 주목을 받으면서 이 시장에 뛰어드는 창업가들이 크게 늘었다. 하지만 그들이 지속성을 가지려면 꼭 기억해야 할 점이 있다. 무엇보다 크리에이터의 목소리에 귀 기울여야 한다는 점이다. 크리에이터를 매니지먼트하는 MCN^{Multi Channel Network} 회사에서 일을 하다 보면 자연스럽게 다양한 업체들로부터 서비스 소개를 받게 되는데, 모두가 그렇지는 않지만 공통적으로 크리에이터의 목소리가 들어 있지 않다는 느낌을 받곤 한다. 서비스의 기능과 수익 옵션은 다채롭게 구성되어 있지만 정작 크리에이터가 어떤 기능에 목말라 있는지에 대한 고민이 깊지 않은 것이다. 크리에이터에 대한 이해도나 그들의 니즈에 대한 감각을 더 키울 필요가 있다.

크리에이터 출신의 창업 멤버도 아직은 찾아보기 힘들다. 크리에이터는 일반 사용자와는 뚜렷하게 다른 페르소나와 특성을 갖고 있기에 일반 서비스와 똑같은 방식으로 접근해서는 실패할 가능성이 높다. 서비스의 성패가 크리에이터에게 달려 있기 때문에 이들을 관찰하고 이들의 목소리에 귀를 기울이는 것은 매우 중요하다.

시장 상황에 맞는 유연함을 가져라

앞서 이야기한 것처럼 크리에이터 생태계는 아직도 진화 중이다. 하루가 멀다 하고 틀을 깨는 시도와 혁신이 이어지고 있는 곳이 바로 크리에이터 시장이다. 오늘 필요했던 것이 내일은 필요 없어질 수도 있고, 어제는 아니었던 것이 내일은 정답일 수 있다. 이런 시장에서는 변화하는 시장 상황에 맞춰가는 유연함이 필수다. 하지만 현재 생겨나는 플랫폼들을 보면 완성도는 좋으나 유연성이 떨어지는 플랫폼들이 많다.

물론 중심을 잡는 것은 매우 중요하다. 아무런 원칙 없이 흔들리면 안 되겠지만 고착화된 틀에 빠지는 것도 경계해야 한다. 어제 맞았던 가설로 내일을 설계해서는 미래를 열어갈 수 없기 때문이다. 메타버스, NFT와 맞물려 이 시장은 매우 빠르게 변화하는 중이다. 그렇다면 변화하는 시장에 맞춰 시스템과 기능을 바꿀 수 있는 유연한 구조로 플랫폼을 설계할 필요가 있다.

성공 사례를 위해 투자하라

매번 새로운 창작물을 만드는 크리에이터는 창의적인 직업이긴 하지만 의외로 새로운 시도에 대해서는 보수적인 경우가 많다. 성향이 보수적이라는 뜻이 아니라 그만큼 물리적인 시간이 부족하고 기회비용이 크기 때문이다. 창작하는 데 드는 시간과 에너지가 커서 리스크를 안고 쉽게 모험하기가 어렵다.

따라서 크리에이터를 내 서비스의 고객으로 만들고 싶다면 그들에게 새로운 기회나 비즈니스 모델을 설명할 것이 아니라, 성공 사례를 보여주는 것이 가장 효과적이다. 성공해서 스타로 등극한 크리에이터, 일명 대박난 크리에이터의 선례만큼 좋은 것은 없다. 그러기 위해서는 어느 정도 영향력 있는 크리에이터와 긴밀한 파트너십을 맺고 성공 사례를 만들기 위해 투자하는 것이 중요하다. 성공 사례를 최대한 많이 만듦으로써 영향력 있는 크리에이터들을 더 많이 영입할 수 있다.

우리는 모두 이미 크리에이터다

대구의 대봉초등학교 1학년 학생들이 새로 입학하는 후배들을 위해 책을 썼다. 바로 『1학년이 쓴 1학년 가이드북』이다. 이 책에는 그야말로 1학년생들을 위한 깨알팁들이 빼곡하다. 줄넘기 잘하는 방법, 부끄러워하지 않고 발표 잘하는 방법과 같은 정보성 콘텐츠부터 우리 선생님을 화나게 하는 방법, 친구를 잃어버리는 방법과 같은 생활팁, 그리고 달팽이 놀이를 잘하는 방법, 종이를 잘 오리는 방법과 같은 꿀팁까지 다양한 내용으로 구성되어 있다.

누구나 처음 하는 일은 두렵고 어렵다. 하물며 부모의 손을 떠나 학교라는 낯선 환경에 들어가야 하는 초등학교 1학년은 모든 것이 새롭고 익숙하지 않다. 이런 이들에게 1년 선배가 전해주는 꿀팁은 얼마나 큰 도움이 될까. 선생님이 쓴 가이드북보다 훨씬 더 현실감 있고 구체적일 수밖에 없다. 같은 입장에서 이미 경험해본 것들이 담겨 있기 때문이다.

콘텐츠만 있다면 누구든 크리에이터가 될 수 있다

우리는 콘텐츠를 전문적으로 창작하는 사람을 '크리에이터'라고 정의한다. 하지만 '창작'이라는 단어가 갖는 의미 때문에 높은 허들이 생겨버린다. 창작이라고 하니 왠지 글을 쓰고 그림을 그리고 영상을 제작하는 활동이 먼저 연상되고, 뭔가 대단하고 특별한 재능을 발휘해야만 창작이 된다고 생각하는 것이다. 그러다 보니 '나는 크리에이터가 되기 어려운 사람'이라고 정의하기 쉽다. 그렇다면 크리에이터의 진정한 정의는 무엇일까?

크리에이터는 누군가에게 무언가를 전달하는 사람이다. '누군가'라는 대상은 정말 다양하다. 한국어를 배우고 싶어 하는 외국인, 타자를 빨리 치고 싶어 하는 학생, 회사에서 이메일을 처음 써보는 직장인, 주식 투자가 처음인 입문자 등 누구라도 그 대상이 될 수 있다. 내가 아는 사소하고 얄팍해 보이는 지식과 경험도 누군가에게 도움을 줄 수 있는 사람이라면 누구라도 상관없다.

'무언가' 역시 다양하다. 내가 전하려는 지식과 경험이 전문가 수준일 필요는 없다. 간단하고 소소한 팁 수준이면 충분하다. 우리가 하루에 얼마나 많은 검색을 하는지 생각해보자. 모르는 동네에 가면 맛집을 검색하고, 화장품을 살 때 후기를 검색한다. 고급 정보를 찾기 위한 검색보다는 일상 속에서 필요한 것을 검색하는 경우가 압도적으로 많다. '무언가'가 꼭 정보나 지식이어야 하는가 하면 그렇지도 않다. 개그, 인생관, 리액션과 같은 것뿐 아니라 기쁨과 슬픔, 환희와 외로움, 설렘과 두려움, 쾌락, 고통과 같은 감정들도 '무언가'에 해당한다.

계약서 쓰는 법이나 전기료 아끼는 법처럼 단순한 정보도, 친구와 커피숍에서 나누는 잡담도, 선배로서 후배에게 건네는 팁도, 직장에서 사수로서 부사수에게 업무에 대해 설명하는 것 모두 창작의 재료가 될 수 있다. 이를 글, 그림, 영상이라는 도구에 담아내면 콘텐츠가 되고, 이 일을 반복하면 크리에이터가 된다. 이처럼 쉽고 단순하게 생각하면 크리에이터라는 것은 누구든 될 수 있는, 그리 멀게만 느껴지는 직업군이 아닐 수 있다.

영상 편집 기술, 이제는 다 알아서 해준다

영상 제작은 과거에 비하면 오늘날 매우 쉬워진 편이다. 지금도 핸드폰에서 촬영, 편집, 자막, 배경음악 등의 처리가 가능하고, 틱톡과 같은 숏폼은 촬영 버튼과 필터 사용만으로도 콘텐츠를 제작할 수 있을 정도로 간단해졌다. 이러한 기능들은 앞으로는 분명 더 쉬워질 것이다. 글도 직접 타이핑하지 않고 음성 인식을 통해 말한 것을 바로 글로 작성할 수 있다.

웹툰의 경우 채색을 도와주는 서비스도 이미 등장했으며, 영상 분야에서는 자동으로 자막을 달아주거나 음성이 비어 있는 구간을 자동으로 없애주는 기능은 물론 표정이나 몸동작에 맞게 버추얼 캐릭터가 움직이게 도와주는 등 다양한 기술들이 도입되고 있다. 다시 말해 기술에 대한 장벽으로 크리에이터에 도전하지 못할 이유는 전혀 없는 것이다.

곰곰이 생각해보면 우리는 이미 누군가에게 무언가를 늘 전달하며 생활한다. 친구와 잡담을 나누고 회사에서 업무를 보면서 상대에게 늘 무언가를 알려주거나 전해주고 있지 않은가? 그러므로 나에게는 콘텐츠가 없다는 생각, 크리에이터는 특별한 사람만 한다는 생각의 고정관념부터 깨부수어야 한다.

애플의 아이폰이 처음 세상에 나왔을 때 얼마나 많은 부정적인

웹툰 AI 페인터가 기본 채색을 하는 모습

(출처: 네이버웹툰 WEBTOON AI Painter)

의견들이 쏟아졌는지 한번 떠올려보자. 배터리 교체가 안 돼서 불편하다, 액정을 터치하는 것이 어색하다, 블랙베리가 최고다, 내 정보가 유출될 것 같아서 불안하다 등 그 혁신성만큼이나 부정적인 의견이 많았다. 그러나 불과 10년 만에 세상은 아이들부터 어르신까지 모두가 스마트폰을 사용하는 시대가 되었다. 콘텐츠 역시 마찬가지다. 불과 10년 뒤면, 첫 만남에서 이름보다는 "어떤 채널을 운영하고 계시나요?"라는 질문이 먼저 나올 수도 있다.

물론 모든 사람이 유튜브 크리에이터가 되어야 한다는 말은 아니다. 책을 쓰거나 강의를 하거나 회사에서 멘토링을 하는 것 모두 크리에이터의 범주에 들어간다. 중요한 것은 자신만의 콘텐츠가 있다면 그것을 활용하는 능력이 크리에이터 활동의 근간이 되리라는 점이다. 이제 누구든 크리에이터가 될 수 있는 세상이라는 점을 받아들이자. 이를 거부한다면 시대의 흐름에 뒤처지는 것은 시간 문제다.

엔터테인먼트 콘텐츠의 하이퍼리얼리즘

화려한 가짜는 그만,
극사실주의가 뜬다

현실보다 더 실감 나는 '현실'에 빠지다
엔터테인먼트 콘텐츠의 빅 트렌드가 탄생하다
하이퍼리얼리즘은 어떻게 대세가 되었나

02

하이퍼리얼리즘의 시대

#극사실주의 #현실고증 #스케치코미디 #그레이코미디 #일상공감

최근 유튜브를 포함해 미디어에서 가장 주목할 만한 트렌드는 '하이퍼리얼리즘'이다. 자극적인 콘텐츠의 범람, 다양한 갈등과 논란, 팬데믹에 따른 콘텐츠 소비량 급증 등 시대적 요인에 의해 자연스럽게 등장한 장르다. 하이퍼리얼리즘은 '일상 속 상황을 중립적인 시선에서 철저하게 현실적으로 고증해낸 콘텐츠'로, 공감대 형성이 용이하고 다양한 해석이 가능하도록 여백을 두는 특징이 있다. 기존에 존재했던 공감 콘텐츠와의 가장 큰 차이는 '디테일'이다. 대사나 표정, 몸짓은 기본이고 현실감을 높이기 위해 촬영 장소, 의상, 메이크업, 소품 하나까지 디테일하게 챙기는 극사실주의를 지향한다.

숏박스의 '장기연애'의 경우 이러한 디테일한 연출로 강력한 팬덤을 형성하고 있다. 사내뷰공업의 '우당탕탕 알바 공감' 시리즈와 너덜트의 '당근이세요?' 등의 성공 포인트도 여기에 있다. 그 외에 주현영을 비롯한 신흥 예능 대세들도 극사실주의에 기반을 둔 공감 연기로 사랑받는 중이다.

하이퍼리얼리즘 콘텐츠는 상황 설정과 캐릭터 등이 현실의 경험과 너무 유사하기 때문에 빠른 몰입이 가능해 순식간에 감정 이입의 단계로 넘어간다. 이러한 강점 덕분에 현실을 비틀어 해학을 표현하기에 적합하다. 다만 일정 수위를 넘어서면 '그레이코미디'가 아닌 블랙코미디가 되기 때문에 과도한 비판과 불쾌함을 드러내서는 안 된다. 아슬아슬 경계를 잘 타며 수위를 조절하는 테크닉이 필요하다는 얘기다. 엔데믹 시대에 하이퍼리얼리즘이 대중의 사랑을 계속 이어가기 위해서는 이러한 본연의 매력, 그 핵심을 잘 지켜나가야 한다.

현실보다 더 실감 나는
'현실'에 빠지다

을지로 뒷골목 어귀에 있을 법한 허름한 호프집. 한 쌍의 남녀가 별 말 없이 생맥주를 들이켠다.

여자: 나 오늘 진짜 개열받았거든?

남자: 왜?

여자: 우리 회사 과장 알지?

남자: 볼링 졸라 좋아하는 애?

여자: 그 볼링, 오늘 진급했다니까.

남자: 와, 여긴 날개가 진짜 맛있다.

여자: 내가 진짜 개짜증 나는 게 뭔 줄 알아?

남자: 야! 이거 진짜 맛있다.

여자: 내 아이디어 뺏은 거야.

숏박스의 '장기연애' 시리즈 중 '여행계획' 섬네일

(출처: 유튜브 '숏박스' 채널)

여자 친구의 울분을 듣는 둥 마는 둥, 남자는 치킨을 입속으로 욱여넣는다. 그런데 어쩐지 여자는 화를 내지 않는다. 이들은 11년 차 '장기연애' 커플. 서로에 대한 설렘도 애정도 없어 보인다고 느낄 수 있겠지만 사실은 그 반대다. 이들은 서로를 너무 잘 알아서 상대방이 지금 어떤 상태고 어떤 말을 하고 싶은지 귀신같이 알아챈다. 겉으로 보기엔 무심해 보이지만 마음속에는 상대방에 대한 깊은 이해와 신뢰 그리고 배려가 숨어 있다.

앞서의 대화는 역대급 현실 고증으로 각광받고 있는 숏박스 채널의 간판 콘텐츠인 '장기연애' 시리즈의 '여행계획' 영상 중 일부다. 해당 콘텐츠는 유튜브뿐 아니라 페이스북, 인스타그램 등 여러

숏박스 신규 콘텐츠 조회수 추이(업로드 후 24시간 기준)

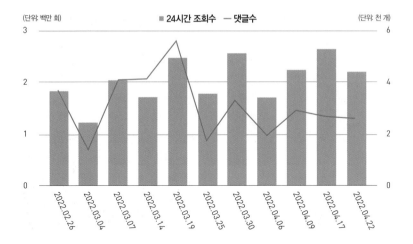

커뮤니티에서도 화제가 되면서 단기간에 숏박스를 대중에게 각인시켰다. 이후 업로드하는 콘텐츠마다 모두 100만 조회수를 넘기며 폭풍 성장세를 보여주더니 2개월여 만에 구독자 100만 명을 돌파했다. 대표 콘텐츠인 '모텔이나 갈까?', '대실', '여행계획'은 2022년 9월 기준 모두 1,000만 조회수를 넘었다. '장기연애' 시리즈 외에도 남매, 헌팅, 치과, 직장 이야기 등 다양한 소재를 현실 고증 방식으로 풀어내고 있는데, 각 콘텐츠는 업로드 후 24시간이 되기도 전에 평균 조회수 200만에 육박할 정도로 강력한 팬덤을 자랑한다.

이처럼 철저한 현실 고증을 바탕으로 한 콘텐츠를 '하이퍼리얼리즘'이라 부른다. 최근 유튜브를 포함해 미디어에서 가장 주목할 만한 트렌드인 하이퍼리얼리즘은 원래 미술 분야에서 사용되던 용어로,

있는 그대로를 완벽하게 그려내는 기법을 말한다. 한 번쯤은 사진과 구분하기 힘들 정도로 진짜 같은 그림을 본 적이 있을 것이다. 여기서 유래해 현실의 모습을 사실적으로 연기하여 재현하는 콘텐츠를 '하이퍼리얼리즘형 콘텐츠'라고 칭한다. 현실 고증형 콘텐츠를 본 시청자들이 댓글에 '하이퍼리얼리즘이네.'라고 감상평을 달기 시작하면서 자연스럽게 하나의 장르로 자리 잡게 되었다. 숏박스는 자신들의 콘텐츠를 '스케치 코미디'라고 말하기도 하는데 현실을 그대로 그려낸다는 면에서는 일맥상통한 표현이다.

대중이 '하이퍼리얼리즘'에 열광하는 이유

하이퍼리얼리즘의 주요 특징은 생활 밀착형 소재들을 현실감 넘치게 연출하는 것이다. 그런데 하이퍼리얼리즘을 '삶을 살아가면서 겪는 일상의 에피소드를 현실감 있게 보여주는 장르'라고만 정의하기엔 무언가 부족하다. 사실 대부분의 콘텐츠들이 현실을 바탕으로 만들어지기 때문이다.

브이로그만 해도 콘텐츠 속 크리에이터의 일상이 고스란히 담겨 있다. 기상 시간, 아침 메뉴, 그날의 패션뿐 아니라 소소한 하루 일과 속에서 무엇을 느꼈는지도 생생하게 잘 드러나 있어서 시청자들은 주인공과 함께 하루를 지낸 것 같은 친근함을 느낀다. 콘텐츠를 편집하는 과정에서도 불필요한 부분을 덜어내지도 않고, CG 등을 사용해 배경이나 사물을 만들어내지도 않는다.

그렇다면 브이로그는 다큐멘터리와 같은 장르라 할 수 있을까? 영국의 BBC 방송국은 다큐멘터리를 '허구를 전혀 혹은 거의 사용하지 않고 어떤 사건이나 인물에 관한 사실을 보여주는 TV 프로그램이나 사실적 영화'라고 정의했다. 다큐멘터리도 철저하게 현실을 바탕으로 사실적으로 그려낸다는 점에는 브이로그와 일맥상통하는 면이 있다. 하지만 브이로그는 나의 하루를 뚜렷한 메시지 없이 보여주는 경우가 많다. 반면 다큐멘터리는 대개 전달하고자 하는 메시지가 명확하게 담겨 있다. 아무리 불편한 장면이라도 메시지 전달에 도움이 된다면 여과 없이 보여주는 것이 다큐멘터리다.

브이로그나 다큐멘터리는 모두 현실을 있는 그대로 차용하기에 하이퍼리얼리즘에 비해 더 현실감이 있다고도 볼 수 있다. 따라서 하이퍼리얼리즘을 정의할 때 '현실감'에만 초점을 맞추어서는 안 된다. 하이퍼리얼리즘 콘텐츠와 다른 현실 기반 콘텐츠 간의 차이를 이해하려면 제작자보다는 '시청자'에 초점을 맞출 필요가 있다. 즉, 무게중심이 콘텐츠의 제작 형태가 아니라 시청자가 콘텐츠를 보고 '무엇을 느끼는가'에 있어야 한다. 왜냐하면 시청자들은 하이퍼리얼리즘 콘텐츠를 보면서 브이로그나 다큐멘터리에서는 느끼지 못한 '무언가'를 느끼기 때문이다.

편의점을 배경으로 한 동영상 한 편을 살펴보자. 좁은 편의점 안에서 지루한 하루를 보내고 있는 청년이 있다. 시급도 적고, 점주는 카톡으로 시도 때도 없이 이거 해라 저거 해라 업무 지시를 내린다.

당장이라도 그만두고 싶은 마음이 굴뚝 같지만 방금 날아온 학자금 대출 문자를 보니 그냥 참고 다녀야겠다는 생각이 든다. 마침 그때 고등학생처럼 보이는 손님 한 명이 기웃거리다가 편의점 안으로 들어온다. 담배를 사러 온 것이다. 그런데 담배만 달라고 하면 학생인 게 티가 날 것 같아서인지 필요하지도 않은 물건을 몇 개 집어 들고 자연스럽게 "레종 한 갑만 주세요."라고 말한다. 편의점 경력만 3년인 청년은 보자마자 상대가 고등학생인 것을 눈치챘다. 그는 별다른 대꾸 없이 그 학생을 째려보며 신분증을 보여달라고 한다. 그러자 학생은 이렇게 둘러댄다. "아, 집에 두고 왔는데, 저 여기 단골이에요. 바로 앞에 ××대학 다니고 있어요." 하지만 청년은 그냥 넘어가지 않고 노련하게 "저도 같은 학교 다니는데 저희 학교 총장님 이름 아세요?"라고 묻는다. 당황한 고등학생은 "아… 그… 다음에 올게요." 라며 줄행랑을 친다.

지극히 평범해 보이는 이 콘텐츠도 보는 사람이 무언가를 느낀다면 하이퍼리얼리즘 콘텐츠가 될 수 있다. 10대 학생들은 자신과 비슷한 처지인 담배 사러 온 학생에게 공감할 것이고, 20대는 아르바이트 청년에 공감하게 된다. 누군가는 과거 자신의 경험을 회상할 것이고, 누군가는 주변 지인을 떠올릴 것이다. 과거에 느꼈던 감정을 다시 느끼기도 하고, 마치 내 모습을 보는 것 같아 짠하기도 하고, 사람들의 다양한 반응을 보면서 내가 미처 몰랐던 사실을 깨닫기도 한다.

이처럼 하나의 콘텐츠지만 보는 사람에 따라 공감하는 부분도 다르고 느끼는 감정도 다른 것이 하이퍼리얼리즘의 핵심적인 특징이다. 이를 위해 창작자가 정답을 제공해서는 안 된다. 상황에 대한 옳고 그름을 제공하는 순간, 시청자가 참여할 수 있는 여지가 사라져버리기 때문이다. 따라서 좋은 하이퍼리얼리즘 콘텐츠가 되기 위해서는 시청자가 스스로 해석하고 완성할 수 있도록 적당한 여백을 남겨놓아야 한다.

숏박스의 또 다른 인기 영상 '경차 사러 갔다가 람보르기니 산 썰' 콘텐츠에는 두 명의 인물이 나온다. 양복에 넥타이까지 맨 중고차 딜러 영업사원과 패딩을 입은 어리숙해 보이는 구매자다. 경차를 보러 왔다는 말에 딜러는 레이를 추천하고 구매자 역시 자신도 레이를 생각하고 있었다며 맞장구를 친다. 차체가 가볍고 고속도로 톨비도 싸고 가성비가 좋다는 말에 구매자의 얼굴이 밝아진다. 그런데 구매자가 영업쪽 일을 한다고 말하자 딜러는 아무렇지도 않은 표정으로 "고속도로에서 화물차가 옆에 지나가면 차가 조금 흔들릴 수 있다."라고 말한다. 그 말에 구매자가 불안한 눈빛을 보내자 딜러는 "이럴 바에는 100만 원 더 보태서 K3를 사는 게 어떠세요?"라고 제안한다. 이런 식으로 차의 등급은 계속 올라가고 마지막에는 8억 원 상당의 롤스로이스 팬텀까지 등장하면서 콘텐츠는 마무리된다.

'경차 사러 갔다가 람보르기니 산 썰'은 중고차를 구입해본 사람이라면 누구나 한 번쯤 해봤을 법한 고민을 재미있게 풀어낸 하이퍼리얼리즘 콘텐츠다. 일반적인 콘텐츠의 경우 중고차 딜러는 아무것도 모르는 구매자를 현혹해 이득을 취하는 악역으로 표현된다. 하지만 이 콘텐츠에서는 뚜렷한 악역이 없다. 중고차 딜러는 차를 잘 아는 친구 정도로, 구매자는 차를 잘 모르는 친구 정도로 캐릭터를 설정했다. 그래서 댓글을 보면 중고차 딜러에 대한 비판은 많지 않다. 대신 차에 대한 이야기, 본인의 경험담, 깨알 같은 디테일에 대한 감상평 등 시청자들이 제각각 꽂혔던 포인트들과 관련해 각양각색의 댓글이 달린다.

만약 중고차 딜러에게 좋지 않은 기억이 있는 사람의 시선에서 이 콘텐츠를 풀어냈다면 어땠을까? 재미는 있겠지만 다양한 해석의 여지는 생기지 않는다. 이미 콘텐츠 안에 '딜러는 나쁜 사람'이라는 정답이 있기 때문이다. 수많은 사람들이 제각기 다른 포인트에서 공감하게 하려면 특정 사람의 시선이 아닌 다양한 시선의 조합이 반드시 필요하다. 여러 관점이 결합되어야 중립적인 시선에서 편향되지 않게 현실을 담아낼 수 있고 다양한 해석으로 이어질 수 있다.

다시 말해 하이퍼리얼리즘은 '일상 속 상황을 중립적인 시선에서 현실성 있게 풀어내 공감대를 형성하면서도 다양한 해석이 가능하도록 여백을 준 콘텐츠'라고 정의할 수 있다.

엔터테인먼트 콘텐츠의
빅 트렌드가 탄생하다

실제 현실을 있는 그대로 반영하는 다양한 하이퍼리얼리즘 콘텐츠는 사실 예전부터 인기가 많았다. 코미디 채널 '웃소'는 학생들을 주 타깃으로 하여 4~5년 전부터 '슬라임 만지는 유형', '아이스크림 먹을 때 꼭 있는 11가지 유형', '편의점 유형' 등의 리얼리즘 콘텐츠를 제작해왔다. 이들 콘텐츠들은 조회수가 2,000만을 돌파할 정도로 학생들의 폭발적인 공감대를 이끌어냈다. 이것 외에도 '마른 사람', '아이폰 쓰는 사람', '집에 혼자 있을 때' 등의 공감 시리즈와 '소심한 사람들의 특징', '성격 급한 사람 특징'과 같은 일상생활에서의 공감 포인트들을 풀어내는 콘텐츠들도 꾸준한 인기몰이를 하고 있다.

그렇다면 기존의 공감 콘텐츠와 최근 유행하는 하이퍼리얼리즘의 가장 큰 차이는 무엇일까? 바로 '디테일'에 있다. 기존의 공감형 콘텐츠들이 특정 포인트에 집중해 재미있게 연기하는 코미디에 가까웠다면 최근의 하이퍼리얼리즘은 현실을 최대한 비슷하게 따라 한다. 대사나 표정, 몸짓은 기본이고 현실감을 높이기 위해 촬영 장소, 의상, 메이크업, 소품 하나까지 디테일하게 챙기는 극사실주의를 지향한다.

하이퍼리얼리즘 속 신흥 예능 대세의 탄생

하이퍼리얼리즘은 유튜브뿐 아니라 틱톡, 인스타그램 릴스와 숏폼 쪽에서도 트렌드로 자리 잡고 있는데, 그중에서도 가장 폭발적인 성장세를 보이는 플랫폼은 단연 유튜브. 대표적인 크리에이터로는 주현영, 사내뷰공업, K-현실고증, 너덜트, 싱글벙글, 강유미 등을 꼽을 수 있다.

특히 주현영은 하이퍼리얼리즘 연기의 달인으로 인정받았다. 개인 채널을 운영하고 있지는 않지만 다양한 방송에 출연해 독보적인 현실 고증 연기를 보여줬다. 시작은 쿠팡플레이의 오리지널 콘텐츠인 〈SNL 코리아〉였다. 그중 'Weekend Update'라는 코너에서 인턴기자 '주기자' 역할을 했다. 의욕은 넘치지만 늘 긴장하고 어리숙한 성격의 사회 초년생 캐릭터를 소름 돋게 묘사해 단숨에 스타덤에 올랐다. 2021년 9월에 업로드된 'SNL 코리아 인턴 기자 첫 번째 하이라이트' 영상은 2022년 9월 기준 772만 조회수를 기록 중이다.

주기자는 '젊은 패기로 신속 정확하게 뉴스를 전달한다'는 각오

〈SNL 코리아〉에서 주기자 캐릭터를 연기한 주현영

(출처: 유튜브 '쿠팡플레이 Coupang Play' 채널)

로 파이팅을 외치며 당차 보이고 싶어 한다. 하지만 실상은 다르다. 코맹맹이 소리에 발음은 부정확하고, 여유 있는 척 눈을 크게 뜨고 있지만 표정은 긴장으로 역력하다. 모든 것을 파악하고 있는 것처럼 보이고 싶지만 답변이 어려운 질문에는 "좋은 질문? 지적? 아무튼 감사합니다."라며 당황함을 드러낸다. 정곡을 찔린 질문에 "더 이상 못하겠어요."라며 울먹이며 나가는 모습은 모두에게 공감과 웃음을 선사한다. 시청자들은 사회 초년생 시절 자신의 모습을 보는 것 같아 애잔한 마음도 들면서 때론 창피해하기도 한다.

주현영은 이후 일진, 일본 가수 등의 패러디 연기뿐 아니라 연애 프로그램에서 최종 커플이 되지 못한 여성 참가자 등 누구나 한 번 정도는 본 듯한 캐릭터를 실감나게 연기해 큰 인기를 얻었다. SNL 출연 이후에는 GC녹십자, KB국민카드, CNP코스메틱, 코빗의 광고 모델로 활동하며 대세를 입증했다. 또한 지난 20대 대선 때는 '주기자가 간다'라는 콘셉트로 주요 대선 후보들과 엉뚱하면서도 뼈 있는 인터뷰를 진행해 명실상부 '하이퍼리얼리즘의 퀸'으로 등극했다.

하이퍼리얼리즘을 이야기할 때 대세 개그우먼 강유미를 빼놓을 수 없다. 강유미는 2017년부터 '강유미 좋아서 하는 채널'이라는 유튜브 채널을 운영하면서 초창기 하이퍼리얼리즘의 붐을 일으킨 주역이다. 초기에는 먹방이나 브이로그, 제품 리뷰, ASMR 등 다양한 일상 콘텐츠들을 선보였다가 2020년 5월 '도민걸'('도를 아십니까?' 라고 말하며 접근하는 사이비 종교 신도)과 언짢음이 가득한 메이크업 숍 직원을 연기한 1인극 ASMR 콘텐츠가 큰 화제가 되면서 본격적으로 주목을 받기 시작했다. 이후 다양한 직업에 종사하는 사람들의 모습을 현실적으로 묘사한 '롤플레이(역할극) ASMR' 시리즈를 현재까지 꾸준히 제작하고 있다.

강유미는 앞서 언급한 두 캐릭터들을 비롯해 묘하게 얼굴의 단점을 지적하면서 시술을 권하는 성형외과 상담 실장, 극도로 친절하고 적극적인 러쉬 아르바이트생, "아, 진짜요?"를 반복하며 팬들의 말에 무성의하게 대답하는 아이돌 멤버, 친구인 척 어색하게 연기하는 결혼식 하객 아르바이트생 등 현실에서 한 번쯤 본 적 있는 사람들을 매우 사실적으로 연기한다. 특히 해당 시리즈는 평균 20분에서 길게는 한 시간 분량으로 제작되는데, 긴 호흡으로 각 캐릭터들의 말버릇부터 행동, 표정, 심리, 직업병 등 사소한 부분까지 실감 나게 연출하고 묘사한다. 여기에 ASMR 특유의 속삭이는 듯한 작은 목소리를 끝까지 유지한다. 많은 시청자들은 그의 예리한 관찰력과 연기력에 감탄했고, 지극히 현실적이면서 전형적인 직업별 특징 묘사를 보며 '진로 탐색에 적합한 영상'이라는 평가를 하는 등 매우 공감했다.

또한 강유미는 16가지 MBTI 유형별 성격과 행동 특성을 담은 '유미의 MBTI들' 시리즈를 선보이기도 했다. 유형별 영상마다 자신과 가족 및 주변 지인들을 그대로 그려낸 것 같은 이야기에 시청자들은 맞장구를 치며 공감했다. 이러한 하이퍼리얼리즘 콘텐츠에 대한 큰 공감과 지지에 힘입어, 강유미의 유튜브 채널은 2022년 5월 100만 구독자를 돌파하며 대세 예능인으로서의 존재감을 굳건히 다졌다.

하이퍼리얼리즘의
새로운 트렌드를 선도하는 크리에이터들

파괴연구소가 운영 중인 '사내뷰공업'은 하이퍼리얼리즘을 숏폼으로 풀어내는 크리에이터로, 일상 속에서 만난 적 있는 사람들의 디테일한 행동과 심리를 있는 그대로 연기한다. '올리브영', '서브웨이', '파리바게트', '편의점', '카페' 등 20대라면 누구나 가봤거나 일해본 적 있는 장소의 알바생을 다룬 콘텐츠를 비롯해 중고등학교에서 한 명쯤은 있을 법한 '일진', '이과 전교 1등', '애니메이션 덕후' 등 여러 유형의 학생들을 묘사한 콘텐츠로 많은 시청자들의 공감을 얻고 있다. 특히 짧지만 빠르게 집중하고 공감할 수 있는 숏폼 콘텐츠로

'우당탕탕 알바 공감 놀이공원 편' 영상과 댓글

(출처: 유튜브 '사내뷰공업 beautyfool' 채널)

인스타그램 릴스, 틱톡, 유튜브 쇼츠에서도 이들의 영상을 볼 수 있다. 팔로워(구독자)수는 2022년 9월 기준으로 각각 5.8만, 22.9만, 31.6만 명에 이른다.

대표적인 콘텐츠인 '우당탕탕 알바 공감' 시리즈는 주변에 있을 법한 알바생의 현실적인 모습을 보여준다. 의욕과 열정이 넘치는 초창기 알바생과 목이 쉰 채 출발 안내 멘트를 하는 장기 알바생은 우리가 실제 놀이공원에서 만나는 알바생의 모습이다. 또한 통신사 포인트 적립을 위해 스마트폰으로 앱을 찾는 손님을 뻘쭘하게 기다리는 파리바게트 알바생, 쳐다보지도 않고 단번에 물건의 위치를 답해주는 다이소 알바생, 칼퇴를 위해 신나게 청소를 했지만 마감 3분 전에 입장하는 손님에 좌절하는 카페 알바생 등 현실 알바생들의 리얼한 상황은 몰입감을 극도로 높인다. 특히 알바 경험이 있는 사람들은 마치 자신을 그대로 '복붙'한 듯한 모습에 크게 공감하면서도 한편으론 씁쓸해하며 서로의 경험담을 공유한다.

그런가 하면 '빌런 시리즈'는 학창 시절 친구들의 모습을 실감 나게 연기하며 10대와 20대 시청자들을 공략한다. 써클렌즈를 착용하고 롤리팝 휴대폰을 사용하면서 싸이월드를 열심히 하는 96년생 일진 황은정의 모습은 특히 1990년대생들의 큰 공감을 얻었다. 또한 "혜진아, 27번 답 뭐야?", "혜진아, 이거 어떻게 풀어?" 등 친구들의 질문 공세를 받는 이과 전교 1등 김혜진의 모습은 시청자들의 학창 시절 전교 1등을 떠올리게 했다. 서울 소재 대학에 합격해 부모님과 자취방을 알아보다가 비싼 집값에 몰래 눈물을 보이는 김혜진의 모습은 타지 생활을 경험한 사람들에게 그 시절의 설움을 그대로 다시 느끼게 했다.

하이퍼리얼리즘 트렌드를 잘 보여주는 또 다른 채널로는 구독자 수 136만 명(2022년 9월 기준)의 '너덜트'를 꼽을 수 있다. '너덜트'는 현대인의 일상을 소재로 코미디 콘텐츠를 제작하는데, 이른바 '코믹숏무비'라는 장르를 만들며 하이퍼리얼리즘 트렌드를 주도했다. 특히 우리 주변에 흔하게 있을 법한 인물과 상황을 현실적으로 묘사하면서도 코믹한 연기와 대사를 더해 시청자들의 공감과 웃음을 동시에 자극한다.

'인서울 대학 합격한 김혜진' 영상과 댓글

(출처: 유튜브 '사내뷰공업 beautyfool' 채널)

오늘날의 너덜트를 있게 한 대표적인 콘텐츠는 바로 '당근이세요?'이다. 제목에서 알 수 있듯 두 명의 유부남이 당근마켓 중고거래를 하는 장면을 2분 남짓한 길이로 담아냈다. 자동차 비상등을 켜놓고 골목에서 접선하는 장면, 후줄근한 옷을 입은 채 쭈뼛쭈뼛 서로를 확인하는 모습, 무기력한 표정으로 실거래자인 아내들을 대신해 거래하는 두 남자의 모습을 보면서 시청자들은 짠함과 함께 귀여움을 느꼈다. 또 전화를 통해 오가는 아내들의 질문 공세에 귀찮지만 성실하게 대신 답해주는 두 남자의 코믹한 연기와 물건을 대신 확인해보고 돈을 이체하는 등 현실감 넘치는 묘사에 많은 공감을 보냈다. 해

'당근이세요?' 영상과 댓글

▢▢▢ 2개월 전
둘이 입은 옷도 진짜 하이퍼리얼리즘임ㅋㅋㅋㅋㅋ

👍 2.2천 👎   답글

▼ 답글 보기

▢▢▢▢ 5개월 전
아 진짜웃겨ㅋㅋ마트가다가 마트주차장 구석에서 당근거래로
애기 전동바운서 거래하러온 남편들 봤는데 실제로보면 엄청 귀여움ㅋㅋㅋㅋ 본의아니게 끝까지 거래하는거 보게됬는데
마지막에 중고로 파시는분이 순산하시라고 오천원깎아주시던데ㅋㅋㅋㅋㅋ

👍 7.4천 👎   답글

▼ 답글 207개 보기

▢▢▢▢ 5개월 전
와... 연기력, 연출력, 카메라 성능, 미장센, 뭐 하나 빠진 거 없는 팀이네요~ 유튜브 코메디가 여기까지 진화하는구나~~~~ 흥하실 겁니다 !!!

👍 1.9천 👎   답글

▼ 답글 2개 보기

▢▢▢ ▢▢▢ 2개월 전(수정됨)
00:30 얼마나 쌌어?에서 아내분이 기간인지 횟수인지 물어보는 게 엄청 현실감을 주는 것 같아요

(출처: 유튜브 '너덜트' 채널)

당 영상은 2022년 9월 기준 조회수 751만 회를 기록 중이다.

그 외에도 대표적으로는 카페에서 장시간 공부하며 자리와 콘센트를 점유하는 카공족(카페 공부족), '지금 가는 중이야~'를 반복하며 나가기 싫어 하다가 막상 나가서는 그 누구보다 신나게 노는 집돌이, 카페에서 휴대폰이나 노트북 등을 둔 채 자리를 비워도 아무도 물건을 훔쳐가지 않는 상황에 놀라는 외국인 등이다.

배우 권혁수(왼쪽)와 크리에이터 김계란(오른쪽)이 출연한 너덜트 영상

(출처: 유튜브 '너덜트' 채널)

'너덜트'는 지난 2021년 7월에 첫 영상을 업로드한 이후 9개월 만에 구독자 100만 명을 돌파했으며, 2022년 9월 기준 영상의 평균 조회수는 약 440만 회를 기록했다. 또한 연예인 하하, 정준하, 권혁수, 유명 크리에이터 김계란 등이 연기자로 출연하는 등 다양한 셀럽들과의 협업을 통해 하이퍼리얼리즘의 인기와 화제성을 유지하고 있다.

'싱글벙글'도 '너덜트'와 유사하게 일상에서 일어나는 상황을 주제로 코미디 콘텐츠를 제작하는 채널이다. 하지만 다른 채널들과 차별화되는 포인트가 있으니 바로 부부관계에 대한 에피소드를 현실적으로 다룬다는 점이다. 특히 주도적인 성격의 아내와 다소 소심한 남편의 역학관계에서 일어나는 일상 이야기가 많은 시청자들의 공감과 웃음을 유발하고 있다.

그중 아내 몰래 숨겨둔 비상금이 발각된 상황을 담은 영상이 가

'숨겨둔 비상금을 들키면 생기는 일' 영상과 댓글

(출처: 유튜브 '싱글벙글' 채널)

장 인기를 끌었다. 아내의 생일을 준비하기 위해 몰래 모은 돈이라고 수습하며 속으로 절망하는 남편의 짠한 모습에 비슷한 경험이 있는 시청자들은 격하게 공감한다며 씁쓸함을 표하기도 했다. 해당 영상은 2022년 9월 기준 1,500만 회 이상의 조회수를 기록 중이다.

또한 부부 사이의 '의무방어전'에 대한 콘텐츠들도 큰 주목을 받았다. 적극적인 아내를 부담스러워하지만 거부하지 않는 남편의 모습을 아슬아슬한 수위로 과하지 않고 재치 있게 풀어내 많은 시청자들의 웃음과 공감을 얻었다. 그 외에 각자의 전 연인과 와본 적 있는 장소를 마치 처음 온 것처럼 연기하는 부부의 모습과 아내가 친정에

갔을 때 혼자만의 자유를 즐기는 남편의 모습 등 부부라면 누구나 한번쯤 경험해봤을 생활 에피소드를 현실적으로 연기해 큰 인기를 끌고 있다.

'K-현실고증'은 앞서 설명한 일반적인 하이퍼리얼리즘 채널과는 차별 요소가 있다. 먼저 사람이 직접 등장하지 않는다. 대신 시뮬레이션 비디오 게임 '심즈4'를 이용하여, 가상의 현실과 캐릭터를 통해 요즘 중고등학생들의 모습을 사실적으로 담아낸다. 또 한 가지 특징은 평범한 학생이 아닌 소위 '일진'이라 불리는 고등학생들의 일상을 다룬다는 점이다. 불편한 진실이 많이 드러남에도 불구하고 디테일한 현실 묘사로 특히 Z세대 학생들의 큰 공감과 지지를 얻고 있다.

무스너클 패딩부터 언더아머 반팔 티셔츠까지 계절을 무시한 옷차림을 한 남자 일진들이 학교 화장실에서 담배를 피는 모습, 진한 화장에 짧고 딱 붙는 교복 치마를 입은 여자 일진들이 SNS에 올릴 영상과 사진을 찍는 모습 등은 요즘 일진들의 학교 생활을 그대로 재현했다는 반응을 이끌어냈다. 비단 Z세대 시청자들만 사로잡은 게 아니다. 편의점에서 술과 담배를 사기 위해 잔꾀를 부리거나 노래방과 식당 등 학교 밖에서 유흥을 즐기는, 주변에서 흔히 볼 수 있는 일진들의 모습은 일반 시청자들의 관심도 끌어냈다.

이렇게 'K-현실고증'은 '일진의 학교생활', '요즘 중고딩 여자일진 패션유형에 대해 알아보자', 'K-일진들의 노래방' 등 다양한 콘텐츠에서 요즘 일진 학생들의 패션, 유흥, 언행, 일탈 등을 디테일하게

요즘 일진들의 학교 생활을 재현한 K-현실고증의 영상들과 댓글

5개월 전
모든 영상마다 현실고증 제대로 한 게 젤 신기하다

👍 1만 👎   답글

▼ 답글 11개 보기

5개월 전(수정됨)
볼때마다 현실고증 너무 잘되어있어서 놀랍다

👍 2.3천 👎   답글

▼ 답글 3개 보기

5개월 전
애들 언니들이 불러서 화장 박박 지우고 간 거 넘 현실고증 쩖

👍 7.8천 👎   답글

▼ 답글 27개 보기

5개월 전
와 저 도넛 옷 많이 입는 건 또 어떻게 아셨대 이정도면 수원에서 제일 잘나가는 일진아님..??

👍 4.2천 👎   답글

'일진의 학교생활'(왼쪽 위), '요즘 중고딩 여자일진 패션유형에 대해 알아보자(오른쪽 위)' 영상
과 댓글 (출처: 유튜브 'K-현실고증' 채널)

보여준다. 이로 인해 세간에서는 실제 일진 학생이나 현직 교사가 제
작한 영상이 아니냐고 할 정도로 시청자들의 호평을 받고 있다. 또
한 유튜브 외 커뮤니티에서도 여러 영상들이 공유되어 큰 인기를 얻

고 있다. 실제로 2021년 7월 첫 영상이 업로드된 후 2개월 만에 구독자 10만 명을 돌파했으며 2022년 9월 기준 영상 평균 조회수가 120만 회를 넘어섰다.

하이퍼리얼리즘은
어떻게 대세가 되었나

하이퍼리얼리즘 콘텐츠의 핵심은 현실을 고스란히 담아내는 것이 아니라 그 이면에 있는 감정과 심리를 과장되지 않게, 은유적으로 얼마나 잘 재현해내느냐에 있다. 커피숍에 가서 아메리카노 한 잔을 주문해 들고 나오는 장면을 재현한다고 해보자. 얼핏 생각하면 별다른 묘사 거리가 없다고 생각할 수 있지만 카메라로 촬영하듯 찬찬히 살펴보면 다양한 상황과 디테일한 감정을 담아낼 수 있다. 가령 손님이 부르는 소리를 듣고도 못 들은 척 자기 할 일만 하는 등 은근히 불친절한 종업원, 추운 겨울에도 아이스 아메리카노만 고집하는 '얼죽아' 친구 등에 초점을 맞춰 묘사하면 새로운 재미가 탄생하게 된다.

물론 대중의 공감은 기본이다. 고도 3,000미터에서 스카이다이빙하면서 느낄 수 있는 감정이나 심리는 아무리 하이퍼리얼리즘으로 풀어낸다 해도 대중의 공감을 사기 어렵다. 많은 사람들이 경험해본 세상이 아니기 때문이다. 이런 장르적 특성으로 인해 하이퍼리얼리즘 콘텐츠에서는 일상생활 속 묘하게 불편하거나 특이하다고 느꼈던 상황에 대한 묘사가 주를 이룬다. 평범하고 착한 친구, 성실한 청년, 무난한 커플은 잘 등장하지 않는다. 평범한데 너무 착해서 호구 소리를 듣거나, 성실함이 지나쳐 부담스런 상황을 만들거나, 오래 사귀어 가족 같아져버린 연인처럼 평범함 속에서 뭔가 조금 이상하거나 과한 것들이 있어야 한다.

하이퍼리얼리즘의 최대 강점은 빠른 몰입에 있다. 상황 설정과 캐릭터 등이 현실의 경험과 너무 유사하기 때문에 단 몇 초만 보더라도 순식간에 공감을 넘어 감정이입의 단계로 넘어간다. 이러한 강점 때문에 하이퍼리얼리즘은 오히려 현실을 비틀어 해학을 표현하기에 적합하다. 시청자들은 몰입하는 순간 이러한 약간의 비틀기를 잘 눈치채지 못하기 때문이다. 하이퍼리얼리즘을 잘 구현하는 창작자들은 이런 비틀기를 잘 활용한다. 대부분의 장면은 최대한 현실에 가깝게 묘사하지만 제작자가 전달하고자 하는 감정과 느낌이 나오는 장면에서는 테크니컬한 '비틀기'로 코미디를 만들어낸다.

블랙코미디가 아닌 그레이코미디로 승부하다

블랙코미디는 현실의 부조리, 잔인함, 절망 등을 과장되고 익살스럽게 풍자하는 코미디 장르를 말한다. 그러다 보니 정치, 종교, 인종, 남녀 문제 등 민감한 주제를 다루며 비판의 대상이 명확하고 변화를 목적으로 하는 혁명적인 요소들이 많다. 그래서인지 해외에서는 보편적인 코미디 장르 중 하나지만 유독 한국에서는 제대로 자리 잡지 못하고 있다. 한국은 유교 사상이 사회 전반에 영향을 미치고 있기 때문이다.

하지만 세대가 바뀌면서 한국에서도 20대를 중심으로 블랙코미디가 유의미하게 자리 잡기 시작했다. 10여 년 전부터 취업이 어려워지고 비정규직이 보편화되면서 20대들이 '88만 원 세대', '헬조선' 등의 신조어를 만들며 현실에 강한 반감을 드러내기 시작했다. 그리고 이 무렵 블랙코미디가 등장했다. 유병재를 비롯한 코미디언들이 20대의 마음을 대변하는 속 시원한 사이다 같은 발언을 하면서 젊은 세대들에게 큰 인기를 끌었다. 2018년에는 〈유병재: B의 농담〉이라는 스탠드업 코미디쇼가 넷플릭스 오리지널로 제작되기도 했다.

"젊음은 돈 주고 살 수 없어도 젊은이는 헐값에 살 수 있다고 보는 모양이다."

"나만 힘든 건 아니지만 니가 힘든 걸 안다고 내가 안 힘든 것도 아니다."

"아프면 환자지, 무슨 청춘이냐."

_'유병재 어록' 중에서

다만 블랙코미디 특성상 비판의 대상이 명확하고 비판의 강도가 세다 보니 젠더 갈등처럼 민감한 주제를 잘못 건드릴 경우 논란으로 이어질 위험이 크다. 게다가 사회적으로 인권과 다양성이 존중받는 분위기가 형성되면서 특정 집단에 대한 무차별적인 비판에 대해 거부감을 느끼는 사람들도 늘어났다. 정통 블랙코미디만으로 대중의 마음을 사로잡기에는 역부족인 게 사실이다.

이러한 시기에 등장한 하이퍼리얼리즘은 현실을 바탕으로 웃음을 제공함과 동시에 묘한 불편함을 전달한다는 측면에서 블랙코미디와 뿌리가 같다고 할 수 있다. 다만 하이퍼리얼리즘은 창작자의 주장보다는 관찰자적인 시선에서 묘사되다 보니 시청자들이 보다 편안하게 받아들일 수 있다는 장점을 가진다. 묘사의 대상도 기득권층보다는 평범한 일반인에 가깝고 소재 역시 소소한 일상 속 감정들이다. 해학의 재료들은 비슷하게 담고 있지만 여백을 통해 시청자들에게 해석을 맡김으로써 블랙코미디에서 보다 진화한 '그레이코미디' 장르를 개척했다.

블랙코미디가 커피 추출 원액 그대로의 진한 에스프레소라면 그레이코미디는 우유를 넣어 부드럽게 만든 라떼와 같다. 하이퍼리얼리즘이 많은 대중에게 사랑받는 이유는 바로 그들이 원하는 해학은 있지만 불편함은 덜어내 수용하기 좋은 부드러움을 추가했기 때문이다. 코미디를 하는 사람 입장에서도 블랙코미디에 비해 리스크가 적다. 다만 전달하고자 하는 메시지를 강하게 담을 수 없기 때문에 조금 아쉬움은 남는다. 하지만 요즘은 메시지가 강한 '꼰대'스러운 콘텐츠보다는 하이퍼리얼리즘처럼 중립적인 콘텐츠가 더 많은 사람들에게 소비되고 전파 속도도 더 빠르다. 이처럼 하이퍼리얼리즘은 대중의 트렌드를 정확하게 반영한 그레이코미디로의 진화에 성공했기에 대세 예능 콘텐츠로 확실한 자리매김을 할 수 있었다.

과시로 가득 찬 세상에 지친 사람들이 찾은 대안

2022년 4월 1일, 서울 롯데월드타워 광장 한가운데 15미터 높이의 핑크색 '벨리곰'이 등장했다. 롯데홈쇼핑은 2주 동안 약 200만 명이 방문했다고 밝혔는데,[1] 이렇게 많은 사람들이 찾아온 이유는 무엇이었을까? 벨리곰 관람보다는 '벨리곰 인증샷'을 찍기 위함이 컸다. 관람객들은 벨리곰 정면에서 단독샷을 찍기 위해 몇 시간씩 줄을 서기도 했고 커뮤니티에서는 몇 시에 사진을 찍어야 벨리곰에 그림자가 지지 않고 가장 예쁘게 나오는지에 대한 팁도 주고받았다. 두 달이 채 되지 않은 기간 동안 인스타그램에만 4만 5,000개의 벨리곰 인증샷이 업로드되었다.

오늘날 SNS는 과시의 공간이 되었다. 사람들은 자신이 가장 자랑하고 싶은 순간과 장소, 물건, 모습을 각종 필터와 효과를 적용해 완벽하게 편집한 후 이를 SNS에 공유한다. 여행지나 맛집을 선정하는 기준도 SNS에 올릴 만한 사진을 찍을 수 있는지 여부가 됐을 정도다. 하지만 역으로 그처럼 화려하고 과장된 SNS에 피로감을 호소

하는 이들도 점차 늘어나고 있다.

영국의 바스대학교에서는 SNS의 사용이 정신 건강에 어떤 영향을 미치는지 알아보기 위해 성인 154명을 대상으로 실험을 진행했다. 참가자들을 2개의 그룹으로 나누어 실험을 진행했는데, 한 그룹은 기존과 같이 하루 평균 8시간 동안 페이스북, 인스타그램, 틱톡, 트위터 등의 SNS를 이용하게 했고, 나머지 그룹은 SNS 이용을 하지 못하도록 했다. 그렇게 일주일을 보내도록 한 뒤 이들의 불안, 우울증, 행복도 점수를 측정했다. 그런데 불과 7일이라는 짧은 기간임에도 불구하고 SNS 사용을 중단한 그룹이 행복도는 물론 우울증과 불안 점수가 유의미하게 개선된 것을 확인할 수 있었다.[2]

이처럼 SNS 사용의 부작용이 사회적 문제로 부각되면서 '안티 소셜미디어'가 최근 트렌드로 떠오르고 있다. 대표적인 플랫폼으로는 '포파라치Poparazzi'와 '비리얼BeReal'을 꼽을 수 있다. 포파라치는 포토와 파파라치를 합친 명칭으로 친구가 파파라치가 되어 나를 찍어준 사진만 업로드할 수 있는 플랫폼이다. 포파라치는 셀카 모드가 아예 없고, 친구가 나를 태그해 사진을 올리면 내가 그 사진을 보고 게시할지 말지를 결정한다. 이 앱은 2021년 혜성처럼 등장해 앱스토어 다운로드 1위를 기록하기도 했다. 비리얼은 말 그대로 리얼한 나의 모습을 공개하는 데 초점이 맞춰져 있는 플랫폼이다. 이 앱의 핵심은 '지금 이 순간'만을 담는 것이다. 매일 랜덤하게 알람이 한 번 울리는데, 2분 안에 전면과 후면 카메라를 이용해 나와 내가 보고 있는 것을 찍어 올려야 한다. 그래서 화장실, 버스 안 등 기존의 SNS에서는 보기 힘든 평범한 일상 속 순간들이 많다.

두 플랫폼 모두 사진을 예쁘게 만들어주는 필터나 편집 기능이 아예 없다. 이런 플랫폼들이 뜨는 이유는 바로 사람들이 인스타그램을 필두로 하는 화려하게 편집된 일상의 모습에 질려버렸기 때문이다. 만약 인스타그램과 같은 SNS가 등장하기 전에 포파라치나 비리얼이 나왔다면 지금과 같이 뜨거운 반응을 얻기는 힘들었을 것이다.

위와 같은 현상은 SNS뿐 아니라 유튜브를 비롯한 영상 콘텐츠 시장에서도 동일하게 나타나고 있다. 크리에이터부터 레거시 방송국까지 조회수를 두고 치열한 경쟁을 벌이면서 자극적이고 비슷한 콘텐츠가 많아졌다. 미스터리나 범죄 사건에 대한 시청자 반응이 좋자 방송사들은 〈꼬리에 꼬리를 무는 그날 이야기〉, 〈당신이 혹하는 사이〉, 〈실화탐사대〉, 〈알아두면 쓸데있는 범죄 잡학사전(알쓸범잡)〉, 〈티전드〉, 〈용감한 형사들〉과 같은 콘텐츠를 쏟아내기 시작했다. 연애 리얼리티도 더 자극적으로 변해가고 있다. 이제는 일반인들은 물론 헤어진 커플과 이혼한 부부를 주제로 한 〈환승연애〉, 〈체인지 데이즈〉, 〈우리 이혼했어요〉, 〈결혼과 이혼 사이〉와 같은 콘텐츠들이 계속해서 나오는 중이다. 상금이나 자존심을 건 서바이벌 장르도 비슷한 양상이다. 〈가짜 사나이〉 이후 〈머니게임〉, 〈피의 게임〉, 〈파이트 클럽〉, 〈생존남녀 : 갈라진 세상〉 등의 프로그램이 연달아 나오면서 평균 조회수 역시 점점 낮아지는 추세다. 아무리 맛있는 음식도 매일 먹으면 질리듯 콘텐츠도 마찬가지인 것이다.

하이퍼리얼리즘은 현실을 있는 그대로 보여주는 거울과 같은 면이 있다. 특별한 순간보다는 일상을 담고, 과장된 연출보다는 현실감을 살리고, 재미를 위해 지나친 설정을 하지 않는다는 면에서 앞서 살펴봤던 포파라치나 비리얼과 비슷한 부분이 있다. 자극적인 콘텐츠가 범람하고, 그런 콘텐츠로 다양한 갈등과 논란이 파생되고, 팬데믹으로 인한 콘텐츠 소비가 급격히 늘었다. 그런 일련의 상황으로 화려한 것들에 물려갈 때쯤 하이퍼리얼리즘이 담백하게 등장한 것이다. 과거에도 하이퍼리얼리즘 콘텐츠가 존재했지만 하필 지금 이 시점에 메인 트렌드가 된 이유에는 이런 환경적인 요인들도 작용하고 있다.

엔드 코로나, 다시금 중요해진 관계 맺기

지난 2년간의 팬데믹으로 생활의 중심이 학교와 회사에서 집과 온라인으로 바뀌었다. 타인과 물리적인 거리감이 생기면서 자연스럽게 인간관계보다는 가족 그리고 나 자신에게 집중하는 시간이 늘어났다. 하지만 여전히 인간관계는 우리 삶에 있어 중요한 역할을 한다. 그런 이유로 사람들은 팬데믹에도 불구하고 최소한의 사회성을 유지하고자 노력했다.

이런 사회적 분위기와 함께 2020년부터 전 세계적으로 MBTI에 대한 관심도가 높아졌다. 느슨해져버린 인간관계를 보다 효율적으로 극복하기 위한 노력의 결과라고 볼 수 있다. 사람을 자주 그리고 오래 만날 수 없다 보니 짧은 시간 안에 내가 어떤 사람인지 상대에게 알려주고, 반대로 상대가 어떤 스타일의 사람인지 파악하기 위한 수단 중 하나로 MBTI가 선택된 것이다. 서로에 대해 아무것도 모르는 것보다 MBTI라도 알고 대화를 하면 사소한 말로 오해가 생기거나 스트레스 받는 일이 줄어든다.

팬데믹이 끝나고 엔데믹의 시대가 열리면서 우리에게는 다시 오프라인 생활에 적응해야 하는 과제가 주어졌다. 출근과 통학처럼 물리적인 이동이 힘든 것도 있지만 역시나 가장 어려운 것은 가까워진 인간관계에서 비롯되는 문제다. 2년 넘게 격리 시대를 거치면서 우리 모두 변했기에 코로나19 이전의 방식으로 인간관계를 맺는 것이 왠지 어색하기도 하고 잘 맞지 않는 느낌이다. 딱히 참고할 만한 모델이 없다는 것도 문제다.

이런 상황에서 하이퍼리얼리즘은 인간관계에 대한 가이드라인을 제공하는 역할을 맡았다고 볼 수 있다. 하이퍼리얼리즘의 소재나 상황이 일상인 경우가 많고, 평범한 일반인들의 공감대를 다루고 있기 때문이다. 물론 하이퍼리얼리즘 콘텐츠가 인간관계 개선을 위한 목적으로 만들어지지는 않았다. 하지만 시청자들은 콘텐츠를 그런 방식으로 소비하고 있다. 콘텐츠 속 상황에 대해 자신들의 의견을 적고, 타인의 의견에 동조하거나 반대하면서 특정 상황에 대해 의견이 오가는 커뮤니티의 장이 형성되고 있다.

유튜브 채널 '싱글벙글'에는 '친구와 손절했다.'라는 하이퍼리얼리즘 콘텐츠가 있다. 카카오톡을 보다가 친구의 생일임을 확인한 주

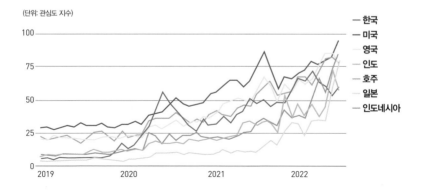

국가별 MBTI 검색률 추이

(단위: 관심도 지수)

한국 · 미국 · 영국 · 인도 · 호주 · 일본 · 인도네시아

인공은 재빠르게 자신의 지난 생일에 친구가 무엇을 해주었는지 찾아본다. 약 3만 5,000원짜리 선물을 받았다. 받았을 때는 분명 기분이 좋았는데 막상 내가 별로 친하지도 않은 친구에게 비슷한 금액의 선물을 하려니 다소 아깝다는 생각이 든다. 그래서 가격보다는 의미를 담아 1만 7,000원짜리 수면 안대를 친구에게 보내준다. 본인이 받은 것보다 저렴한 선물을 보낸 주인공은 '성공'이라고 환호한다. 하지만 상대방은 수면 안대 가격을 검색해보고는 "아 뭐야, 앞으로 넌 손절이다."라고 말하며 영상은 끝이 난다.

댓글을 보면 인간관계에 있어 참고할 만한 내용이 많다. '3만 5,000원 정도면 립 정도 선물하면 딱이겠네요ㅋㅋㅋ'라며 현실적인 선물을 제안하는 사람도 있고, '난 가격 보는데 받은 가격이랑 비슷하게 해주는 게 마음도 편하고 뒷말도 안 나옴. 근데 연인한

테 10만 원 정도 썼는데 다이소 선물 받은 거 생각나네ㅋㅋㅋ 마음도 중요하긴 한데 가격도 중요함ᄴ' 등 생일을 맞은 친구의 마음을 대변하는 사람도 있다. 어떤 사람은 '13년지기랑 안 주고 안 받습니다ㅋㅋㅋㅋ 이게 최고'라며 선물을 주고받지 않는 문화도 있음을 소개하고 있다. 또 '헐 나는 딱 받은 만큼만 돌려줘서 내가 너무 계산적으로 사는 건가 싶었는데 사람 사는 거 다 똑같구나'라며 자신이 이상하지 않음을 확인받은 사람도 있고, '진짜 선물 주면서 저딴 생각을 하고 준다고? (중략) 저런 생각하는 거 알면 진짜 몇 백짜리 선물을 줘도 안 고맙고 손절하고 싶겠다ㅋㅋㅋ'라며 선물 줄 때 가격을 먼저 생각하는 사람들의 모습을 보고 실망하는 댓글도 보인다.

이렇게 댓글만 살펴봐도 다른 사람들은 이 상황에 대해서 어떻게 생각하고 느끼는지를 정확하게 알 수 있다. 댓글만으로도 내가 몰랐던 사실을 깨닫고, 나와 유사한 생각을 하는 사람이 얼마나 많은지도 확인한다. 댓글을 통해 다양한 목소리를 듣는 것 자체가 타인의 속마음을 알게 되는 과정에 해당한다. 이런 과정을 통해 타인의 생각을 더 잘 이해하게 되고, 인간관계에 있어 일종의 가이드라인도 얻는 셈이다. 이렇게 하이퍼리얼리즘은 그레이코미디이면서 때로는 정보성 콘텐츠가 되기도 한다.

하이퍼리얼리즘의 인기는 계속된다

하이퍼리얼리즘은 요즘 시대에 걸맞은 그레이코미디라 할 수 있다. 자극적인 콘텐츠에 지친 시청자에게 신선함으로 다가가고 엔드 코로나에 접어들면서 좋은 관계를 맺기 위해 필요한 정보도 제공하기 때문에 핵심 트렌드가 되고 있다.

　2022년 1월부터 8월까지 장르와 시청자 규모가 유사한 대표 하이퍼리얼리즘 채널 8개와 일반 코미디 채널 8개의 월별 신규 구독자 수를 비교해봤다. 2022년 상반기(1~6월)에 하이퍼리얼리즘 8개 채널의 평균 신규 구독자 증가는 99,527명으로, 일반 코미디

하이퍼리얼리즘과 일반 코미디의 신규 구독자 증가 추이

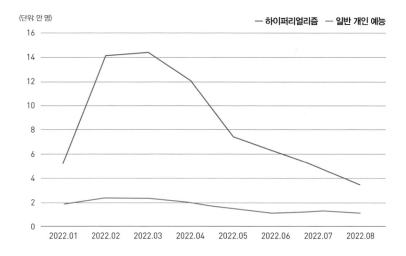

채널 8개의 평균인 19,000명 대비 약 5.2배 높았다. 하반기에 접어들면서 하이퍼리얼리즘 채널들과 일반 코미디 채널들의 신규 구독자 증가 차이가 줄어들고 있지만, 여전히 일반 코미디 채널 대비 약 3배 차이를 보이고 있어 대세감을 이어가고 있다.

하지만 하이퍼리얼리즘이 대세라고 해서 현실 고증을 기반으로 하는 콘텐츠들이 모두 대중의 사랑을 받는 것은 아니다. 하이퍼리얼리즘의 매력은 '과하지 않음'에 있다. 일정 수위를 넘어선 과함을 담게 되면 그레이코미디가 아닌 블랙코미디가 되어버린다. 따라서 특정 인물이나 계층에 대한 과도한 비판과 불쾌함을 드러내게 되면 아무리 현실밀착형이라고 하더라도 좋은 반응을 얻어내기 힘들다.

가령 아르바이트생을 묘사하는 하이퍼리얼리즘도 일정한 선을 넘지 않는다. 이들을 묘사하는 크리에이터는 아르바이트생을 '메뉴얼대로 하긴 하지만 진심은 담기지 않은' 혹은 '다소 귀찮지만 할 건 하는' 정도로만 표현한다. '나의 일이 아니면 진심을 다해서 하지 않을 수도 있지 뭐'라는 사회적인 합의가 어느 정도 깔려 있기 때문에 불편함 없이 재미를 느낄 수 있는 것이다. 만약 특정 사람이나 직업군에 대해 노골적으로 비하하거나 조롱하는 뉘앙스를 보인다면 이 콘텐츠는 순식간에 갈등 혹은 비하 콘텐츠로 전락하고 만다. 이제 사람들은 특정 집단에 대해 무분별한 공격을 하는 것에 대해 거부감을 갖고 있으며 지나치게 과장되고 자극적인 콘텐츠에 지쳐 있다.

하이퍼리얼리즘의 해학적 요소는 무조건적인 비판이나 논란 생성에 있지 않다. 그보다는 평상시에 알게 모르게 불편함을 느꼈던 것들을 찾아 세밀하게 묘사하여 '맞아 맞아', '뭐야 나만 그렇게 느낀 게 아니었네'라며 공감하게 만드는 것이 현재 유행하는 하이퍼리얼리즘의 가장 적절한 당도라고 볼 수 있다.

최근 하이퍼리얼리즘이 더 각광받는 이유는 시대적인 요인도 한몫한다. 오프라인으로의 회귀가 시작되면서 인간관계에 대한 고민도 깊어지는데 하이퍼리얼리즘 콘텐츠를 재미있게 보면서 자연스럽게 해답을 얻어갈 수 있기 때문이다.

물론 지금은 하이퍼리얼리즘의 전성기지만 유사한 콘텐츠가 많아짐에 따라 이 트렌드 역시 식상해질 가능성이 크다. 그리고 신선한 콘텐츠에 대한 대중의 니즈는 계속될 것이다. 결국 중요한 것은 지금 하이퍼리얼리즘이 대세 트렌드라는 사실 자체가 아니다. 여기서 우리가 얻어야 할 인사이트는 '사람들이 왜 지금 하이퍼리얼리즘에 이토록 열광하는지'에 대해 제대로 아는 것이다. 그래야 시대와 대중의 니즈에 맞게 보다 더 진화된 하이퍼리얼리즘으로 지금의 관심을 이어갈 수 있다.

리본세대,
지금 주목해야 할
새로운 소비 권력

돈 많고 시간 많은
'요즘 어른' 탐구생활

리본세대

#시니어 #은퇴 #자아실현 #배움 #건강 #투자 #세컨드_커리어 #시니어모델
#네이버밴드 #유튜브 #소비권력

지난 몇 년간 세상의 모든 관심은 온통 MZ세대에게 쏠렸었다. 그러나 우리가 잊고 있었던, 가장 파워풀한 세대는 바로 5060세대다. 이들은 경제 성장의 혜택을 누구보다 많이 받아온 세대로 그만큼 많은 부를 소유하고 있다. 특히 최근 시니어세대로 막 편입된 50대는 X세대로, 기성의 가치와 현실 순응을 거부하면서 탄생한 세대다.

따라서 지금의 5060세대는 우리가 막연하게 생각해왔던 은발의 노쇠하고 무기력한 노년이 아니다. 지금 이 시대의 시니어는 그 어느 때보다 젊고 건강하고 부유하다. 이들은 전체 부의 50%를 소유하고 있으며 구매력과 경제력이 가장 높은 세대로서, 보이지 않는 큰손으로 자리하고 있다. 또한 코로나19 팬데믹 시기를 거치며 빠르게 디지털을 흡수, 새로운 시대에 빠르게 적응 중이다.

은퇴 후 시간적 경제적 여유가 생긴 이들은 누구보다 '나'에 집중하며 자아실현에 힘쓴다. 다양한 온오프라인 활동을 하며 기꺼이 새로운 것을 배우고 과감하게 도전하며, 제2의 인생을 펼쳐나가는 중이다.

지금 새로운 탐구의 대상이 된 5060세대, 즉 '리본세대'의 성장과 진화의 배경에는 뉴미디어의 도움이 있었다. 네이버 밴드와 유튜브가 이들이 활용하는 대표적인 미디어다. 그들은 네이버 밴드의 다양한 커뮤니티를 통해 모이고, 배우고, 성장한다. 또 유튜브를 통해 건강, 뷰티/패션, 스포츠, 재테크 등 필요한 정보들을 적극적으로 습득해 활용하고 있다. 시간과 경제적 여유뿐 아니라 디지털 활용 능력까지 겸비한 리본세대, 오늘날 그들은 가장 파워풀한 소비 권력인 동시에 가장 알고 싶은 탐구 대상이다.

70년생이
온다

최근 들어 2023년을 주도할 세대는 MZ세대가 아니라 시니어세대
가 될 것이라는 의견이 팽배하다. 그렇다면 정확히 시니어세대는 어
떤 이들을 지칭하는 것일까? 국내에서 정의한 시니어의 기준은 다음
과 같다. '고용상 연령차별금지 및 고령자고용촉진에 관한 법률 시행
령(약칭 고령자고용법 시행)'에서는 55세 이상을 고령자, 50~54세까
지를 준고령자로 정의하고 있다. 그리고 '고용상 연령차별금지 및 고
령자고용촉진에 관한 법률(약칭 고령자고용법)'에서는 근로자의 정년
을 60세 이상으로 정해야 한다고 명시하고 있다. 이에 따라 국민연
금은 태어난 시기에 따라 만 61~65세부터 수령이 가능하다.

그러면 사람들은 자신을 언제부터 시니어세대라고 인식하게 될
까? WWS **WIN World Survey**가 2019년 세계 41개국 성인 3만 1,890명
을 대상으로 '스스로 늙었다'라고 느끼기 시작한 나이를 물었다. 중

앙값 기준으로 전 세계인이 답한 나이의 평균은 55세, 한국인이 답한 나이의 평균은 60세였다.[1]

이런 데이터들을 종합해보면 사회적 통념상 일반적으로 60~65세를 시니어세대라고 부른다는 걸 알 수 있다. 그런데 시니어세대를 단지 나이나 정년 기준으로 구분하는 것이 합당할까? 수명이 길어지면서 생애주기 역시 기존과는 달라지고 있으며, 심리적·신체적 나이 또한 기존과는 다르게 체감되고 있는 상황이다. 게다가 은퇴 이후 새로운 일에 도전해 성공을 거두거나 젊은 세대 못지않은 감각과 열정으로 제2의 인생을 사는 이들 또한 많다.

이런 현실을 놓고 보면 단지 시니어세대를 노년으로 접어든 세대로 인식하는 것이 오히려 비합리적으로 느껴진다. 그런 의미에서 이 책에서는 나이의 관점이 아니라, 라이프스타일의 관점에서 시니어를 살펴보려 한다. 은퇴를 시작하는 50~60세 이후 시니어들은 삶의 중심이 직장에서 가족, 시니어 커뮤니티로 옮겨가면서 기존과는 삶의 방식이 확연하게 달라진다. 무엇보다 현업에서 물러나 돈과 시간의 자유가 생긴 이들은 바쁜 삶 속에서 잊었던 자아를 다시 찾는 데 집중한다. 또 아직 몸이 건강하고 감각이 살아 있어 새로운 일에 도전하는 경우도 많다. 시니어를 나이가 아닌 라이프스타일의 관점에서 이해해야 하는 이유다.

따라서 이 책에서는 5060세를 나이듦의 대명사처럼 각인된 시니어라는 용어 대신 리본세대Re-born Generation로 지칭하고자 한다. 젊고, 부유하고, 활력 넘치는 시니어로, '나'에 집중하고 새로운 도전을 즐기며 제2의 인생을 펼쳐 나가는 세대라는 의미를 담았다.

통계청이 2021년 실시한 고령층 부가조사 결과에 의하면, 55~64세 취업 유경험자 800만 명 기준 평균 은퇴 연령은 한국 나이로 약 50~51세다.[2] 따라서 이 책에서는 막 은퇴를 시작한 연령대인 50세 이상을 리본세대로 정의하고, 그중에서도 가장 활발한 사회 활동을 하면서 동시에 영향력을 갖추고 있는 5060을 중심으로 이 세대를 조명하려 한다.

당신이 시니어에 대해 알고 있는 모든 것은 틀렸다

은발의 노인? 시니어는 생각보다 젊다

'시니어', '실버세대'라는 단어를 들으면 우리는 어딘가 은발에 다소 연로한 노인의 이미지를 떠올리곤 한다. 이 단어를 검색할 때 자주 등장하는 연관검색어도 복지, 요양, 치매, 돌봄 등이다. TV 예능 속에 등장하는 시니어도 나이가 많은 편이다. 그래서 시니어는 연로하다는 이미지로 연결된다.

그 예로 2013년 방영된 〈꽃보다 할배〉의 경우 신구, 박근형, 백일섭, 이순재의 당시 평균 연령은 76세였다. 대한민국 배우 최초로 미국 아카데미 여우조연상을 수상했으며 20대 여성들이 사용하는 패션 앱의 광고모델로도 등장했던 윤여정 역시 70대 중반이다.

이처럼 주요 매체에서 등장하는 시니어세대의 대표적 인물들이 주로 70대이다 보니 시니어는 나이가 많은 사람, 노년층이라는 느낌으로 바로 연결되는 측면이 있다. 시니어에 대한 고착된 이미지, 편중된 노출이 만들어낸 선입견이다. 하지만 시니어는 생각보다 젊다.

1974년생이 2023년이면 한국 나이 기준으로 50이 된다. 배우로는 문소리, 송선미, 오나라, 신하균, 곽도원, 주진모, 개그맨으로는 박성호, 정성호, 김영철, 가수로는 자우림 김윤아, 이적, 김동률, 타이거JK 등이 대표적인 1974년생 연예인이다. 참고로 유재석, 장동건, 박진영, 서태지, 김성주, 이정재, 고소영, 심은하, 염정아, 장서희 등은 1972년생으로 52세다. 막상 그 인물들과 나이를 연결 지으면, 생각보다 나이가 많다는 사실에 깜짝 놀라게 된다. 실제의 나이보다 훨씬 젊게 느껴지기 때문이다.

우리 생각과 달리 시니어가 젊다는 것을 한 번 더 확인하기 위해 2023년 한국 나이 60세인 1964년생을 기준으로 그들의 삶을 한 번 돌아보자. 이들은 6·25 전쟁이 종식된 지 11년 후에 태어났으며, 이후 30년간 평균 9%대의 높은 경제 성장률(1960년대 9.5%, 1970년대 9.3%, 1980년대 9.9%)을 경험한 세대다.[3] 열일곱 살 때 5·18 민주화 운동(1980년)을 경험했고, 스물다섯 살 때 서울 올림픽(1988년) 개최를 지켜봤다. 30대에 무선 호출기인 삐삐를 주요 통신수단으로 사용했으며, 30대 중반에 IMF(1998년)를 겪었고, 마흔다섯 살에 스마트폰(아이폰 2007년 출시)을 처음 접한 세대다. 이렇게 사건을 열거하고 보면 기억 속에 생생한 IMF를 30대에 경험한 세대라는 점만 봐도 이들이 의외로 젊다는 것을 알 수 있다.

한국 인구의 3분의 1, 시니어는 생각보다 많다

통계청의 인구 추계 자료에 따르면 2023년 기준 50세 이상이 차지하는 비중이 무려 45%이고, 이중 5060이 72%를 차지한다. 전체 인구의 32%가 5060인 셈이다.[4] 사회경제적 지위뿐 아니라 인구적으로도 5060이 압도적으로 많음을 알 수 있다. 따라서 시니어세대를 논할 때 인구 비중이 가장 크고 영향력 역시 큰 이들에게 포커스를 맞추는 것은 당연해 보인다.

2023년 인구 추계 중위 데이터

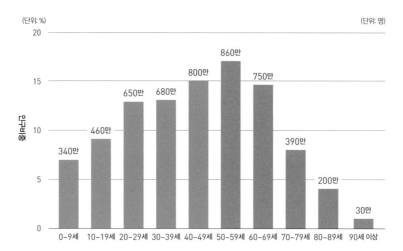

(출처: 통계청)

역대급으로 부유한 5060, 리본세대

MZ세대가 새로운 경제 소비의 주체로 떠오르면서 지난 몇 년간 MZ세대에 관심이 집중됐고 그들을 알고자 하는 연구도 활발히 이루어졌다. 특히 코로나19 팬데믹 기간 동안 주식, 코인 등이 폭등하면서 발 빠르게 기회를 포착한 MZ세대들의 경우 급여 이상의 수익을 얻는 일도 많았다. 이러한 수익 상승이 적극적인 소비가 가능했던 이유 중 하나였다.

하지만 경제 버블이 가라앉음과 동시에 여기저기서 경제 위기 신호가 나타나고 있다. 한때 3,300까지 올랐던 코스피 지수는 1년 만에 다시 2,300으로 떨어졌고, 7,500만 원까지 상승했던 비트코인 가격도 2,400만 원까지 하락했다. 현재의 자산 가치의 하락이 단기적 이슈로 머무를 것 같지는 않아 보인다. 인플레이션 현상과 함께 금리도 계속 오르는 중인데, 미국 연준[Fed]이 7월 말 기준금리를 0.75%포인트 올리면서, 3회 연속 자이언트 스텝을 단행했다.

이런 상황에서 MZ세대는 활짝 열었던 지갑을 다시 닫을 가능성이 높고, 당연히 주력 소비층으로 자리하기 어렵다. 최근에는 미래를 위해 아끼자는 분위기가 형성되면서 MZ세대를 중심으로 무지출 챌린지가 유행하기도 했다. 유튜브에서의 무지출 트렌드를 살펴보면 2022년 7월 전월 대비 3.3배 많은 무지출 관련 콘텐츠가 업로드되었고, 11배 많은 조회수 트래픽이 발생하고 있다.

반면 안정적인 자산을 보유하고 있으며 강력한 구매력을 지닌 리본세대가 새로운 소비 주축으로 떠오를 전망이 높아 보인다. 지금

가구주 연령대별 가구당 순자산 보유액

(단위: 만 원, %)

평균		29세 이하	30대	40대	50대	60대 이상
	2020년	7,241	25,385	37,359	40,987	37,422
	2021년	8,590	28,827	43,162	46,666	43,211
	증감	1,349	3,441	5,804	5,679	5,789
	증감률	18.6	13.6	15.5	13.9	15.5

(출처: 통계청)

의 5060세대는 갑작스럽게 자산을 획득했던 MZ세대와 달리 부의 여러 측면에서 가장 안정적으로 자산을 소유하고 있다는 특징을 가진다.

- **순자산:** 통계청이 조사한 2021년 가구주 연령계층별 자산, 부채, 소득 현황에 따르면 평균 순자산이 가장 높은 연령대는 50대로 약 4.6억 원의 순자산을 보유하고 있는 것으로 조사됐다. 다음으로 60대가 4.32억 원, 40대가 4.31억 원, 30대는 2.8억 원, 20대는 8,590만 원을 보유하고 있다.[5]
  통계청의 2020년 연령별 가구주 통계를 살펴보면 50대가 480만 가구, 40대가 430만 가구, 60대가 379만 가구, 30대

연령별 자가보유율

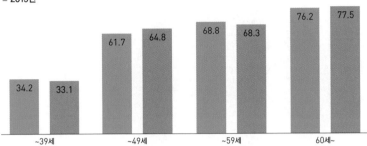

(단위: %)

	~39세	~49세	~59세	60세~
2017년	34.2	61.7	68.8	76.2
2019년	33.1	64.8	68.3	77.5

(출처: 국토교통부)

가 312만 가구 순이다. 앞서 언급한 가구당 순자산 보유액과 합쳐서 계산해보면, 5060이 전체 가구 순자산의 약 50%를 보유하고 있는 셈이다. 그만큼 경제적 측면에서도 5060이 압도적으로 많은 비중을 차지함을 알 수 있다.

- **자가보유 비율:** 국토교통부의 2019년도 주거실태조사 결과에 따르면 50대의 자가보유율은 68.3%, 60대는 77.5%에 이른다.[6] 이에 반해 월세의 비중은 10%대에 그쳤으며 이마저도 주거비 부담이 상대적으로 낮은 편이다. 또 소유하고 있는 집을 담보로 맡기고 평생 혹은 일정 기간 안정적인 수입을 받을 수 있는 주택연금제도도 활용할 수 있기에 빈곤율이 높았던 기존의 시니어와는 크게 구분되는 특성을 갖고 있다.

순자산 상위 1% 가구주 평균 연령

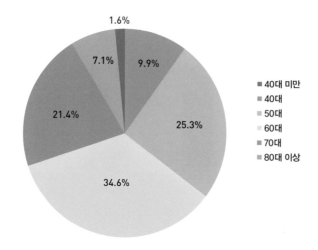

(출처: NH투자증권)

- **부의 관점:** NH투자증권 100세시대연구소 '2022 대한민국 상위 1% 보고서'에 따르면, 순자산 상위 1% 가구주의 평균 연령은 63.5세로 60대의 비중이 34.6%로 가장 높다. 이어 50대가 25.3%로 다음 순서를 차지했다. 순자산 상위 1% 가구주의 60%가 5060인 셈이다. 이에 반해 40대 미만은 1.6%에 불과했다. 이런 지표들은 지금의 5060세대가 강력한 소비층으로 자리하며 시장의 큰손이 될 수밖에 없음을 보여주는 명확한 근거다.[7]

기존 시니어와 지금의 5060 리본세대는 무엇이 다른가

나를 중심으로 산다

다른 누구보다 '나'를 중요시 여기며 사는 것이 비단 MZ세대만의 특성은 아니다. 가족과 자녀를 위해 희생하는 것이 당연하다고 생각했던 이전 시니어세대와 달리, 지금의 5060세대는 나에게 더 집중하는 경향을 보인다. 2018년 라이나생명과 서울대 소비트렌드 분석센터가 50~65세 1,070명을 대상으로 한 조사 결과에 따르면 응답자의 54%가 가장 소중한 존재로 '나 자신'을 꼽았을 정도다.[8]

맞벌이하는 자녀를 대신해 손자와 손녀를 돌보는 5060이 여전히 있긴 하지만 자식들에게 점차 재정적으로만 지원하고 자유로운 삶을 선택하는 이들이 늘고 있는 추세다. 자녀를 위해서라면 무엇이든 기꺼이 희생한다는 태도에서 나의 인생도 중요하다는 쪽으로 삶의 태도가 바뀐 것이다.

은퇴에 대한 개념도 크게 달라졌다. 과거에는 은퇴 후의 삶을 쉬는 기간으로 생각했다면 현재는 그동안 하지 못했던 일을 하고 자아실현을 하는 시기로 본다. 다시 말해 제2의 인생이 시작되는 출발점으로 받아들이고 있는 것이다. 이들의 가장 두드러지는 특징은 배우는 데 열심이라는 점이다. 영어와 같은 외국어부터, 액티브한 스포츠, 나아가 취업을 위한 자격증 취득까지 배움의 영역 또한 광범위하다.

과거에는 노인정이나 복지회관을 중심으로 커뮤니티가 형성되는 편이었지만 이는 모두 옛날 이야기다. 지금은 네이버 밴드 등을 통해 관심과 취향이 비슷한 이들과 전국구로 모여 취미 생활을 즐기며 소통한다. 이와 관련해서는 다음 꼭지인 '네이버 밴드, 배움과 즐거움이 교차하는 놀이터'에서 카테고리별로 관련 내용을 구체적으로 보다 깊이 있게 살펴볼 예정이다.

5060세대는 외모 관리에 대한 관심도 매우 높다. 운동, 패션, 미용에도 돈과 시간을 투자하며 자신을 적극적으로 가꾼다. 그러다 보니 관리를 잘한 5060세대는 10년 이상 젊어 보이는 경우도 많다. 소비에 있어서도 변화가 두드러진다. 이전에는 시니어라고 하면 검소함이 대표적인 특징이었으나, 지금의 5060은 교육, 취미, 운동, 패션 등 중요하다고 생각되는 영역에서는 과감하고 합리적인 소비를 한다. 이처럼 지금의 5060세대는 나 자신에 집중하며 이전 시니어 세대와는 사뭇 다른 라이프스타일을 즐기고 있다.

필요하다면 디지털도 적극 사용한다

자신의 삶을 즐기는 달라진 시니어세대의 또 하나의 특징은 바로 디지털 기기를 적극적으로 이용한다는 점이다. 대표적으로 온라인 쇼핑에서 달라진 이들의 위상을 살펴볼 수 있다. 한국인터넷진흥원이 발표한 인터넷 쇼핑 이용자 추이를 살펴보자. 온라인으로 쇼핑하는 50대는 2016년 31.2%에서 2020년 60.2%로 2배가량 증가했고, 60대는 12.7%에서 2020년 60.2%로 4배 이상 증가했다. 5060의 월평균 구매 빈도 역시 1.8회에서 4회로 크게 늘었다.[9]

하나은행 하나금융경영연구소가 발표한 '세대별 온라인 소비 행태 변화와 시사점'에 따르면, 2019년에 비해 2020년 온라인 카드 결제 금액은 약 50% 이상 증가했다. 결제 건수의 경우 50대가 60%, 60대는 70%가 증가한 것으로 나타났다. 코로나19로 인해 오프라인 활동이 어려워지자 5060의 온라인 소비활동이 적극적으로 확대된 것으로 보인다. 이외에 주요 종합 쇼핑몰의 결제 금액 증가율을 살펴봐도 5060의 결제 금액 증가율이 가장 높았다.

이뿐만이 아니다. '오늘의집'과 같이 인테리어 소품을 파는 플랫폼의 결제 금액이 50대와 60대에서 각각 338%, 441% 증가했다. 이케아가구의 온라인 결제 금액도 69%, 44%나 증가했다. 리본세대도 온라인을 통해 인테리어 소품과 가구를 적극적으로 구매하는 것으로 소비 형태가 바뀌고 있음을 엿볼 수 있다.

특히 혼자 살며 원룸 꾸미기를 좋아하는 20~30대가 코어 타깃인 '오늘의집' 플랫폼에서 5060의 소비가 활발한 것이 주목할 만한 지점이다. 5060이라고 해서 비싼 고급 가구만 고집하지 않으며 필요에 따라 실용성과 활용도가 높은 가구나 미니멀하고 트렌디한 소품도 선호함을 알 수 있다. 합리적인 가격으로 가성비 좋은 제품을 구매하는 데 주저함이 없는 것이다.

배달앱 또한 적극적으로 사용했다. '세대별 온라인 소비행태 변화와 시사점' 보고서에 따르면 5060의 온라인 카드 결제 분야에서 배달앱 업종이 4, 5위를 차지할 정도로 그 비중이 높아졌다. 2019년과 비교하면 결제 금액이 무려 150%나 증가했다. 음식을 준

세대별 1인당 유튜브 앱 평균 사용 시간(2021년 1월)

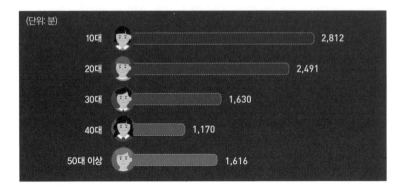

(출처: 와이즈앱)

비해서 먹고 치우는 데 드는 시간과 에너지는 상당한 편이다.[10] 반면
배달앱을 잘 활용하면 이에 드는 시간을 아껴 공부나 취미 활동을
하는 데 쓸 수 있다. 이런 것만 보더라도 리본세대가 디지털이나 온
라인 활용에 서투를 것이라는 생각은 편견임을 알 수 있다.

콘텐츠 시청에서도 변화가 보인다. 이제는 리본세대들도 TV 앞
에서 '본방사수'하는 문화에서 벗어나 온라인 콘텐츠 플랫폼을 적극
적으로 사용하고 있다. 와이즈앱에 따르면 2021년 1월 기준 50대
이상의 1인당 유튜브 한 달 평균 사용 시간은 약 27시간으로 30대
와 비슷한 수준으로 나타났다.[11]

월 구독료를 내는 OTT 사용도 점차 늘어나는 추세다. 모바일인
덱스의 2022년 안드로이드 기준 50대의 OTT 사용자수 통계를 보

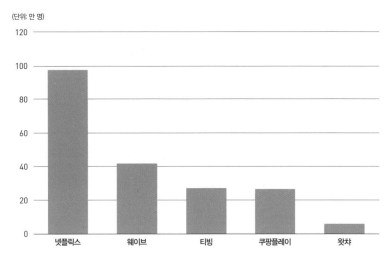

안드로이드 기준 50대 OTT 사용자수(2022년 5월)

(단위: 만 명)

(출처: 모바일인덱스)

면, 약 100만 명에 가까운 50대가 넷플릭스 서비스를 이용하는 것으로 나타났다. 넷플릭스의 점유율은 약 50%로 2위 웨이브, 3위 티빙과 2배가 넘는 격차를 보여주고 있다.[12] 즉, 리본세대들이 TV 프로그램의 재방송을 시청하는 용도가 아닌 OTT의 오리지널 콘텐츠를 시청하기 위해 구독하고 있다고 볼 수 있다.

리본세대의 디지털 이용과 관련하여 가장 의외의 지점이라 할 수 있는 부분은 바로 이들의 팬덤 활동이다. 아이돌 팬덤들의 활동이 압도적이었던 멜론에서 2022년 4월 '2022 최애 수록곡 대전' 이벤트를 진행했다. 모두가 BTS의 압도적인 승리를 예상하고 있던 그

때 임영웅, 김호중, 이찬원 등 트로트 가수들이 BTS를 제치고 1, 2, 3등에 올랐다. BTS, NCT, 세븐틴은 나란히 4, 5, 6위를 차지했다. 이후 펼쳐진 파이널 투표에서 BTS 팬들은 화력을 집중하며 득표수를 24만에서 56만까지 끌어올렸지만 임영웅은 97만 표로 전체 득표수의 28%를 차지하며 압도적 1위에 올랐다. 놀랍게도 아이돌 팬덤이 리본세대 팬덤에게 대패하고 만 것이다.

'2022 최애 수록곡 대전' 이벤트의 경우 유료 회원은 하루 5회, 무료 회원은 하루 1회만 투표할 수 있었는데, 인구수와 경제력에서 리본세대가 10대들을 압도한 것이다. 해당 이벤트에는 무려 6,200여 개의 댓글이 달려 있는데 대부분 임영웅, 김호중 팬덤이 남긴 댓글이었다.

이런 일련의 예를 통해 알 수 있는 것은 결국 리본세대들도 필요하다면 디지털을 적극적으로 이용한다는 점이다. 리본세대들이 아직 접근하지 않은 디지털 세계는 그들이 필요성이나 매력을 느끼지 못했기 때문이지 결코 디지털에 익숙하지 않거나 이를 거부해서가 아니다. 필요에 의해 한번 물꼬를 트면, 자신의 취향과 편의에 따라 누구 못지않게 디지털을 제대로 활용하는 세대가 바로 이들임을 알 수 있다.

인플루언서이자 크리에이터로 활약하는 리본세대

최근의 리본세대들은 필요에 의해 디지털을 활용하는 것을 넘어 오랜 시간 자신의 분야에서 쌓아온 전문지식이나 삶의 경험을 젊은 세대와 공유하며 소통하기도 한다. 그들은 사회 공동체에서 소외되어 있거나 수동적으로 행동하지 않는다. 오히려 더 적극적으로 참여하며 활약하고 있다. MZ세대뿐만 아니라 전 세대에게 동기부여와 영감, 웃음과 위로를 주는 등 대중에게 영향력 있는 인플루언서로 활동하면서 제2의 인생을 사는 이들 또한 많다.

- **밀라논나:** '밀라논나'라는 이름으로 활동하는 장명숙(72세) 씨는 1978년 한국인 최초로 밀라노에서 유학했으며 패션 바이어와 무대의상 디자이너로 40여 년간 패션업계에서 일한 인물이다. 그는 2019년 10월부터 유튜브를 통해 밀라노와 논나(할머니라는 뜻의 이탈리아어)를 합쳐 만들어진 '밀라논나'라는 이름으로 활동하기 시작했다.

  밀라논나는 주로 패션업계에서의 오랜 경험을 기반으로 패션 아이템 소개나 스타일링, 쇼핑 노하우 등 다양한 패션 팁을 소개한다. 하지만 그의 콘텐츠는 패션에만 머물지 않는다. 구독자들의 인생 고민을 들어주며 꼰대스러운 가르침이 아닌 위로와 공감으로 진심 어린 조언을 해주고 있다. 젊은 사고방식과 감각을 지녔으되 품격 있는 어른인 밀라논나의 이야기에 구독자들 역시 귀를 기울인다. 그 외에 요리나 인테리어 등 자신의 라이프스타일을 소개하기도 한다.

  2022년 9월 기준 94.6만 명의 구독자를 보유하고 있는 밀라논나는 특히 MZ세대의 큰 인기와 지지를 받고 있다. MZ세대들은 한 분야에서 오랜 기간 활약하고 성공한 멋진 어른인 그를 존경과 선망의 대상으로 삼는다. 자신들의 인생 고민을 열린 마음으로 들어주고 도움이 되는 이야기를 아낌없이 전해주는 그를 지혜롭고 '어른다운 어른'으로 여기는 것이다. 멋지고 품격 있게 나이 들어가는 어른의 모습을 보며 많은 MZ세대들은 그를 인생의 롤모델이자 멘토로 삼고 있다.

밀라논나는 유튜브에서의 인기와 영향력에 힘입어 2021년 자신의 인생 이야기를 담은 에세이를 출간하기도 했다. 그 외에도 다수의 방송 프로그램에 출연하고 브랜드 광고 모델로도 선을 보이는 등 유튜브를 비롯해 다방면으로 활동했다. 그러다 2022년 7월 22일 '드릴 말씀이 있어요.'라는 제목의 영상을 통해 밀라논나 역할을 잠시 쉬고, 인간 장명숙의 삶에 충실하고자 한다며 유튜브 운영을 잠정 중단한다고 밝혔다.

- **최재천:** 최재천 교수는 이화여대 에코과학부 석좌교수(70세)이자 세계적인 생물학자다. 고등학교 국어 교과서에 실렸던 '황소개구리와 우리말'의 저자이며 저서의 내용이 중고등학교 교과서 수십 권에 인용될 정도로 유명한 베스트셀러 작가이기도 하다. 그는 2020년 10월부터 유튜브 채널 '최재천의 아마존'을 운영하고 있는데, 채널 소개에 적힌 그대로 자연과 인간, 생태계에 대한 이야기가 주요 콘텐츠다.

채널이 본격적으로 주목받게 된 계기는 2021년 11월 '대한민국에서 아이를 낳는 사람은 이상한 겁니다'라는 제목의 영상을 선보이면서부터다. 진화생물학자의 관점에서 국내 저출생 문제를 설명한 영상이 화제가 된 것이다. 그는 저출생을 개인의 문제가 아닌 지극히 자연스러운 진화적 적응 현상이라는 시각으로 접근했다. 그리고 지금 세대들이 겪는 결혼과 출산, 육아의 사회적 어려움을 설명했다. 젊은 세대들은 출산과 육아에 대해 부정적일 수밖에 없는 자신들의 상황을 이해해주는 전문가이자 어른의 이야기에 공감하며 위로를 받았다. 채널 개설 후 1년 동안 1만 6,000명에 머무르던 구독자수는 해당 영상이 게시된 이후 급격히 증가해 2개월 후인 2022년 1월에는 18만 명을, 2022년 9월 기준 41만 명을 돌파했다.

최재천 교수는 이후 과학뿐만 아니라 사회, 교육 등 다양한 사회적 현상을 콘텐츠로 다뤘는데, 해당 주제와 관련해 과학자로서 과학적 지식에 기반한 해결책이나 시사점을 제시하는 강의형 영상을 선보이고 있다. 때로는 세대 갈등이나 사교육 문제 등 무겁고 민감한 사회적 이슈를 다루기도 한다.

MZ세대들이 기성세대이자 원로 과학자인 그와 그의 콘텐츠에 유독 호응하는 이유는 무엇일까? 그는 현재와 미래를 살아가는 현세대를 위해 다양한 과학적 지식과 지혜를 공유하며 소통한다. MZ세대들은 사회를 관통하는 그의 과학적 통찰력과 자신들이 충분히 수용하고 공감할 수 있는 '기성세대답지 않은' 그의 견해에 열광하는 것이다.

• **순자엄마:** '순자엄마'로 활동하는 임순자(64세) 씨는 2018년부

밀라논나의 '드릴 말씀이 있어요.' 섬네일

(출처: 유튜브 '밀라논나 Milanonna' 채널)

최재천의 아마존의 '대한민국에서 아이를 낳는 사람은 이상한 겁니다' 섬네일

(출처: 유튜브 '최재천의 아마존' 채널)

순자엄마의 '맛있는 반찬은 다 아들 앞으로만 줬더니 남편 반응' 섬네일

이것도 먹어봐

?!?!?!?!?!?!!

(맛있는 건 다 아들쪽으로ㅋㅋㅋㅋㅋㅋㅋㅋ)

(출처: 유튜브 '순자엄마' 채널)

터 유튜브 채널을 운영하고 있으며, 2022년 9월 기준 62.7만 명의 구독자를 보유하고 있다. 그는 가족의 일상부터 먹방, ASMR 등 다양한 예능형 콘텐츠를 선보이고 있는데 게시하는 영상마다 "엄청 웃었어요", "너무 웃겨요."라는 댓글이 가득할 정도로 많은 시청자에게 재미와 웃음을 주고 있다.

특히 '맛있는 반찬은 다 아들 앞으로만 줬더니 남편 반응', '장어 구워서 남편을 유혹한다면?' 등 가족 구성원의 반응을 담아내는 관찰 카메라형 콘텐츠의 인기가 높다. 순자엄마를 비롯해 남편과 아들, 며느리의 리액션과 입담이 만들어내는 케미도 상당하다. 구독자들은 '보기만 해도 기분이 좋아지는 가족'이라

며 이들에게 큰 호응을 보낸다.

순자엄마는 MZ세대가 열광하는 주제와 웃음 포인트를 제대로 캐치해 반영한다. MZ세대들은 그동안 자신들이 유튜브에서 주로 소비하고 향유했던 먹방과 ASMR 등의 놀이(콘텐츠)를 시도하고 즐기는 순자엄마의 모습을 보며, 신선함과 친밀감을 동시에 느낀다. 그의 거침없고 솔직한 화법과 리액션을 웃으며 즐기는 한편 유쾌하고 화목한 가족 분위기, 고부 갈등 없이 친한 며느리와의 관계성 등에 대리만족을 느끼기도 한다.

네이버 밴드,
배움과 즐거움이 교차하는 놀이터

오늘날 리본세대들은 여느 20~30대 못지않게 취향과 필요에 따라 다양한 커뮤니티를 형성하고 소통하면서 살아가고 있다. 앞서 언급했듯이 이들이 주로 활동하는 플랫폼은 네이버 밴드다. 네이버 밴드는 2012년 서비스를 시작한 모바일 앱으로, 지인 중심의 모임으로 시작해 취미와 관심사 기반의 모임으로 확대되면서 국내 대표 소셜 미디어 플랫폼으로 성장했다. 수년간 중장년층 유저들의 이용률이 가장 높았는데, 2022년에도 리본세대가 가장 활발하게 이용하는 소셜 플랫폼으로 자리하고 있다.

리본세대의 리얼 라이프를 볼 수 있는 곳, 네이버 밴드

모바일 빅데이터 플랫폼 모바일인덱스에 따르면, 네이버 밴드는 SNS 앱 중 2022년 2월 이용자수 1위를 기록했다. 특히 40~60대 이상 유저가 가장 많이 이용하는 플랫폼으로 나타났다.[13]

리본세대는 네이버 밴드를 통해 새로운 관계를 맺고, 취미·여가 활동을 함께 즐기며 정보를 수집한다. 네이버 밴드는 오늘날 리본세대의 라이프스타일과 관심사가 가장 폭넓게 반영되어 있는 플랫폼이라고 해도 과언이 아니다. 따라서 그들을 보다 깊고 내밀하게 이해하기 위해 우리는 네이버 밴드 내 리본세대가 활동하는 밴드(모임) 현황 및 이용 패턴을 면밀히 분석해봤다.

2022년 7월 기준 50대, 60대, 70대, 5060, 7080 등 리본세대 유관 키워드 검색 결과 시 노출되는 밴드 7,800여 건의 데이터를 수집했다. 단, 실제로 리본세대가 활동하지 않거나 리본세대 외 전 연령이 이용하는 밴드는 제외했다. 또한 각 밴드의 이름, 멤버수, 밴드 개설일, 수집일 기준 최근 7일 신규 게시글수와 신규 가입자수, 요일별 방문자수 등의 통계를 수집해 종합적인 분석을 진행했다.

분석 대상 밴드는 이용 목적 및 운영자가 설정한 밴드 카테고리 태그에 따라 또래친목, 스포츠, 취미/자기계발, 여행, 정보, 거래/구매 총 6가지 유형으로 분류했다. 또래친목은 다른 관심사 외에 새로운 또래와 친분 맺기, 동창이나 활동 모임 등 지인 기반의 친목 도모를 위한 밴드에 해당된다. 스포츠, 취미/자기계발, 여행 밴드는 각 관

SNS/커뮤니티 앱 사용자 순위

앱 사용자 TOP10

(단위: 명)

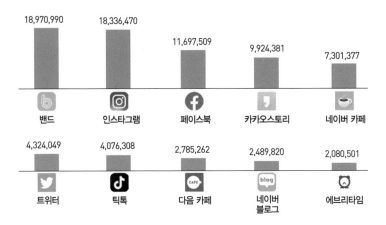

순위	앱	사용자 수
	밴드	18,970,990
	인스타그램	18,336,470
	페이스북	11,697,509
	카카오스토리	9,924,381
	네이버 카페	7,301,377
	트위터	4,324,049
	틱톡	4,076,308
	다음 카페	2,785,262
	네이버 블로그	2,489,820
	에브리타임	2,080,501

연령별 앱 사용자 TOP5

	10대 이하	20대	30대	40대	50대	60대 이상
1위	인스타그램	인스타그램	인스타그램	밴드	밴드	밴드
2위	페이스북	페이스북	밴드	인스타그램	인스타그램	인스타그램
3위	트위터	트위터	네이버 카페	페이스북	페이스북	페이스북
4위	틱톡	밴드	페이스북	네이버 카페	카카오스토리	카카오스토리
5위	밴드	네이버 카페	카카오스토리	카카오스토리	네이버 카페	네이버 카페

(출처: 모바일인덱스)

심사를 기반으로 소통하고 친목을 형성하는 밴드다. 거래/구매는 업체 홍보나 공동구매, 최저가 구매를 위한 수단으로 활용되는 밴드에 해당된다. 이외에 정보를 단순 제공하고 습득하기 위한 목적으로 운영되는 밴드는 모두 정보로 구분했다.

통계로 보는 리본세대의 밴드 이용 현황

소모임형 친목 도모를 선호한다

밴드를 유형별로 나눠 비중을 조사해본 결과 리본세대는 비슷한 나이대, 취향과 관심사 등 공통분모를 기반으로 하는 소모임형 친목 도모를 선호하고 있었다.

리본세대 밴드수의 유형별 비중을 살펴보니 또래친목(70.1%), 스포츠(20.8%), 취미/자기계발(3.7%), 정보(2.2%), 여행(1.7%), 거래/구매(1.5%) 순으로 나타났다. 이 중 친목 모임형 성격을 지닌 또래친목, 스포츠, 취미/자기계발, 여행 밴드가 전체의 96% 이상을 차지했고, 정보 습득형 밴드인 정보와 거래/구매는 3.7%를 차지했다.

또래친목 중심의 밴드 평균 멤버수는 139명으로, 비중은 가장 높지만 가장 소규모 단위로 운영되는 특징이 있다. 친목을 다지며 긴밀하게 소통하기 위해서는 인원수가 너무 많지 않아야 하기 때문인 것으로 보인다.

가장 활발하게 이용하는 유저의 연령대는 50대(2023년 한국 나

유형별 밴드 비중과 평균 멤버수

유형별 밴드수

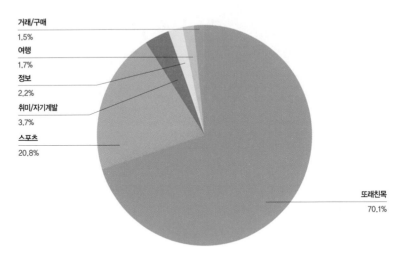

거래/구매
1.5%

여행
1.7%

정보
2.2%

취미/자기계발
3.7%

스포츠
20.8%

또래친목
70.1%

유형별 밴드 평균 멤버수

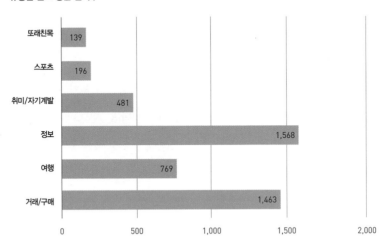

또래친목 139
스포츠 196
취미/자기계발 481
정보 1,568
여행 769
거래/구매 1,463

0 500 1,000 1,500 2,000

또래친목 밴드에서 활동하는 유저의 연령별 비중

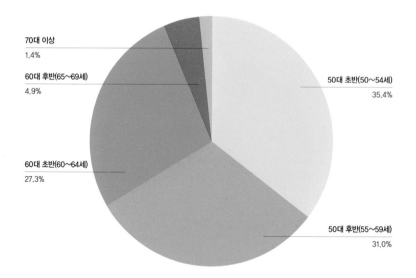

이 기준)다. 또래친목 밴드 중에서 유저의 연령 파악이 가능한 밴드 명을 기준으로 살펴본 결과, 연령대별 비중은 50대 초반(35.4%), 50대 후반(31.0%), 60대 초반(27.3%), 60대 후반(4.9%), 70대 이상 (1.4%) 순으로 나타났다. 세부 연령으로는 57세(9.4%)가 가장 많고 그다음으로는 52세(9.2%), 51세(9.1%), 54세(8.9%), 60세(8.2%) 순이었다.

팬데믹으로 변화된 리본세대 유저의 라이프 패턴

2020년 발생한 코로나19의 영향으로 4개 유형의 친목 모임형 밴드

중 야외 모임이 주로 이루어지는 또래친목, 스포츠, 여행의 2020년 신규 생성 밴드수는 2019년 대비 모두 감소했다. 반면 밴드를 기점으로 온라인에서 공통의 취미를 공유하고 자기계발을 위해 소통하는 취미/자기계발 밴드는 2019년 대비 1.4배 증가했다.

팬데믹 시대에 접어들면서 넓은 야외 공간에서 소수의 인원이 즐길 수 있는 골프 산업이 급성장했는데, 골프 산업의 성장과 맞물려 골프웨어나 골프 장비 판매도 증가했다. 이는 리본세대의 스포츠 모임에도 반영되었다. 스포츠 밴드를 세부 종목별로 살펴본 결과 2019년 대비 2020년 새로 생긴 밴드수는 대체로 감소한 반면 골프 밴드의 경우 2020년 새로 생긴 밴드수가 2019년 대비 1.3배 증가했다.

리본세대 밴드의 불은 꺼지지 않는다

리본세대가 활동하는 밴드는 24시간 연중무휴 불이 꺼지지 않는다는 특징을 가진다. 6가지 유형별 신규 게시글 건수 기준 상위 10개 밴드의 시간대별 게시글과 댓글수를 살펴본 결과, 특정 시간대에 치중되지 않고 매일 새벽부터 오전, 오후, 저녁, 밤까지 게시글과 댓글이 활발하게 달렸다. 24시간 특별한 휴지기 없이 모든 시간대에 회원들이 활동하고 있는 것이다.

위와 동일한 기준으로 유형별 밴드의 요일별 평균 방문자수를 살펴본 결과, 주중에 근무하는 사업체나 기관 등이 운영하는 정보, 거래/구매 밴드를 제외하고는 특정 요일이나 주중 및 주말 구분 없이 게시글이 발생했다. 리본세대의 경우 출퇴근하는 현업에 얽매이지 않다 보니 개인별 시간 활용 패턴이 그만큼 다양하다는 점을 알 수 있다. 유형별 오프라인 모임이 이루어지는 대표 밴드(스포츠-골프, 스포츠-등산/산악, 여행-캠핑/글램핑 등)들의 모임 일정 공지글을 살펴본 결과, 앞서 평균 방문자수와 마찬가지로 특정 요일이나 주중 혹은 주말 구분 없이 모임이 진행되는 것을 확인할 수 있었다. 이 역시 주요 유저들의 시간 활용이 자유로운 데서 생겨난 현상으로 보인다.

앞서 리본세대를 나이가 아닌 라이프스타일로 구분한 이유가 바로 여기에 있다. 은퇴 이후 시간적, 경제적 여유가 많아진 리본세대는 밴드를 통해 은퇴 전과 확연히 다른 일상을 살고 있다. 여러 제약 조건에서 자유롭기에, 본인이 원하고 필요로 하는 것에 매우 적극적으로 도전하면서 제2의 인생을 즐기는 것이다.

취미 활동부터 구인구직까지 하나로 끝낸다

리본세대는 친목을 도모하기 위해서뿐만 아니라 일상에 필요한 다양한 정보를 얻기 위해서도 밴드를 적극 이용한다. 정보 밴드가 리본세대 밴드에서 차지하는 비중은 2.3%로, 전체 밴드에서 그 수는 적은 편이다. 그러나 평균 멤버수는 1,500명대로 가장 많으며, 6가지 유형의 밴드 중 일평균 방문 멤버수 역시 가장 높다. 정보 밴드는 소수의 밴드가 다수의 유저들을 점유하는 특징을 보였는데, 소수의 대

정보 밴드 유형별 비중

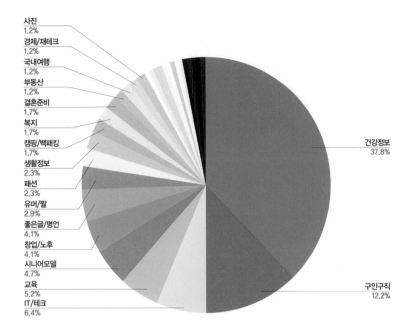

유형	비중
사진	1.2%
경제/재테크	1.2%
국내여행	1.2%
부동산	1.2%
결혼준비	1.7%
복지	1.7%
캠핑/백패킹	1.7%
생활정보	2.3%
패션	2.3%
유머/짤	2.9%
좋은글/명언	4.1%
창업/노후	4.1%
시니어모델	4.7%
교육	5.2%
IT/테크	6.4%
건강정보	37.8%
구인구직	12.2%

형 밴드가 활성화된 독과점 형태에 가깝다고 볼 수 있다.

정보 밴드를 정보 성격에 따라 분류한 결과 건강 정보를 제공하는 밴드가 37.8%로 비중이 가장 높았다. 이어 구인구직(12.2%), IT/테크(6.4%) 순이었다. 이외에도 창업/노후, 복지, 좋은글/명언, 패션 등 다양한 정보를 제공하는 밴드를 이용하고 있다.

이뿐 아니다. 리본세대는 구인구직도 밴드를 통해 해결하고 있다. 밴드가 사실상 온라인 인력사무소 역할을 하는 셈이다. 우리가 분석한 전체 리본세대 밴드 중 구인구직 밴드는 총 21개였다. 이들 밴드의 평균 멤버수는 2,900명이며 주간 평균 신규 게시글수는 1,100건으로 정보 밴드 중 가장 높은 수치를 기록했다. 리본세대 유저들은 은퇴 이후 생계 유지를 위해서 혹은 부업의 목적으로 구인구직 밴드를 이용하고 있었다. 이들이 찾는 일자리는 주로 경비원, 환경미화, 건물관리, 청소용역, 건설현장 인력이 대부분이었다. 이전에는 현장에서 대기하거나 신문을 통해 일자리를 찾았으나 이제는 밴드를 활용해 구인구직 정보를 쉽고 빠르게 얻고 있는 것이다.

리본세대는 원하는 제품을 구매하기 위해서 밴드를 이용하기도 하는데, 오프라인의 장점과 온라인의 장점을 융합해 구매한다. 대표적으로 순천에 위치한 과일 도매업체 '달쥬'가 운영하는 밴드 '달쥬(순천과일)'를 예로 들 수 있다. 달쥬 밴드는 2022년 9월 기준 9,400명의 멤버를 보유하고 있으며 일평균 방문자수는 2,200명에 달할 정도로 상당히 활성화되어 있다.

이 밴드는 매일 과일을 비롯해 다양한 식재료를 공동구매 혹은 특가로 판매하는 글을 게시한다. 이때 주목할 점은 제품을 구매하는 방식이다. 구매를 희망하는 멤버들은 해당 글에 선착순으로 예약 댓글을 작성하고, 운영자의 확인을 통해 주문이 접수되면 오프라인 매장에서 예약한 제품을 수령하고 현장에서 직접 결제한다. 고객이 매장 방문에 앞서 밴드를 통해 사전에 제품 정보와 가격 혜택을 실시간으로 확인하고 댓글로 예약할 수 있어 구매 과정이 매우 편리하면서도 쉽다. 스타벅스 사이렌오더의 과일매장 버전이라고 보면 된다. 직접 제품을 보고 구매하는 오프라인의 장점은 유지하면서, 온라인의 편의성을 활용해 구매하는 하이브리드 방식이 특히 매력적인 셀링 포인트로 보인다.

다양하게 즐기고 액티브하게 활동한다

네이버 밴드 론칭 초기에는 리본세대의 접근성이 높은 볼링, 배드민턴, 축구/풋살, 골프, 테니스 등 구기 스포츠 중심으로 밴드가 개설되었다. 그러다 2015년 들어서부터 수상스키, 자전거, 하키, 바이크/스쿠터, 요트 등 보다 액티브한 종목의 스포츠 밴드들이 개설되기 시작했다.

리본세대 유저들은 취미 또한 상당히 세분화되어 있다. 악기 연주, 합창/중창, 음악 감상, 공연 관람, 댄스/무용, 미술/공예, 캘리그라피/서예, 영화 감상, 팬클럽 활동, 꽃/식물, 글쓰기, 수집 활동 등 밴드를 통해 다양한 취미 활동을 즐기면서 회원들과 소통한다.

그중 캘리그라피에 주목해볼 필요가 있다. 대표적인 밴드로 '캘리는 내친구!'를 들 수 있는데, 서로의 캘리그라피 작품을 공유하며 소통하는 밴드다. 2022년 9월 기준 2만 명 이상의 멤버수를 보유하고 있으며, 일평균 방문자수가 1,100명에 이른다. 캘리그라피는 다른 취미와는 달리 혼자서도 빠르고 쉽게 시작할 수 있고 별도의 공간이나 비싼 재료도 필요하지 않아 접근성이 좋은 취미다. 게다가 밴드에 공유한 작품은 인스타그램이나 카카오톡 등 SNS의 게시글이나 프로필 사진 등으로도 활용이 가능해 많은 이들이 즐기는 것으로 보인다. 진입장벽이 낮고 실용성이 높은 취미 활동이라는 점에서 많은 리본세대 유저들이 캘리그라피를 즐기는 것으로 추측해볼 수 있다.

우리의 도전은 이제 시작이다

리본세대를 두고 은퇴 후 약수터와 노인정을 전전하거나 시대에 뒤떨어진 나이 든 사람을 상상한다면 이는 대단한 착각이다. 리본세대는 일과 가정에 매진하느라 자신이 못다 이룬 꿈에 도전하거나 새로운 일을 시도하면서 인생 2막을 펼쳐가는 중이다.

특히 세컨드 커리어로 '시니어 모델'에 도전하는 이들이 증가하고 있다. 리본세대가 패션/뷰티 업계나 방송 등에서 모델로 활약하기 시작한 것은 2020년부터인데, 이것이 어느새 리본세대의 트렌드로 부상했다. 이런 흐름 속에서 전국에 수많은 시니어 모델 에이전시가 생겼고 평생교육원에도 시니어 모델 양성반이 만들어졌다.

이러한 변화는 네이버 밴드에서도 찾아볼 수 있다. 2020년 시니어 모델 관련 신규 밴드수가 2019년 대비 2배 증가했으며, 이어 2021년에는 2020년 대비 1.2배 증가했다. 시니어 모델을 지망하는 시니어 유저들은 밴드를 통해 관련 정보를 공유하는 등 함께 양성 수업을 수강한 동료들과 적극적으로 소통하고 있다.

리본세대는 전문성을 기반으로 하는 자기계발과 배움에 있어서도 적극적이다. 많은 이들이 활동지도사, 요양보호사, 사회복지사, 건강관리사 등 전문가 자격증을 취득하기 위해 밴드에서 활발히 정보를 공유한다. 자격증 외에 영어와 일본어, 중국어 등 어학 공부를 위한 밴드들도 운영되고 있는데, 특히 영어의 경우 스터디를 진행하기 위해 밴드를 활용하는 사례를 쉽게 찾아볼 수 있었다.

5060의 슬기로운
유튜브 생활

과거와 달리 리본세대 역시 일상 속에서 유튜브가 차지하는 비중이 늘어나면서 유튜브를 통해 정보를 습득하고 여가를 보내는 시간이 많아지고 있다. 모바일인덱스 자료에 의하면, 국내 50대 이상 유튜브 앱 이용자의 월평균 1인당 평균 사용 시간은 약 2,000분이었는데, 이는 카카오톡 사용 시간의 2~3배가량 되는 수치다.[14] 7080에게 TV가 가장 영향력 있는 매체였다면 현재 5060에게는 유튜브가 가장 영향력 있는 매체라고 볼 수 있다. 나스미디어 2022 인터넷 이용자 조사 NPR에 의하면 온라인 동영상 이용률은 전 연령대에서 90% 이상으로 나타났으며, 5060 역시 약 93%의 이용률을 보여주고 있다.[15]

　5060이 가장 많이 시청하고 가장 활발한 반응을 보인 콘텐츠가 무엇인지, 그리고 어떤 키워드에 반응했는지를 살펴보면 5060의 관

온라인 동영상 시청 분포와 성별 및 연령별 이용률

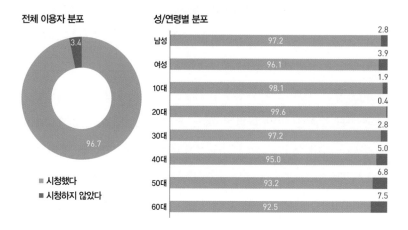

온라인 동영상 이용률은 전 연령대에서 90% 이상으로 나타났다. 온라인 동영상 시청이 나이에 상관없이 보편적인 행위로 자리매김했음을 알 수 있다. (출처: 나스미디어)

심 포인트가 무엇인지 짐작할 수 있을 것이다. 우리는 유튜브를 통해 리본세대 시청자를 더 깊게 들여다보기 위해 샌드박스 자체적으로 유튜브 데이터를 수집하고 분석을 진행했다.

우선 리본세대들이 가장 많이 보는 채널과 카테고리를 선정했다. '박막례 할머니'처럼 젊은층이 주로 보는 채널보다는 '시니어전성시대'처럼 5060 시청자층의 조회수 수요가 많은 채널 위주로 선정했다. 채널의 주제에 따라 정치, 요리, 복지, 디지털 팬클럽, 건강, 무속신앙, 외국어, 농사와 같이 총 13가지 카테고리로 분류해 데이터를 분석했다. 그중 리본세대의 라이프스타일을 엿보는 데 있어 유의미하다고 판단되는 4개의 카테고리를 선정해 이야기하고자 한다. 카테고리마다 선정된 콘텐츠의 키워드별 업로드 빈도와 각 콘텐츠가 획득한 조회수를 바탕으로 리본세대 시청자들의 시장 수요를 파악하는 방식으로 진행했다.

리본세대 카테고리의 경우 2019년부터 본격적으로 5060 타깃의 콘텐츠들이 대거 등장한 것을 확인할 수 있었다. 2021년까지 콘텐츠 업로드수나 조회수 측면에서 폭발적인 성장을 이뤘으며 2022년은 2021년과 유사한 규모의 콘텐츠가 업로드되고 소비되는 상황이다. 이를 카테고리 별로 살펴보면 그 규모는 국내외 정치와 관련된 콘텐츠, 요리, 복지, 무속신앙, 경제/재테크 순이었다.

복지 관련 카테고리_ 노후 준비에서 현재의 삶으로

코로나19 이전인 2019년에는 복지 관련 카테고리에서 유망, 자격증, 은퇴와 같이 미래를 준비하는 노후 관련 키워드들이 전체 키워드 비중에서 약 35%를 차지하고 조회수 비중도 41%를 차지했다. 하지만 코로나19 이후 관련 키워드들의 비중은 10분의 1 수준으로 하락했다. 코로나19 이전에는 '시니어의 은퇴 후 삶'이 카테고리의 중심 키워드였지만 코로나19로 인해 미래보다는 현재에 중심을 둔 콘텐츠들로 수요가 이동한 것을 확인할 수 있었다.

2020년에는 지원금, 연금, 수급과 같은 혜택성 키워드들이 새롭

코로나19 이후 지원금/노후 관련 조회수 점유율 변화

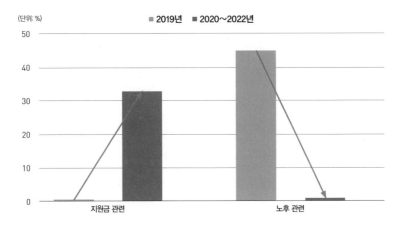

(단위: %)　　　　　■ 2019년　■ 2020~2022년

(출처: 모바일인덱스)

게 떠올랐다. 2020~2022년 업로드된 복지 관련 콘텐츠의 45%에서 해당 키워드를 사용했으며 복지 카테고리에서 33%의 조회수 점유율을 기록했다. 더불어 '신청'이라는 단어가 포함된 콘텐츠의 조회수가 23%로 매우 높은 점유율을 보였다. 지원금의 종류와 신청 방법에 대한 정보를 유튜브를 통해 얻은 것으로 보인다. 예를 들면 '오늘부터 이것 완전 무료됩니다. 65세 이상 혜택! 꼭 보세요~! 추가혜택 70가지 정리', '오미크론 지원금 25만 원!! 신청해야 줍니다!! 빨리 확인하세요!!', '기초연금을 받기 위해 절대로 하지 말아야 할 그리고 해야 할 3가지'와 같은 콘텐츠가 있다. 해당 콘텐츠들은 2022년 8월 기준 평균 조회수가 200만 회에 달할 정도로 매우 높았다.

건강/질환 관련 카테고리_ 예방을 통해 내 몸을 지키다

건강/질환 콘텐츠는 크게 예방과 진단 그리고 치료로 나누어볼 수 있다. 3개의 카테고리로 구분해 살펴보니, 건강을 유지하고 질병을 예방하는 식습관과 관련된 카테고리의 조회수가 63%로 압도적으로 높았다. 5060은 건강에 대한 관심이 높아지는 나이대이기 때문에 먹고 마시는 것이나 생활 습관 등에서 건강을 챙기려는 니즈가 강하다. 따라서 치료나 진단보다는 예방과 관련해 유튜브 의존도가 높은 것으로 보인다.

- **예방:** 건강 콘텐츠 중 '예방'에는 주로 음식에 대한 것이 많았다. 가장 많이 등장한 키워드는 음식으로, 건강/질환 콘텐츠의 13%에 음식이라는 단어가 쓰였다. 이외에도 N가지, 먹으면, 마세요, 드세요, 이유, 절대 등의 단어들이 가장 많이 등장했다. 주로 '위염에 좋은 음식 5가지', '먹으면 독이 되는 음식', '두부 이것과 절대 먹지 마세요', '식은 밥 조심해야 하는 이유'와 같은 제목들이 많았다. 제목으로 궁금증을 유발하고 영상을 클릭하도록 유도해야 하기 때문이다.

  음식에 대한 효능, 효과에 대한 콘텐츠도 많았는데, 건나물TV의 '당뇨에 좋은 음식, 혈당수치 뚝 떨어집니다' 콘텐츠는 업로드한 지 1년 만인 2022년 7월 기준 670만 조회수를 기록했다. 일상생활 속에서 건강을 지키는 방법에 대한 관심도가 얼

건강/질환 관련 카테고리에서 예방, 진단, 치료별 조회수 비중

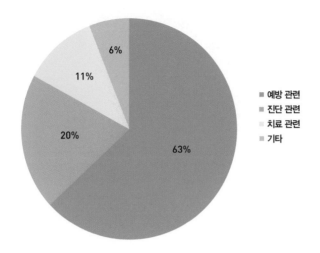

마나 높은지 엿볼 수 있다. 이전 시니어들이 〈생로병사의 비밀〉, 〈황금알〉, 〈알토란〉 같은 TV 프로그램을 통해 건강과 음식에 대한 정보를 얻었다면 지금의 리본세대는 유튜브를 통해 해당 정보를 접하고 있음을 엿볼 수 있다.

· **진단:** '진단'과 관련된 콘텐츠의 조회수 비중은 약 20%로 예방의 3분의 1도 되지 않았다. 주로 증상, 신호와 같이 몸이 아프거나 진단명이 궁금할 때 찾는 콘텐츠들이 대부분이다. 예를 들면 '몸이 보내는 신호 당뇨 초기증상', '뇌졸중 오기 전 나타나는 소름 끼치는 전조증상 5가지'와 같은 것들이다.

· **치료:** '치료' 역시 전체 조회수에서 차지하는 비중은 11%로 매우 낮았는데, 주로 수족냉증, 어깨 통증, 대상포진, 가려움증,

질환별 최근 3년 연평균 유튜브 조회수 비중

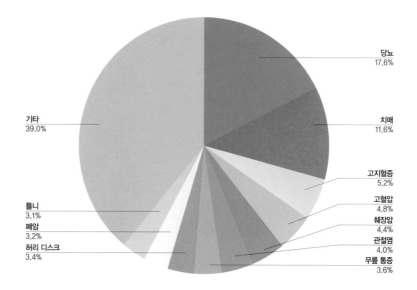

당뇨
17.6%

치매
11.6%

고지혈증
5.2%

고혈압
4.8%

췌장암
4.4%

관절염
4.0%

무릎 통증
3.6%

기타
39.0%

틀니
3.1%

폐암
3.2%

허리 디스크
3.4%

안구건조증처럼 비교적 가벼운 질환에 대한 콘텐츠의 조회수가 높았다. 병원 치료가 필요한 질병에 대해서는 평균적으로 조회수가 낮다는 점을 알 수 있다. 실제로 몸이 아픈 경우 유튜브에서 정보를 찾기보다는 직접 의사를 찾아가 진단과 치료를 받는 것으로 짐작된다.

질환별로 살펴봤을 때는 당뇨가 전체 조회수의 17.6%로 매우 높은 비중을 차지했고 뒤를 이어 치매가 11.6%, 고지혈증이 5.2%를 차지했다.

- **당뇨:** 당뇨는 5060에서 특히 자주 발생하는 질병 중 하나다. 건강보험심사평가원 자료에 의하면 2016년 기준으로 국내 약 284만 명의 당뇨병 환자 중 54%가 5060이라고 한다. 유튜브에서도 연평균 1억의 조회수가 발생할 만큼 관심이 높은 질환으로 다른 질환의 연평균 조회수보다 무려 11배나 높았다.

- **치매:** 치매와 관련해서는 연평균 1,000개가량의 콘텐츠가 업로드될 만큼 다양한 콘텐츠가 있었다. 또 연평균 6,400만 조회수가 발생하고 있는 것을 보아, 당사자뿐 아니라 가족들이 느끼는 질환에 대한 고충과 고통이 얼마나 큰지도 확인할 수 있다.

- **고지혈증:** 고지혈증은 콘텐츠당 평균 조회수가 8만대로 가장 높았다. 당뇨의 경우 약 5만, 치매는 약 6만의 평균 조회수를 기록 중이다. 콘텐츠 개수도 2019년 247개에서 2021년에는 512개로 눈에 띄게 늘어나 고지혈증에 대한 높아진 관심도를 엿볼 수 있다. 간편식이나 배달 음식 등 기존과 달라진 식생활 문화도 어느 정도 영향을 미친 것으로 보인다.

- **암:** 암은 췌장암, 폐암, 대장암, 간암, 위암, 피부암 순으로 조회수 점유율이 높았는데, 이것을 모두 합치면 전체 조회수의 14.7%를 차지한다. 이러한 수치를 보면 암에 대한 관심도 역시 높다는 것을 알 수 있다.

건강/질환 카테고리는 대부분이 정보성 콘텐츠다 보니 조회수 대비 댓글의 비중은 0.06%에 그쳤다. 이는 리본세대를 타깃으로 한 일반적인 채널의 절반 수준에 불과하다. 하지만 "감사합니다."와 같은 인사말을 제외하면 질환에 대한 추가 문의가 대부분이었다. 따라서 댓글만 살펴봐도 이들이 특정 질환에 대해 어떤 궁금증을 갖고 있는지 확인할 수 있다.

팬클럽 관련 카테고리_
누가 팬덤을 10대의 전유물이라고 하는가

〈미스트롯〉, 〈미스터트롯〉이 인기를 끈 이후 트로트 판은 완전히 바뀌었다. 기존과 다르게 강한 팬덤이 형성되면서 아이돌의 팬 문화가 고스란히 리본세대에게로 넘어간 것이다. 좋아하는 가수의 모든 굿즈를 수집하는 것은 물론, 가수에게 선물을 주거나 식사 서포트를 하는 이른바 '조공'도 하고 있다. 나아가 음원 순위를 높이기 위한 스밍(스트리밍)까지 하는 등 이제 아이돌 팬덤 문화는 더 이상 10대만을 위한 것이 아니다. 2022년 7월에는 멜론 차트 성인가요 부분의 1위부터 9위까지를 '임영웅 노래로 줄 세우기'에 성공하며 스밍까지 마스터한 팬덤의 위력을 보여주기도 했다.

리본세대 팬클럽은 〈미스터트롯〉 출신 남자 가수들을 중심으로 2020년부터 형성되었다. 2020년부터 2022년 7월까지 약 2년 6개월 동안 임영웅, 정동원, 이찬원, 영탁, 김호중, 장민호, 김희재

〈미스터트롯〉 출신 대표 남자 가수별 출연 콘텐츠 2020~2022년 누적 조회수

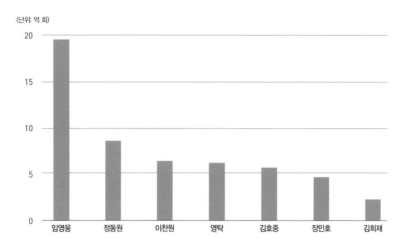

카테고리별 조회수 대비 댓글 비중

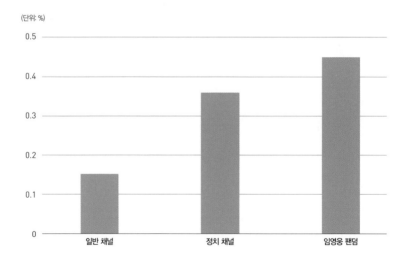

7명의 가수가 획득한 유튜브 조회수는 무려 53억 뷰에 달한다. 특히 임영웅은 2020년 이후 지금까지 꾸준하게 1위 자리를 차지하고 있다. 누적 조회수는 무려 19.6억 뷰에 달하는데, 정동원, 이찬원, 영탁 3명의 조회수를 합친 것과 비슷하다.

또한 유튜브는 리본세대에게 자신이 좋아하는 가수를 응원하고 밀어주는 일종의 디지털 팬클럽 역할도 겸하고 있다. 일반적인 시니어 콘텐츠의 경우 조회수 대비 댓글의 비중은 0.15% 정도지만, 임영웅 관련 팬덤 채널의 경우 약 3배인 0.45%를 기록했다. 상대적으로 댓글이 많이 달리는 정치 카테고리가 0.36%인 것과 비교하면 얼마나 높은 수치인지 알 수 있다. 단지 댓글만 많이 달리는 것이 아니다. 댓글을 독려하는 것은 물론, 다른 응원 댓글에도 적극적으로 '좋아요'를 누르며 소통한다.

이 같은 리본세대 팬들이 유튜브상에서 하는 '덕질'은 10대들의 덕질과는 느낌이 사뭇 다르다. 일례로 10~20대 팬과 50~60대 팬이 쓰는 댓글 메시지에서도 그 차이점이 드러났다. 10~20대들이 남기는 댓글에는 '내가 좋아하는 이유'가 핵심 메시지로 담겨 있다. 반면 50~60대들이 쓰는 댓글에는 '내'가 잘 드러나지 않고 '무조건적인 애정'의 메시지가 주를 이뤘다. 자기 연예인을 아끼고 응원하는 마음을 전달하는 데 집중되어 있는 것이다. 이런 차이들을 통해 1020세대가 아이돌을 우상시하는 반면, 리본세대는 자기 연예인을 오래 지켜보며 아껴주고 싶은 존재로 여긴다는 것을 알 수 있다.

리본세대의 댓글과 아이돌을 향한 1020세대의 댓글 차이

▼ 임영웅 직캠 영상에 달린 댓글들

임영웅 뭐든 주어진 일에 최선을 다하는 모습이 아름답습니다
춤선이 너무 귀염 귀염하네요

임영웅 무지개 듣던대로 묘한 끌림과 너무 멋진 노래네요 ·· 최고의 가수의. 최고의 시간이었습니다 ♡

최고의 무대 고마워요.언제나 기쁨을 주는 나의 원픽 멋지네요

▼ 일반 아이돌 직캠 영상에 달린 댓글들

아니 김민정 진짜 미모 개미쳤네... 이 헤메코 진짜 찰떡임.. 보컬은 말할 것도 없고.. 춤도 깔끔하게 정석으로 잘주고...
김민정은 항상 ㄹㅋㄷ.... 아프지마 민정아...항상 건강해야해

윈터 춤은 조용한데 강해 부담스럽지 않은 파워가 느껴진다

춤스타일도 가장 좋고 눈빛 포함한 표정연기가 가장 눈길이 잡는다

임영웅의 리본세대 팬들은 임영웅에게 무조건적인 애정을 보내는 반면 1020세대들은 해당
아이돌을 좋아하는 이유에 대한 내용이 주로 담겨 있다.
(출처: 유튜브 'M2' 채널, '[MPD직캠] 임영웅 직캠 8K '무지개 (Rainbow)' (Horizontal Ver.) (Lim Young
Woong FanCam) | @MCOUNTDOWN_2022.6.23', 유튜브 'MBCkpop' 채널, '[최애직캠] aespa
WINTER – Illusion(에스파 윈터 – 도깨비불) Close–up Cam | Show! MusicCore | MBC220716방송')

투자/재테크 관련 카테고리_ 시장의 큰손들이 움직인다

투자/재테크의 경우 연령과 무관한 정보들이 많아 연령별로 명확하
게 콘텐츠를 분류하는 데 어려움이 있었다. 그러나 단 하나 명확한
것은 '부동산'과 '주식'이 핵심 키워드였다는 점이다.

5060에게 가장 민감한 주제, 부동산

부동산 콘텐츠에는 집값이 오를 것 같은 지역, 빌라 및 다가구주택에 대한 이야기, 부동산 폭락 등과 같이 전체 시장을 조망하는 내용부터 주택 임대 소득에 대한 과세, 전세보증금 지키기 등 실용적인 정보까지 다양한 콘텐츠가 있었다. 대표적인 채널로는 쇼킹부동산, 라이트하우스, 모두의부동산, 김종갑의 경제부동산 등이 있다. 콘텐츠 개수는 6,000개가 넘고, 누적 조회수도 3.8억 회에 달한다.

부동산의 경우 상승 예측과 하락 예측으로 나누어볼 수 있는데, 하락 예측 콘텐츠가 상승 예측 콘텐츠보다 5.5배 많았다. 그뿐만 아니라 평균 조회수 역시 25%가량 많아 5060이 자신들의 주 자산인 부동산 폭락에 대해서 매우 민감하게 반응하고 있음을 알 수 있다. 무주택자만 할 수 있는 청약의 경우 콘텐츠는 많았지만 평균 조회수가 낮은 편이었다. 이는 자가 소유 비중이 높은 리본세대들에게 청약은 핵심 관심사가 아님을 엿보게 해준다.

증여, 양도, 세무 절세에 대한 콘텐츠는 개수도 상대적으로 적었고, 평균 조회수도 낮은 편이었다. 세무의 경우 복잡도가 워낙 높고 행정적인 업무 처리까지 동반되는 일이라 유튜브를 보고 직접 해결하는 경우는 적다고 봐야 할 것이다. 이보다는 세무 전문가를 통해 해결하는 경우가 많음을 추측할 수 있다. 다만, 세무 전문가들이 챙겨주는 '일상생활에서 접하는 세금 문제'나 '절세할 수 있는 소소한 팁'에 대해서는 높은 관심도를 보였다. 예를 들면 '가족 간 계좌이체, 이거 모르면 증여세, 상속세 폭탄 맞습니다'라든가 '현금입출금,

이거 모르고 하면 온가족이 세무조사 받을지도 모릅니다'의 경우 2022년 9월 기준 각각 510만과 295만 조회수를 기록했다.

압도적 큰손들이 움직이는 주식시장

5060세대는 기존에도 주식시장의 큰손이었다. 그러던 중 코로나19 팬데믹으로 인해 주가가 상승하자 그 크기가 더욱 커지게 됐다. 이제까지 주식을 하지 않던 5060까지 주식시장에 뛰어든 것이다. 한국예탁결제원 자료에 따르면 2021년 12월 기준, 상장법인 주식을 소유한 사람의 연령별 비중은 50대가 20%, 60대가 11%로 전체 연령

상장법인 개인 소유자 연령별 분포(2021년 12월 기준)

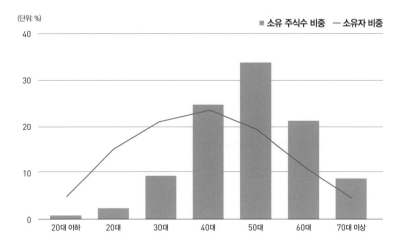

(출처: 한국예탁결제원)

의 31%가 5060이었다. 그러나 보유 주식 수만 놓고 보면 50대가 압도적으로 높다. 50대가 상장법인 주식의 34%를, 60대가 21%를 보유하고 있는데, 이를 합산하면 5060이 전체 주식의 55%를 보유하고 있는 셈이다.[16]

주식 콘텐츠의 경우 워낙 많은 채널이 있다. 5060만을 코어 타깃으로 하는 채널보다 30대부터 60대까지 전 연령을 두루 커버하는 콘텐츠들이 많았기에 통계 분석을 따로 진행하지는 않았다.

기타 카테고리_ 니즈가 있다면 시장도 있다

5060세대의 관심사 중 메이저 콘텐츠라고 보기는 어렵지만 니즈를 바탕으로 확실하게 시장이 형성되어 있는 카테고리들을 짧게 정리해보았다. 아래 언급되는 콘텐츠 개수와 누적 조회수는 모두 2019년부터 2022년 6월까지 3년 6개월의 기간을 기준으로 한다.

각 카테고리별 특성

- **농사, 귀농, 재배와 관련된 카테고리:** 누적 콘텐츠 1,100개, 누적 조회수 1.1억 회를 기록했다. 대표적인 채널로는 귀농의신(구독자 25만 명), 열무tv 임업알려주는 부자(15만 명), 스마트한농부(12만 명), 손바닥농장(11만 명) 등이 대표적인 채널이다. 수박이 탄생하는 과정을 105일간 촬영해 업로드한 콘텐츠는 해

농사, 귀농, 재배 분야 인기 채널들의 섬네일

(출처: 유튜브 '귀농의신', '스마트한농부' 채널)

외 시청자까지 유입되어 1년 만에 1,100만 조회수를 기록하기도 했다. 전문 농업 콘텐츠 외에도 실내에서 자동급수 화분으로 상추 키우는 방법, 마늘 쉽게 까는 법 등 다양한 생활 밀착형 콘텐츠들이 높은 조회수를 기록했다.

- **자기계발, 시사교양 강의, 오디오북:** 리본세대가 많은 관심을 갖는 콘텐츠 분야로, 이 분야의 누적 콘텐츠는 2,780개, 누적 조회수는 2.7억 회이다. 대표적인 채널로는 방송대 지식+(54만 명), 한국시니어TV(9.5만 명), 귓전명상 채환TV(39만 명) 등이 있다. '소통은 당신을 웃게 합니다', '50부터는 인생관을 바꿔야 산다', '불행한 노후 남의 탓인가? 바꿔야 할 당신의 고집은 무엇인가.', '이혼의 원인이 되는 4가지 대화방식, 행복한 부부의 비결'과 같은 제목의 콘텐츠들이 조회수 상위에 포진되어 있었다. 이처럼 5060이 관심을 보인 콘텐츠들을 통해 그들 역

자기계발, 시사교양 강의 분야 인기 채널들의 섬네일

(출처: 유튜브 '방송대 지식+', '한국시니어TV' 채널)

시 기존의 삶을 고집하기보다는 변화를 통해 더 멋지고 나은
삶으로 나아가고자 하는 욕망이 있음을 엿볼 수 있다.

- **외국어:** 5060세대는 영어 외에 중국어, 일본어 콘텐츠에도 관
  심을 보였지만 다른 외국어들보다 영어에 대한 관심이 압도적
  으로 높았다. 이는 리본세대의 해외여행에 대한 관심도가 높아
  지는 것과 관련 있다. 해외여행을 할 때 영어로 말하는 것에 주
  저하며 자식에게 의존하기보다는 직접 해결하고 싶어 하는 의
  지를 보이는 것이다. 유튜브에 영어 관련 콘텐츠는 몇천 개가
  존재하지만 리본세대를 주 타깃으로 하는 채널로 범위를 좁
  혀 살펴보니 누적 콘텐츠는 약 950여 개였으며 누적 조회수는
  1억 회가량이었다.

리본세대를 코어 타깃으로 한 영어 채널은 섬네일과 자막의
글자 크기가 크다는 특징이 있었다. 또한 '공부하기 딱! 좋은

50대 60대를 위한 영어 꿀팁!', '듣기가 안 되는 50대 60대 그 이유와 해결법'처럼 리본세대가 공감할 만한 포인트를 콕 집어 영어회화를 알려주는 콘텐츠가 많았다.

- **패션, 미용:** 5060보다 4050을 타깃으로 하는 채널들이 대부분이었으나 최근 들어 이 분야의 카테고리도 조금씩 성장하는 중이다. 누적 콘텐츠는 1,500개, 누적 조회수는 약 9,000만 회로 규모가 작지는 않다. 하지만 리본세대로만 봤을 때는 활성화가 늦은 카테고리 중 하나다. 대표적인 채널로는 뽀따 TV(22만 명), 패션 팬아시아(12만 명), 이야기옷장(3만 명) 등의 채널이 있다. '옷 잘 입는 중년들은 이렇게 입는다', '옷 잘 입는 법 여자의 7가지 적용점', '당신을 바꿔줄 잘못된 화장 습관!(+젊어 보이는 화장법)', '스카프의 힘! 나만 알고 싶은 봄 분위기 물씬 나는 스카프 연출법 대공개' 등의 콘텐츠들이 조회수 상위를 차지하고 있다.

- **여행, 아웃도어:** 여행이나 아웃도어 관련 콘텐츠도 역시 4050 타깃의 콘텐츠들이 많았다. 누적 콘텐츠 1,000개, 누적 조회수 7,000만 회를 기록하고 있다. 대표적인 채널로는 김영수TV-여행과산행(20만 명), [빵이네]캠핑&여행TV(9만 명), 자연에 빠지다(6만 명) 등이 대표적인 채널이다. '새롭게 개방한 우리나라 최고의 잔도길/순창 용궐산 하늘길/장군목 요강바위', '새롭게 개통한 404m울릉다리/소금산/아찔한 잔도/원주 자작나무숲' 등 각 지역의 숨어 있는 명소를 소개하는 콘텐츠의

조회수가 높다. 이로 짐작컨대 대리만족보다는 실제 등산을 하거나 캠핑을 하는 사람들이 많이 시청한다는 것을 알 수 있다.

일상생활 정보를 담은 카테고리의 특징과 경향

그 외에도 눈에 띄는 점은 돈과 관련된 생활 속 정보들을 담은 영상의 평균 조회수가 높았다는 점이다. 대표적인 키워드가 바로 휴대폰과 과태료다. 해당 콘텐츠들은 전체 콘텐츠의 5%를 차지했지만 조회수 비중은 약 10%로 타 키워드에 비해 관심도가 높았다.

예를 들어 휴대폰 관련 콘텐츠의 경우 버미쌤 채널에 올라온 '이게 켜져 있으면 내 정보 밤새 다 빠져나갑니다!! 휴대폰 설정 4가지 무조건 꺼 놓으세요!'라는 콘텐츠가 2022년 9월 기준 조회수 861만 회를 기록할 정도로 높은 관심도를 보여주었다. 이처럼 디지털 기기에 익숙지 않은 리본세대들을 위한 휴대폰 설정법, 보안 혹은 구매 요령 등에 대해 설명을 해주는 유형의 콘텐츠 조회수가 평균적으로 높았다.

과태료 관련 키워드는 주로 새롭게 바뀌는 교통 법규와 관련된 콘텐츠들과 관련이 깊었다. 대표적으로 2022년 6월에 업로드되어 9월 기준 조회수 267만 회를 기록 중인 '7월부터 바뀌는 과태료 13가지!! 횡단보도 우회전 다시 바뀝니다 어길 시 벌금 폭탄!!' 콘텐츠가 있다.

일상생활과 관련된 정보의 경우 주제나 내용이 워낙 친숙하고 소소해 어떻게든 5060의 주목을 끄는 데 최대한 집중한 경향이 보인다. '모르면 망합니다', '신상정보 다 털립니다', '사기 당합니다'와 같이 공포감을 조성하거나 과장된 문구와 섬네일, 제목이 많이 사용되고 있다. 이런 영상들이 알려주는 정보를 무조건적으로 맹신하지 않도록 다른 루트를 통해서도 해당 정보가 맞는지 확인하는 습관을 들이는 것이 필요해 보인다.

리본세대의 니즈,
뉴미디어를 통해 찾아라

2023년의 리본세대는 결코 '올드하지' 않다. 그들은 은퇴했지만 아직 생기가 넘치고, 자신을 위해 쓸 돈과 시간적 여유가 충분하다. 경제 성장기와 IMF를 모두 경험했기 때문에 위기에 강한 맷집과 노련함도 갖고 있다. 따라서 경기가 침체될수록 리본세대가 가진 파워는 더 주목받게 될 것이며, 소비의 새로운 축으로 자리할 것이다. 기업 또한 이러한 흐름을 빠르게 읽어내어 리본세대를 위한 서비스와 상품을 쏟아낼 가능성이 높다.

새로운 미래 소비 권력인 리본세대를 공략하는 제품을 개발하거나 마케팅 활동을 할 때는 무엇보다 그들을 제대로 이해할 필요가 있다. 자기 삶의 주인이 되어 제2의 인생에 도전하는 리본세대는 특히 자아실현의 의지가 매우 강하며, 신체적으로도 아직 젊고 건강하다. 이러한 리본세대 소비자를 시니어, 혹은 실버세대로 통칭하며 늙고, 보호가 필요하며, 거동이 불편한 노인으로 설정한다면 그들의 반감을 사게 될 것이다. 그러므로 늙음, 보호, 약자, 어른, 고통, 불편함 등의 메시지보다는 젊음, 당당함, 멋짐, 나에 대한 투자, 자아실현 등의 메시지를 담아야 한다. 또한 일부러 나이 든 시니어 모델을 기용하거나 5060에게만 특화된 메시지를 담는 것도 가급적 피하는 것이 좋다. 부득이 필요한 경우라면 그들이 거부감을 느끼지 않도록 하는 것이 중요하다.

리본세대를 공략한 성공적인 사례로 2018년 명인제약의 변비약 제품 '메이킨큐'를 들 수 있다. 명인제약은 변비가 대장운동능력이 저하된 고령층에게도 흔하게 나타나는 증상임에 주목했다. 이에 소비자 타깃을 시니어로 설정하고 탤런트 신구, 김영옥을 광고 모델로 교체했다. 그리고 광고 영상에서는 고통스러운 모습을 보여주거나 불안감이나 경각심을 조성하지 않고, 두 모델이 춤을 추는 등 활기찬 모습을 중심으로 밝고 상쾌함을 내세웠다. 이러한 마케팅을 통해 메이킨큐의 매출은 전년 대비 100% 이상 상승하는 성과를 거두었다.[17]

한편, 네일아트 전문 쇼핑몰 오호라는 2020년 '1934년생 할머니', '55세 취미 부자' 등 일반인 시니어 모델들을 디지털 광고 모델로 기용했다. 오호라는 자사몰 내 시니어 고객들의 포토 후기가 많이 발생하는 현상을 보며 손톱을 예쁘게 꾸며 자랑하고 싶은 시니어의 욕망을 파악했다. 여기서 얻은 아이디어를 소재로 광고를 제작해 영상을 통해 취미 생활로 네일아트를 즐기는 시니어들의 젊고 주체적인 모습을 담았다.

일반인 시니어 모델이 등장하는 오호라의 광고

(출처: 오호라)

　　리본세대의 취향, 사회문화적 감성, 니즈 역시 기존의 시니어세대와는 무척 다르기에 세심하게 잘 파악해야 한다. 설문조사나 그룹 인터뷰 등으로 리본세대 전반에 걸친 니즈를 알아내는 것은 쉽지 않다. 대면이든 비대면이든 소비자들이 자신의 속마음을 솔직하게 얘기하지 않는 데다, 표본집단 오류로 편향된 결과가 나오기 십상이기 때문이다. 각기 다른 상황에 처해 있으며 50년 이상 다른 인생을 살아온 5060에게서는 특히나 더 편향된 정보를 얻을 가능성이 높다.

　　이럴 때 뉴미디어는 매우 좋은 대안이 된다. 리본세대가 유튜브나 네이버 밴드 등 디지털상에서 활동하며 남긴 흔적들을 관찰함으로써 그들의 니즈와 취향, 다양한 인사이트를 얻을 수 있기 때문이다. 특히 리본세대를 타기팅하여 새로운 비즈니스나 마케팅을 진행하고 싶은 실무자라면 그들의 진짜 생각과 욕망이 담겨 있는 뉴미디어에 주목해야 한다.

뉴미디어를 활용하며 오프라인 공간에서 5060들의 모습을 관찰하는 방법도 좋다. 오프라인에서 그들을 관찰하다 보면 그들이 직접 말하지 않는 다양한 니즈와 중요한 포인트들을 발견할 수 있고, 이를 뉴미디어를 통해 상세히 찾아낼 수 있을 것이다.

뉴미디어는 어떻게
패션 산업을
키우는가

욕망과 취향의 집합소,
뉴미디어와 패션 산업의 콜라보

팬데믹이 가져온 삶의 변화, 달라진 패션 산업
패션 산업을 움직이는 보이지 않는 손, 대중과 뉴미디어
뉴미디어 속에 담긴 대중의 니즈를 포착하라
성공의 답은 언제나 고객에게 있다

04

뉴미디어와 패션 산업

#패션스타그램 #커뮤니티 #OOTD #브랜드경험 #팝업스토어 #리셀문화 #구매여정 #일반인모델 #브랜드앰배서더

패션은 누군가의 첫인상을 각인시키기도 하고 이미지나 분위기를 좌우하는 역할을 하기도 한다. 이처럼 한 개인의 개성이나 취향, 스타일을 드러내는 데 패션만큼 확실한 것은 없다. 그럼에도 과거에는 패션에 관심 있는 소수만이 소위 '패피'로 불리며 자신의 취향과 개성을 드러냈다. 하지만 지금은 보다 많은 사람들이 패션에 관심을 갖고 있으며 패션을 통해 적극적으로 자신의 취향과 개성을 표현하고자 한다.

이런 분위기가 형성된 데는 패션에 대한 각종 정보를 쉽게 얻을 수 있게 미디어 환경이 변화했기 때문이다. 더불어 자기 표현에 적극적인 MZ세대가 패션 시장의 주요 소비층으로 등장하면서 이런 흐름을 가속화시켰다. 사람들은 뉴미디어를 통해 다양한 패션 제품들을 접하고 정보를 얻으며 구매 결정에 도움을 받는다. 이처럼 뉴미디어는 '인지-정보 수집-후기 탐색-예측-구매'라는 길고 복잡한 구매 여정의 각 단계마다 고객에게 영향을 미치며 패션 산업의 성장에 영향을 미친다.

전문가, 인플루언서, 크리에이터, 일반인에 이르기까지 많은 이들이 패션 감각과 스타일링 노하우를 뉴미디어 플랫폼에 공유하고 있다. 패션 콘텐츠가 다양하고 풍성해질수록 대중의 패션 수준 역시 계속 향상되며 이는 자연스럽게 더 많은 콘텐츠 생산으로 이어진다. 이제 인스타그램, 틱톡, 유튜브 등 뉴미디어는 패션을 탐색하고, 즐기고, 공부하고, 서로 소통하는 잡지이자, 패션쇼장이자, 커뮤니티가 되었다. 나의 고객을 제대로 이해하고 싶다면 뉴미디어에 담긴 그들의 일상, 욕망, 니즈를 살펴보는 데서 시작하길 권한다.

팬데믹이 가져온 삶의 변화, 달라진 패션 산업

패션만큼 민감하게 대중의 트렌드에 반응하는 산업이 또 있을까? 팬데믹 이후 집에서의 생활이 일상화되면서 우리의 활동 영역 중 많은 부분이 집으로 옮겨졌다. 재택근무는 물론이고, 홈트레이닝, 홈카페 등이 활성화됐으며 배달 음식에 대한 수요도 상당히 늘었다. 반면 패션 산업은 팬데믹 초기에 여행, 뷰티와 함께 직격탄을 맞으며 하락세를 겪어야 했다. 금융감독원의 전자공시시스템에 공시된 상장 패션 기업 반기 사업보고서 재무제표 분석에 따르면, 2020년 상반기 상장 패션 기업의 매출액은 전년 동기 대비 −9.8% 하락했다.[1]

팬데믹을 겪으며 패션에 대한 소비자들의 선호도와 구매 경험도 크게 달라졌다. 무엇보다 재택근무가 일상화되고 실외 활동이 줄면서 외출복보다는 실내에서 편하고 가볍게 착용할 수 있는 캐주얼한 옷에 대한 관심이 높아졌다. 또한 홈트레이닝과 요가 등 집에서 할 수 있는 운동이 활성화되면서 레깅스나 트레이닝 팬츠 등 트레이닝복 매출이 상승했다. 실제로 네이버가 2020년 1월부터 11월까지 스마트스토어에서 팔린 상품들을 분석한 결과, 홈웨어와 트레이닝복 매출이 전년 동기 대비 71%의 성장률을 기록했다.[2]

패션의 구매 채널에도 큰 변화가 생겼다. 가장 두드러진 변화는 사회적 거리두기로 인해 백화점 등 오프라인 매장에서의 구매 경험이 감소한 것이다. 대신 온라인을 통한 구매는 급증했다. 특히 무신사나 지그재그, W컨셉 등 온라인 패션 플랫폼들이 급성장했으며, 기존 패션 기업들도 자사몰을 구축하거나 라이브 커머스에 진출하는 등 온라인 사업을 확대했다.

이와 더불어 배송 서비스에도 변화가 생겼다. 빠른배송 서비스가 식품 업계에 이어 패션 업계에도 도입되면서 낮에 주문한 옷을 빠르면 당일 저녁에 수령할 수 있게 된 것이다. 또한 무료 반품 서비스까지 생겨나면서 판매자의 과실이나 제품의 문제가 아닌 단순 변심의 경우에도 제품의 무료 반품이 가능해졌다. 이렇게 소비자들은 팬데믹 이전 오프라인에서 하던 쇼핑 경험을 온라인에서 이어갔다.

한편 억눌린 소비 심리를 한꺼번에 분출하는 '보복 소비' 현상도 발생했다. 코로나19가 장기화되면서 해외여행과 외출 등에 제한이 생기자 거기서 오는 답답함을 소비로 풀어낸 것이다. 특히 주로 명품이나 고가의 패션 제품에서 보복 소비가 나타나면서 초기에 불황을 겪었던 패션 시장은 이내 반등하기 시작했고 트렌비, 발란, 머스트잇 등 온라인 명품 플랫폼이 함께 성장했다. 백화점 또한 명품 브랜드 구매가 증가하면서 팬데믹 초기 하락했던 매출을 상당 부분 회복했다. 한동안 명품관에서 원하는 제품을 사기 위해 새벽부터 백화점 밖에서 줄을 서서 기다리는 이른바 '오픈런' 대란이 펼쳐지기도 했다.

팬데믹 이후 패션 산업이 맞이한 변화들

팬데믹 이후 패션 산업과 대중의 소비 패턴은 급속한 변화를 보였다. 이를 보다 면밀히 이해하기 위해 약 3년 동안 일어난 시대별 변화를 구체적으로 살펴보려 한다. 코로나19가 팬데믹으로 선포된 2020년 3월을 시작으로 1년 단위로 기간을 나누어 초기-중기-후기로 구분했다.

팬데믹 초기(2020. 3~)_ 패션 산업 위축기

팬데믹의 시작과 함께 본격적인 비대면에 돌입하면서 사람들의 공포감은 급격히 확산됐고 심리적으로 위축되는 상황에 놓이게 되었다. 당연히 소비가 얼어붙기 시작했고 생활과 밀접한 관련이 있는 분야에만 소비가 몰렸다. 이 시기에는 정리해고까지 감행될 정도로 경제가 급속히 얼어붙었는데 패션 산업 또한 예외는 아니었다.

사회적 거리두기가 시행되자 사람이 밀집된 백화점이나 복합쇼핑몰 등 오프라인 매장은 소비자들의 발길이 끊겼고, 대신 온라인과 모바일을 통한 구매가 늘어나기 시작했다. 비대면 의류 구매가 가속화되면서 패션 산업의 주도권도 오프라인에서 온라인으로 넘어갔다. 실제로 통계청이 발표한 2020년 연간 온라인 쇼핑 동향에 따르면, 2020년 온라인 패션 거래액은 45조 4,978억 원으로 전년 대비 7.5% 증가했다.[3] 특히 MZ세대들의 온라인 패션 소비가 폭증했는데, 이들은 다양한 브랜드 제품들을 한곳에서 살펴볼 수 있으면서 합리적인 가격과 빠른배송 서비스까지 제공하는 온라인 패션 플랫폼으로 발길을 돌렸다.

옷에 대한 소비자들의 선호도 역시 이 시기 크게 변화했다. 이전에는 출근을 염두에 두다 보니 저렴한 옷을 여러 벌 사서 입는 경향이 강했다. 하지만 코로나19 이후에는 한 벌을 사더라도 조금 비싸고 오래 입을 수 있는 품질 좋은 옷을 선호하는 경향이 강해졌다. 패스트 패션이 유행하며 소모품처럼 옷을 구입하던 흐름에 일대 전환이 일어난 것이다.

재택근무가 일반화되면서 대면의 기회가 줄어든 것을 가장 큰 이유로 꼽을 수 있다. 매일 출근하지 않으니 요일마다 옷을 바꿔 입어야 하는 부담감이 사라졌다. 팬데믹 이후 만남의 형태가 변화한 것도 영향을 미쳤다. 여러 사람을 만나는 모임이 줄고 소수의 몇몇 사람과 간헐적으로 만나다 보니 매번 새로운 옷을 입을 필요가 없어졌다. 이런 변화 때문에 격식을 차리는 옷보다 실내에서 편하게 입을 수 있는 홈웨어와 이지웨어에 대한 관심이 높아졌다.

위드 코로나와 함께 얼어붙었던 소비 심리가 조금씩 풀어지기 시작했다. 금리가 낮아지고 시장에 돈이 많이 풀리고, 외부 활동이 점차 늘며 사람들을 만나는 일도 늘다 보니 옷에 대한 소비도 함께 늘어난 시기가 바로 이때다. 한동안 억눌린 소비 심리가 분출되면서 온라인 시장은 더욱 커졌고, 오프라인 매장 방문 및 구매도 조금씩 증가하기 시작했다.

특히 Z세대의 패션 소비는 기존 세대와는 전혀 달라 이들의 구매 방식과 선호도에 주목할 필요가 있다. 예전과 달리 옷이나 패션 의류도 리셀이 활발해지면서 MZ세대들은 정가보다는 리셀가를 염두에 두고 옷을 사는 경향이 강해졌다. 옷값에 대한 개념도 다르다. 이들은 한정판 거래 플랫폼인 크림이나 중고거래 플랫폼 당근마켓 등에서 해당 아이템의 리셀가를 검색해보고 그 차액을 옷값이라 생각하고 구매한다. 예를 들어 정가가 30만 원인 옷의 리셀가가 20만 원이라면, 그들에게 실착 비용은 10만 원이 되는 셈이다.

이들이 이런 방식으로 구매하는 이유는 무엇일까? 예전에는 중고거래가 쉽지 않았던 반면 지금은 신뢰도 높은 중고거래 플랫폼들이 잘 구축되어 있고, 팬데믹 시대로 접어들며 온라인 플랫폼 시장이 급성장했기 때문이다. 이런 흐름 속에서 MZ세대들의 중고거래 플랫폼 이용률 또한 증가했다. 여기에 더해 남이 입던 옷에 대한 거부감이 거의 없는 것도 이유 중 하나라고 할 수 있다.

무엇보다 MZ세대들에게는 단순히 옷을 입는 것보다 어떤 옷을 입고 어떻게 사진을 찍어 올릴 것인지가 더 중요하다. 옷을 사서 인스타그램에 올릴 용도로 사진을 찍고, 몇 번 입다가 다시 팔겠다는 것이다. 이들에게는 오래도록 잘 입을 옷을 산다는 개념이 거의 없다. 이런 수요가 많아지다 보니 정가 판매와 리셀이 순환하면서 명품이나 고가의 옷들이 잘 팔리는 추세다. 특히 메종키츠네, 아미 등 로고가 잘 보이고 인스타그램에 사진을 올렸을 때 화면상 브랜드 로고가 잘 드러나는 옷을 선호하는 경향이 강해졌다. 실제 리셀 시장에서도 그런 옷들의 판매가 활성화되어 있다. 그래서 일부 브랜드는 리셀하는 고객층을 염두에 둔 마케팅 전략의 일환으로 아울렛 매장을 열지 않는다.

팬데믹 후기(2022. 3~)_ 패션 산업 부흥기

2022년 4월부터 사회적 거리두기가 해제되면서 일상에 다시 변화가 찾아왔다. 대부분의 재택근무가 마무리되고 야외 활동의 활성화가 시작된 것이다. 사람들은 정장 등 매일 출근할 때 입을 옷을 다시 찾게 되었고, 여행지에서 입을 옷이나 액세서리 등을 찾아 구매하기 시작했다. 결혼식에 참석하기 위한 하객룩을 구매하는 사람들도 증가했다. 이처럼 패션 제품의 수요가 증가하며 패션 소비가 활성화되고 있다. 취향과 목적에 따라 편리한 온라인과 직관적인 오프라인을 넘나들며 패션 제품을 구매하는 추세로 넘어가고 있는 중이다.

실제로 통계청 발표에 따르면 2022년 상반기 의복 소매판매액은 약 29.9조 원으로 2020년 대비 25%, 2021년 대비 11% 증가했

의복 소매판매액 매출 추이

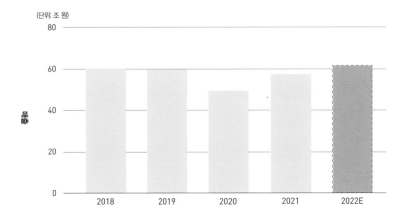

(단위: 조 원)

다.[4] 이로서 팬데믹 이후 3년 만에 2019년 상반기 판매액인 29.7조 원을 소폭 넘어섰다. 이런 흐름이라면 2022년 총 판매액은 60조 원을 무난히 넘길 것으로 예상된다.

또한 금융감독원에 따르면 6개 주요 패션 기업(삼성물산, LF, 한섬, 신세계인터내셔널, 휠라홀딩스, 코오롱FnC)의 2022년 1분기 매출은 3조 84억 원을 기록했다. 전년 동기 대비 12% 상승했으며, 앞서 팬데믹 초기인 2020년 1분기 대비 34%나 상승했다.[5] 본래 패션 업계에서 2분기는 비수기에 해당하지만 4월부터 시작된 사회적 거리두기 해제 및 일상 회복 효과로 많은 패션 기업이 시장 전망치를 상회한 매출을 기록하고 있다.

패션 산업을 움직이는 보이지 않는 손, 대중과 뉴미디어

과거에는 패션에 관심 있는 소수만이 '패피'로 불리며 사람들의 주목을 받았다. 하지만 지금은 많은 사람들이 패션에 관심을 갖고 있으며 자신의 취향과 개성을 패션으로 표현하는 데 거리낌이 없다. 여기에는 패션에 대한 각종 정보를 쉽게 얻을 수 있게 미디어 환경이 변한 것이 큰 몫을 했다.

과거에는 패션에 대한 정보를 대부분 잡지나 의류매장 직원들에게 얻었다면 지금은 정보를 얻는 루트가 매우 다양하다. 뉴미디어 시대에 접어들면서 누구나 패션 콘텐츠를 제작해 업로드할 수 있게 되었고, 다양한 패션 정보와 취향을 공유하는 문화가 확산되고 있기 때문이다.

원하는 대로 맛보고 즐길 수 있는 다양한 패션 콘텐츠

당장 유튜브만 봐도 패션 채널이 넘쳐난다. 옷을 어떻게 입으면 좋을지 알려주는 가벼운 채널에서부터 스트리트 전문 채널, 40대 전문 채널, 시니어 전문 채널 등 나이대별, 스타일별로 전문 채널이 상당히 세분화되어 있다. 사람들은 다양한 패션 채널들을 구독하며 패션에 대한 단순한 정보를 얻는 데서 나아가 심화된 교육을 받는다. 체형, 나이, 스타일, 콘셉트에 따른 코디법을 넘어 브랜드의 특성, 옷감이나 바느질, 프린트나 패턴에 대한 기초 지식과 패션에 대한 역사까지도 배울 수 있다.

인스타그램 또한 패션에 대한 사람들의 취향과 정보를 빠르게 파악할 수 있는 채널이다. 사람들은 매일 인스타그램에 자신의 착장을 찍어 공유하고, 자신과 취향이 비슷한 사람들이 어떤 옷을 입었나 구경한다. 연예인이나 모델 등 셀럽만이 아니라 패션 감각이 뛰어난 일반인 인플루언서들의 사진을 보며 함께 패션 감각을 키우고 그들이 입은 아이템을 그대로 구매하기도 한다.

이러한 유저들의 사진은 특히 '#OOTD ^{Outfit Of The Day}'를 통해 쉽고 빠르게 찾을 수 있다. 많은 사람들이 이 해시태그를 본문이나 댓글에 넣어 특정한 날이나 상황에 어떤 식으로 코디했는지를 공유하는데, 해시태그로 'OOTD'를 공유하는 문화는 2022년에도 활발하게 지속되는 중이다. 현재 인스타그램에서 #OOTD가 있는 포스팅 수는 4억 건 이상에 달한다.

나아가 패션에 관심이 많거나 안목이 높은 사람들은 패션 커뮤니티와 플랫폼에서 자신이 구매한 패션 제품에 대한 경험담을 자세히 남기거나 구매에 필요한 정보들을 주고받는다. 특히 스타일리시하고 취향이 명확한 MZ세대 남성들은 대표적 패션 커뮤니티인 디젤매니아(이하 디매)에서 궁금했던 제품에 대해 묻고 답하며 적극적으로 소통한다. 2021년 기준 디매에 올라온 약 2만 7,000건의 게시물이 이 같은 점을 잘 보여준다. 또한 이들은 패션 플랫폼 무신사에서 실구매자들의 디테일한 제품 리뷰를 보며 구매 정보를 얻는다. 무신사에는 2021년에만 960만 건의 후기가 등록되었다고 한다.[6]

길고 복잡한 패션의 고객 구매 여정

고객이 브랜드를 인지하는 순간부터 최종적으로 제품 구매에 이르는 일련의 과정을 '고객 구매 여정Consumer Decision Journey'이라 부른다. 산업군이나 타깃에 따라 그 과정이 다양한데 일반적으로는 '인지-관심-검색-구매'의 단계로 구분한다. 하지만 패션은 제품의 계절성, 색상, 디자인, 유행, 재질, 가격, 브랜드 등의 요소들이 다양하게 결합되다 보니 위의 4단계보다 구매 여정이 더 길고 복잡한 편이다. 실제로 닐슨 데이터를 살펴보면 일반 전자상거래는 낮 시간에도 이용이 많은 데 비해, 패션 플랫폼은 주로 저녁이나 취침 전과 같이 오랜 시간 집중할 수 있는 시간대에 사용량이 많았다.

일반적인 쇼핑 패턴에서는 필요로 하는 특정 물건을 검색한 후 가격이나 후기를 참고해 구매를 결정한다. 반면에 패션 관련 제품은 먼저 목적과 취향에 따라 다양한 제품들을 살펴본다. 그러고 나서 구체적인 제품군이나 브랜드가 좁혀지면 본격적으로 검색을 시작한 후 다양한 요소들을 종합적으로 고려해 구매에 이르게 된다. 그리고 앞서 살펴본 여러 뉴미디어들을 각 과정마다 접하면서 구매 여정이 한층 더 복잡해진다.

일반 제품과 패션 아이템의 구매 여정이 이토록 다른 이유는 무엇일까? 다른 물건들은 대체로 필요에 의해 사는 경우가 많고, 구매한 제품을 받았을 때 기쁨의 절정을 느끼는 편이다. 그리고 제품을 사용하기 시작하면서 점차 감흥이 떨어지는 게 보통이다. 그런데 패션 분야는 조금 다르다. 물건을 탐색하고 구매까지의 설렘과 만족도도 물론 크지만 구매한 후 착용했을 때의 경험, 그리고 사람을 만났을 때 얻는 경험이 더 좋은 경우가 많다.

그뿐만이 아니다. 마음에 드는 옷을 샀다면 입을 때마다 기분이 좋고, 스타일링에 따라 새로움을 느끼며 오래도록 만족감이 지속된다. 구매한 지 오래되었지만 누군가 나의 옷을 보고 "그 옷 정말 예쁜데? 너랑 너무 잘 어울려!"라고 말해주면 기쁨이 배가되는 경험을 하게 된다. 이처럼 패션은 '경험'이 핵심인 구매이기 때문에 제품 자체의 품질이나 가격뿐만 아니라 실용성이나 심미성, 대세감 등 다양한 요소들을 고려할 수밖에 없다.

게다가 패션 제품은 다른 물건보다 개인차가 크다. 같은 옷이라도 입는 사람에 따라 그 핏과 느낌이 천차만별로 다르기 때문이다. 사람마다 키, 몸무게, 체형이 다른 것은 물론이고 팔과 다리의 길이, 어깨너비나 모양 등 같은 형태의 몸은 하나도 없다. 발도 마찬가지다. 넓은 발, 좁은 발, 평발, 발가락이 긴 발, 발등이 높은 발 등 몸은 정말 사람마다 제각각이다. 이런 이유로 패션은 다른 제품 카테고리에 비해서 온라인보다 오프라인에서의 구매를 선호하는 사람들이 많다. 물론 팬데믹 기간 패션 매출의 50% 이상이 온라인에서 발생하고 있지만, 매장에서 직접 입어보고 온라인에서 결제하는 케이스까지 감안하면 아직까지도 많은 사람들이 직접 입어보고 결정하는 것을 선호함을 알 수 있다.

온라인에서 쇼핑할 때 제품에 대한 충분한 정보 수집 없이 섣불리 구매했다가 사이즈나 스타일이 맞지 않으면 번거로운 회수 과정을 거쳐 교환이나 환불을 해야 한다. 따라서 구매 실패를 줄이고 번거로운 후속 과정을 최소화하기 위해서 원하는 제품이 내 몸에 맞는 사이즈와 핏인지를 확인하는 절차가 필수다.

이때 사람들은 자신과 비슷한 취향이나 체형을 가진 유튜브 크리에이터의 영상에서 자신에게 필요한 제품 상세 정보를 얻곤 한다. 혹은 패션 플랫폼에 게시된 포토 리뷰를 꼼꼼하게 살펴보거나, 패션 커뮤니티에 접속해 구매하려는 제품에 대한 사이즈와 핏에 대해 유저들에게 조언을 구하기도 한다. 실제로 2021년 구글이 만 18~64세 남녀를 대상으로 실시한 온라인 설문조사에 따르면, 소비자 4명 중 1명이 코로나19 이후 온라인 구매 여정이 길고 복잡해졌다고 응답했다. 특히 기성세대와 고액 소비자를 중심으로 길고 복잡해진 구매 여정의 원인을 제품 리뷰와 후기 확인으로 꼽았다.[7] 패션 제품의 경우 개인차가 크기 때문에 소비자들은 제품 정보뿐만 아니라 실 구매자들의 후기까지 자세히 읽어보고 구매를 결정하게 된다. 따라서 패션 분야의 고객 구매 여정은 더 길고 복잡해질 수밖에 없다.

일반적인 구매 과정보다 길고 복잡한 패션 제품의 구매 여정은 크게 '인지-정보 수집-후기 탐색-예측-구매'의 5단계로 이루어진다. 이 단계에서 고객들은 주로 뉴미디어를 통해 다양한 패션 제품들을 발견하고 정보를 얻으며 구매를 결정하는 데 도움을 받는다. 이처럼 뉴미디어는 패션의 구매 여정 각 단계에서 고객에게 영향을 미치며 패션 산업의 성장에 큰 기여를 하고 있다. 그럼 뉴미디어 플랫폼 별로 각 단계마다 어떤 특징과 역할이 있는지 구체적으로 살펴보도록 하자.

뉴미디어로 발견하고 경험하는 패션

인스타그램_ 원하는 것이 다 들어 있는 일상의 패션 화보
인스타그램은 주로 패션 제품을 발견하는 인지 단계에 기여한다. 보통 잡지에서는 전문 모델이나 연예인의 패션 화보, 혹은 제품 단독 컷을 보며 패션 트렌드나 제품을 발견하게 된다. 하지만 이런 전문가의 손길을 거친 화보는 실제 사람들의 일상이나 취향과는 다소 거리

가 먼 경우가 많다. 그러다 보니 잡지 한 권에서 내가 원하는 정보를 발견하기란 극히 드물다.

이에 반해 인스타그램에서는 전 세계 사람들의 일상 패션 사진들이 가득하다. #OOTD, #dailylook, #데일리룩 등의 해시태그를 검색하면 매일 사람들이 입은 옷들을 살펴볼 수 있다. #출근룩, #하객룩, #스트릿패션 등 목적에 따라 해시태그를 검색하면 관련 제품이나 코디 방법도 볼 수 있다. 혹은 패션 감각이 뛰어난 인플루언서나 주변 지인들을 팔로우해 그들의 포스팅을 참고하는 방법도 있다. 그렇게 다양한 패션 사진들을 살펴보면서 마음에 드는 스타일링과 패션 브랜드, 제품을 발견하는 것이다. 이처럼 인스타그램은 자료는 훨씬 풍성하되 더욱 친근한 잡지로 기능하면서 자연스럽게 고객들의 패션 감각과 안목을 상승시킨다.

이런 이유로 많은 패션 브랜드들이 인지도를 높이기 위해 인스타그램을 적극 활용하고 있다. 특히 팬데믹 이후 비대면 구매가 일상화되면서 인스타그램을 통한 제품 노출 및 인지도 확대가 더욱 중요해졌다. 이런 인스타그램 홍보에서는 연예인보다 모델, 댄서, 디자이너, 대학생, 직장인 등 패션 감각이 뛰어난 패션 인플루언서들을 선호하는 편이다. 많은 브랜드들이 이들을 대상으로 자사 브랜드 제품을 착용한 사진이나 영상을 업로드함으로써 콘텐츠 광고를 활발하게 진행하고 있다. 라이브 방송을 통한 실시간 홍보까지 확대되는 중인데 이는 패션 인플루언서들의 인지도와 팬덤의 영향력을 활용해 제품 노출 효과를 극대화하려는 전략이라 볼 수 있다.

LF 헤지스의 가상 캐릭터 '서해수'

(출처: LF 헤지스)

이러한 인플루언서 마케팅과 더불어 자체 브랜드 계정을 운영하며 고객과의 소통 역시 확대하고 있다. 브랜드의 이미지나 콘셉트에 부합하는 채널 운영은 이미 수년 전부터 진행되어온 방식이지만 최근에는 고객에게 더욱 친근하게 다가가기 위해 전략적인 콘셉트나 톤앤매너를 설정하는 등 다양한 시도를 하는 편이다.

일례로 LF의 헤지스는 2021년 3월 브랜드 이름에서 착안한 '서해수'라는 가상 캐릭터의 공식 인스타그램 계정(@standup.haesu)을 만들었다. 서해수라는 캐릭터를 헤지스 공식 사이트인 '헤지스닷컴'의 마케터이자 능력 있는 스물일곱 살 여성으로 설정하고, 유명

일러스트레이터와의 콜라보를 진행했다. 서해수 캐릭터를 헤지스와 헤지스닷컴의 스피커 역할로 활용한 것이다. 이에 여성 MZ세대들이 헤지스에 높은 관심과 호응을 보내기 시작했고 팬덤까지 형성되기에 이르렀다. 그 결과 운영 6개월 만에 자사몰로의 신규 고객 유입이 활발해지며 유입 고객 연령층이 10세가량 낮아지는 변화가 나타났다.[8] 이러한 변화에 힘입어 LF는 현재까지도 적극적인 유저 소통을 기반으로 헤지스 제품을 입은 서해수의 일상 사진(일러스트)을 꾸준히 업로드해오고 있다.

틱톡_ 빠르고 재미있게 패션을 즐기고 공유하다

틱톡 역시 패션의 구매 여정 중 인지 단계에 기여한다. 숏폼 콘텐츠를 통해 빠르고 직관적인 제품 및 브랜드 인지가 가능하다는 것이 가장 큰 장점이다. 자신을 적극적으로 표현하는 틱톡 유저들은 숏폼 영상을 찍을 때 패션을 적극 활용하는 편이다. 자신의 패션 센스를 뽐내기 위해, 자신의 끼를 더 화려하게 표출하기 위해, 혹은 꾸미기 전과 후의 반전 효과를 극명하게 보여주기 위해 패션을 다양하게 활용한다. 그리고 착용한 제품 정보를 본문이나 댓글을 통해 공유한다. 이를 통해 유저들은 패션 제품을 더욱 빠르고 흥미롭게 즐기는 동시에 발견의 기쁨도 얻게 된다.

패션 브랜드들은 주로 유저들이 함께 즐기고 참여할 수 있는 틱톡 챌린지를 통해 인지도를 높이고 있다. 성공적인 사례로 패션 플랫폼 에이블리가 진행한 패션 챌린지 '착딱샥 챌린지'가 있다. 해당 챌린지는 "너만의 스타일을 착! 체형에 맞춰서 딱! 원하는 컬러만 샥!"이라는 메시지에 맞춰 자신의 패션을 소개하는 것이다. 촬영 방식이 쉬운 데다 엔조이커플, 하다 등 유명 틱톡커들의 챌린지 참여로 시작 일주일 만에 조회수 870만 회를 돌파하는 등 MZ세대들의 폭발적인 반응을 끌어냈다.

인스타그램과 마찬가지로 패션 브랜드와 틱톡커들과의 협업 사례도 증가하고 있다. LF의 닥스는 인기 영상 조회수가 970만 회를 기록하는 60대 틱톡커 그룹 '아저씨즈'의 멤버와 함께 온라인 화보를 촬영했다. 삼성물산의 SPA 브랜드인 에잇세컨즈는 틱톡 챌린지를 통해 소비자 모델을 선발하여, 일정 기간 동안 공식 SNS와 자사몰 모델로 활동하도록 하는 프로그램을 진행했다.

유튜브_ 패션에 대한 정보 수집에서 구매, 그리고 학습까지

유튜브는 제품의 인지와 정보 수집, 후기 탐색 단계 전체에 걸쳐 고객에게 영향을 주는 플랫폼이다. 사람들은 여러 유튜브 크리에이터들의 영상을 보면서 자신과 패션 취향이 비슷하거나 따라 입고 싶은 크리에이터가 있으면 그 채널의 고정 구독자가 된다. 그리고 그 채널을 통해 패션 제품들을 발견하며 패션에 대해 학습하고, 자신과 취향이 비슷한 구독자들과 댓글로 소통하며 더 많은 정보를 얻는다. 그리고 구독하는 크리에이터가 소개하는 다양한 패션 제품들 중에서 마음에 드는 제품이 생기면 그것을 설명하는 장면에 집중하거나 다시 돌려보면서 정보를 얻는다.

요즘은 유튜브 크리에이터들이 영상에서 착용한 제품의 가격, 사이즈, 구매처 링크 등의 상세 정보를 본문이나 댓글을 통해 자세히 올려두기 때문에 제품 정보 수집이 더욱 쉬워졌다. 거기에 더해 다른 구독자들이 올리는 댓글들까지 최대한 참고하면서 구매 결정을 하게 된다. 구독한 크리에이터의 키, 사이즈, 체형이 자신과 비슷하다면 정보 수집과 동시에 후기 탐색까지 한 번에 가능하다.

현재 유튜브에서는 패션 취향이나 성별, 직업, 소비 방식 등에 따라 세분화된 패션 유튜브 크리에이터들이 활동하고 있다. 그들은 시청자에게 직접 제품을 착용한 모습을 보여주며 다양한 패션 제품들을 선보인다. 그러다 보니 그들이 추천하는 제품들은 구매 전환율이 매우 높은 편이다. 때문에 패션 기업들은 인지도와 매출을 높이기 위해 패션 크리에이터들을 점점 더 적극적으로 활용하려 하고 있다.

팬데믹 이후 마스크 시대로 접어들면서 뷰티 제품보다 패션 제품에 대한 사람들이 관심도가 높아진 것도 무시할 수 없는 변화다. 유튜브만 봐도 뷰티 콘텐츠보다 패션 콘텐츠에 대한 반응이 훨씬 더 커졌다. 이러한 흐름에 발맞춰 패션 기업들이 공격적인 유튜브 마케팅을 진행하고 있는 중이다.

단순한 정보원을 넘어 판매를 주도하는 패션 크리에이터들
여성 패션을 다루는 대표적인 패션 크리에이터로는 앨리스펑크, 옆집언니 최실장, 보라끌레르 등이 있다. 앨리스펑크와 옆집언니 최실장은 패션 스타일리스트의 경험을 살려 체형별 스타일링 방법과 시

즌별 패션 트렌드 등을 소개한다. 디자이너 출신인 보라끌레르는 옷의 소재나 원단을 꼼꼼하게 짚어주는 콘텐츠와 제품군별 언박싱과 피팅을 통해 품질 좋은 제품을 추천한다.

남성 패션을 다루는 대표적인 채널로는 깡스타일리스트, 디렉터 짱구대디, 핏더사이즈, 스타일가이드 최겨울 등이 있다. 이들은 주로 2030 남성들이 선호하는 운동화나 티셔츠, 바지 등을 각 카테고리별로 집중 리뷰하면서 전문적인 지식을 공유한다. 또한 구독자들의 패션을 점검하고 팁을 주는 콘텐츠를 통해 시청자들의 패션 감각을 높이면서 실구매에 도움이 되는 정보를 제공한다.

이러한 패션 크리에이터들은 시청자들이 원하는 패션 정보를 제공하는 정보원의 역할에 그치지 않으며, 브랜드의 매출 증가에 직접적인 영향을 미친다. 실제로 2022년 3월 앨리스펑크가 이랜드리테일이 운영하는 브랜드 애니바디와 협업하여 소개한 속옷 제품은 24시간 동안 1억 6,000만 원의 매출을 기록하며 브랜드 자체 기록을 달성했다.[9] 같은 해 5월에는 상황별 일주일 코디룩을 제안하는 영상에서 소개한 3040 여성복 브랜드 '매긴'의 티셔츠와 스커트 신상 제품이 영상 공개 후 2주 만에 4차 생산 물량까지 완판되기도 했다.[10]

깡스타일리스트는 2021년 7월 남성 패션 앱 하이버와 협업하여 여름 시즌에 가을과 겨울 옷 재고를 저렴하게 판매하는 '역시즌 기획전'을 열었다. 깡스타일리스트는 이 기획전에서 할인율이 좋고 활용도가 높은 아이템들을 소개하는 영상을 게시했는데, 영상 공개 이전 대비 앱 구매자수가 340% 증가했으며 신규 가입자수 또한

250%나 증가했다.[11]

팬데믹 이후 유튜브 패션 콘텐츠 추이

다음 표는 지난 3년간의 패션/뷰티 카테고리의 월 합산 조회수 추이를 나타낸 것이다. 뷰티 상위 100개 채널과 패션 상위 33개 채널을 비교 분석했다. 뷰티의 경우 팬데믹이 시작된 2020년 3월을 기점으로 조회수가 점진적으로 하락하다가 2021년 11월부터 다시 상승하는 추세를 보인다. 반면 패션은 2020년 5월을 기점으로 하락했다가 2020년 가을부터 조회수가 증가세로 전환됐고, 2021년 3월부터 조회수가 급증하고 있다.

명품 전문 및 브랜드 채널을 제외한 패션(의류, 코디, 리폼, 리뷰, 팁

2019~2022년 패션/뷰티 카테고리 조회수 규모 추이

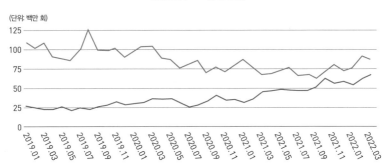

변화하는 콘텐츠 미디어, 그 속에 숨어 있는 니즈와 맥락을 읽다

등) 카테고리 상위 33개 채널의 조회수 규모는 2019년 1월만 해도 뷰티 분야의 24%에 불과했다. 하지만 2022년 3월에는 80% 수준까지 성장한 것을 볼 수 있다. 여기에는 여러 원인이 있겠지만 팬데믹 이후 마스크 시대가 도래한 것을 가장 큰 이유로 꼽을 수 있다. 마스크 착용으로 얼굴을 드러내지 못하게 되자 패션이 나의 개성과 가치를 가장 잘 드러낼 수 있는 표현 수단이 된 것이다.

커머스에서 커뮤니티로 진화하는 패션 플랫폼

패션 커뮤니티와 패션 플랫폼은 제품 후기 탐색과 예측 단계에서 고객들의 최종 구매 결정을 돕는다. 사람들은 인지와 정보 수집 단계를 거쳐 구매하고 싶은 제품이 정해지면 패션 커뮤니티와 패션 플랫폼에서 이미 구매한 사람들의 착용 사진과 후기를 탐색한다. 그리고 그것을 참고해 실제로 자신이 착용했을 때의 모습을 예측한다. 혹은 그동안 수집한 정보 외에 더 궁금하거나 확인하고 싶은 부분들을 묻고 답하면서 의사결정을 한다.

　이처럼 팬데믹 이후 온라인 구매가 활발해지면서 구매 시 리뷰를 통한 간접 경험과 예측이 더욱 중요해졌다. 이에 다양한 패션 제품들의 후기가 한데 모이는 패션 커뮤니티와 플랫폼도 더욱 활성화되고 있다.

디젤매니아로 살펴보는 패션 커뮤니티 이용 패턴

디매는 남성 중심의 커뮤니티로 2019년 말 회원수 100만 명을 돌파했을 정도로 다년간 활성화되어 있는 국내 최대 패션 커뮤니티다. 누적 게시글은 이미 1,000만 건을 넘었다. 이런 이유로 디매 게시글을 통해 패션 커뮤니티의 영향력이나 활용 패턴에 대해 알아보는 것은 유의미한 작업이라 할 수 있다.

먼저 디매에서 가장 많이 언급되는 키워드를 살펴보자. 1위는 7.6%를 차지한 '사이즈'다. 구매할 아이템을 선정하고 최종 구매를 하기 전 단계에 많이 하는 문의다. 2위는 '추천 아이템/브랜드'다. 이는 탐색을 위한 문의로 6.7%를 차지했다. 3위는 '어떤가요'다. 선택한 아이템에 대한 평가 요청으로 5.9%를 차지했다.

전체 게시글 중 37%가 질문성 게시글(제목에 물음표가 들어간 비중)이었는데, 이 데이터는 커뮤니티 내에서 패션 아이템을 찾고, 구매를 위한 평가와 사이즈를 문의하는 니즈가 가장 크다는 점을 보여준다. 패션 의류 관련 게시글 비중이 높아 실제 대중들의 패션에 대한 구매 니즈 변화를 관찰하기에 적합한 데이터라 할 수 있다.

디매의 경우 본격적으로 사회적 거리두기가 시작된 이후 게시글 수가 전년도보다 떨어질 정도로 급감했다. 가을/겨울 성수기에 소폭 반등했으나 2021년 10~12월의 게시글수는 전년 대비 18%나 감소했다. 그러다 백신이 보급되고 방역 패스가 도입되며 활동이 늘어나는 2021년 3월부터 패션에 대한 관심이 급등(전통적으로 1~2월은 소비 비수기)한 것을 알 수 있다.

2019~2022년 디젤매니아 게시글 추이

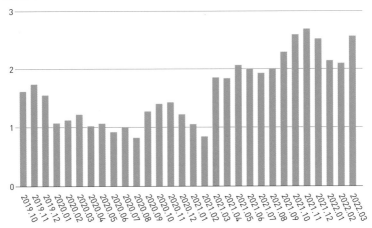

(단위: 천 개)

전체 게시판 기준으로 2019년 10월부터 2022년 3월까지 30개월간 올라온 게시글 4만 9,000여 건(공지, 추첨, 이벤트 등 제외)의 데이터를 기반으로 한 것이다.

브랜드 언급량을 살펴보면 폴로가 14%, 나이키가 13%를 차지했다. 그 외에 스톤아일랜드, 솔리드옴므, 띠어리, 타임옴므 같은 프리미엄 브랜드들이 주로 상위권을 차지했다. 우영미, 준지, 마르지엘라와 같은 스트리트 전문 브랜드도 자주 언급되고 있다. 프리미엄 브랜드일수록 신중하게 구매를 결정하기 때문에 관련 브랜드 키워드 언급량이 많은 것으로 보인다.

커머스에서 커뮤니티로 진화하는 무신사

패션 플랫폼은 기본적으로 구매가 이루어지는 커머스 플랫폼이지만

디젤매니아 브랜드 언급 빈도

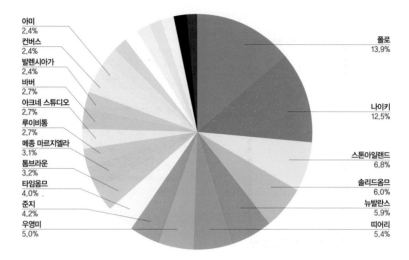

아미 2.4%
컨버스 2.4%
발렌시아가 2.4%
바버 2.7%
아크네 스튜디오 2.7%
루이비통 2.7%
메종 마르지엘라 3.1%
톰브라운 3.2%
타임옴므 4.0%
준지 4.2%
우영미 5.0%

폴로 13.9%
나이키 12.5%
스톤아일랜드 6.8%
솔리드옴므 6.0%
뉴발란스 5.9%
띠어리 5.4%

고객들이 제품 후기를 비롯한 패션 콘텐츠들을 통해 정보를 공유하고 소통하면서 점차 패션 커뮤니티로 진화하고 있다.

제품 후기만 해도 그 양상이 상당히 달라지고 있다. 과거에는 짧은 글을 작성하거나 제품 단독 사진을 찍어 올리는 방식이 일반적이었다면 지금은 리뷰 방식이나 필수 작성 사항 등이 상당히 세분화되어 있다. 고객 또한 예전과 달리 자신의 키와 몸무게, 입었을 때의 느낌 등 정보를 상세히 공유하고, 멋스럽게 착장한 사진을 찍어 올리며 적극적으로 후기를 작성하곤 한다. 풍성하고 유익한 후기가 많아지면서 굳이 오프라인 매장에서 입어보지 않아도 착용했을 때 나의 모습을 예측하기가 쉬워졌고 이는 더 많은 구매로 이어졌다. 이제는 패

무신사만의 차별화된 구매 후기 방식

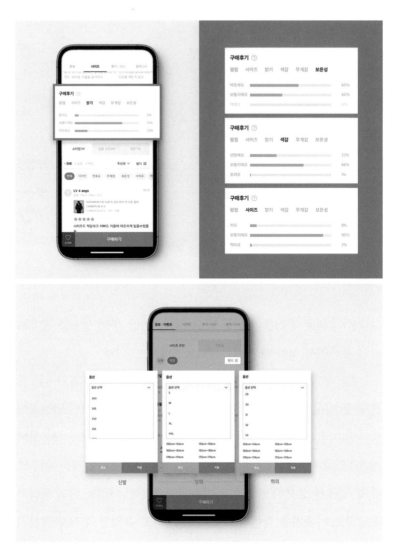

(출처: 무신사 뉴스룸)

션 후기가 없어서는 안 될 중요한 '콘텐츠'로서 자리매김하고 있는 것이다.

대표적인 패션 플랫폼인 무신사는 일찍이 차별화된 후기 정책을 통해 이용 고객들의 구매 결정을 도왔다. 무신사는 후기를 한 가지가 아닌 일반 후기, 상품 후기, 스타일 후기, 사이즈 추천 후기 총 4가지 방식으로 받고 있는데, 2022년 1월 기준 누적된 후기만 총 2,300만 건에 달한다고 한다.[12]

특히 '사이즈 추천' 후기를 통해 자신의 키와 몸무게, 제품을 착용했을 때의 사이즈 감도(적당함, 작음, 큼)를 평가할 수 있다. 이는 제품 페이지 상단에 누적되어 예비 고객들의 체형별 사이즈 예측과 옵션 선택을 도와준다. 또한 '스타일 후기'는 제품을 착용하고 찍은 사진을 등록해야 하는데, 이를 통해 고객들은 자신의 코디법이나 패션 감각을 서로 공유할 수 있다.

자체 커뮤니티를 운영하는 크림

한정판 리셀 플랫폼 크림에는 '스타일'이라는 자체 커뮤니티가 존재한다. 유저들은 크림 앱 하단의 스타일 탭을 통해 패션 사진을 업로드하는데, 이때 사진에 상품을 태그할 수 있다. 그렇게 업로드한 사진은 태그된 상품 페이지 하단에 노출되어 제품 구매 시 유저들이 결정하는 데 도움을 준다.

또한 인스타그램처럼 다른 유저들을 팔로우할 수 있고 다른 사진에 '좋아요'와 댓글을 남길 수 있다. 유저들은 이러한 댓글을 통해 사

진에서 착용한 패션 제품의 브랜드나 사이즈 정보, 후기 등을 묻고
답하며 서로 소통한다.

뉴미디어 속에 담긴
대중의 니즈를 포착하라

앞서 살펴본 것처럼 뉴미디어는 오늘날 패션 산업 전체에 영향을 주고 있다. 전문가뿐 아니라 인플루언서, 크리에이터, 일반인에 이르기까지 자신의 패션 감각과 스타일링 노하우를 뉴미디어 플랫폼에 공유하는 문화가 확산 중이다. 다양하고 풍성해진 이러한 패션 콘텐츠는 대중의 패션 수준을 향상시키는 데 기여하고 더 많은 콘텐츠 생산으로 이어졌다. 또한 '인지-정보 수집-후기 탐색-예측-구매'로 이어지는 구매 여정의 각 단계에 막대한 기여를 했다. 이를 종합하면 뉴미디어가 패션 산업을 간접적으로 키우고 있다고 해도 전혀 틀린 말이 아니다.

이렇듯 뉴미디어 시대가 열리고 기존의 공식들이 효과를 발휘하지 않으면서 패션 브랜드들도 많은 고민에 빠졌다. 실제로 몇몇 브랜드들은 트렌드를 따라가지 못해 매출이 절반 이하로 떨어져 위기를 겨고 있기도 하다. 그렇다면 패션 브랜드는 어떻게 뉴미디어를 활용해야 할까? 뉴미디어 전담팀을 만들고 예산을 편성하는 것도 좋지만 그것만으로는 본질에 다가갈 수 없다. 뉴미디어는 곧 대중의 욕망을 반영하기 때문에 브랜드가 집중해야 할 것은 뉴미디어 자체가 아니라 뉴미디어 속에 담긴 '대중'이다. 이번 챕터에서는 뉴미디어 속 대중의 니즈를 포착해 성장 중인 브랜드들과 그들의 성공 요인에 대해 자세히 살펴보려 한다.

초밀착 커뮤니케이션으로 고객의 마음을 읽다

제품은 많아졌고, 고객은 까다로워졌다. 대중은 더 이상 가격이 저렴하다고 혹은 가성비가 좋다는 이유만으로 상품을 구매하지 않는다. 가격이 다소 비싸더라도, 혹은 품질이 다소 떨어지더라도 나에게 좋은 경험을 제공한다면 기꺼이 비용을 지불한다. 그렇다면 '좋은 경험'이란 무엇을 의미할까? 좋은 경험은 비단 색다른 경험만을 이야기하지 않는다. 구매 과정에서 느끼는 보람, 소속감, 즐거움, 감동, 우월감 등의 감정을 모두 포함한다. 이렇게 경험이 누적되고 그것이 나의 취향과 맞으면 소비자는 브랜드의 팬덤이 된다. 브랜드의 충성고객이자 브랜드를 주위에 알리는 앰배서더ambassador의 역할을 자처하게 되는 것이다.

D2C 트렌드, 초밀착 커뮤니케이션으로 고객의 마음을 파고들다

고객의 구매 경험을 개선하기 위해서는 먼저 고객을 제대로 알아야 하고, 그런 경험을 줄 수 있는 공간을 확보해야 한다. 이는 비단 패션뿐 아니라 이커머스 산업에서 D2C가 트렌드가 된 이유기도 하다. D2C란 'Direct to Customer'의 줄임말로 판매자가 중간 유통채널을 거치지 않고 고객에게 직접 물건을 파는 것을 말한다. 과거 자사몰이라는 개념으로 D2C와 유사한 형태의 판매 방식이 존재했지만 지금의 D2C는 온라인은 물론 오프라인까지 고객과 직접 소통하는 것이 트렌드다.

D2C를 전 세계적으로 유행시킨 브랜드는 바로 나이키다. 나이키는 2016~2018년까지 시장점유율 하락과 6%대의 낮은 매출 성장률을 기록하며 위기를 겪었다. 그러나 2017년 이커머스와 D2C 부분에 집중하면서 지금은 제2의 전성기를 맞고 있다. 나이키는 2019년 미국 최대 커머스 플랫폼인 아마존에서 독립했고, 그것을 시작으로 자체 플랫폼과 커뮤니티 형성에 공을 들였다. 홈페이지 개편은 물론 나이키 플러스^{Nike+}와 같은 유료 멤버십으로 프리미엄 고객들에게 차별화된 서비스를 제공하고 있다. 또 런 클럽^{Run Club}, 트레이닝 클럽^{Training Club}, SNKRS와 같은 커뮤니티 앱을 만들어 고객과 소통할 수 있는 공간을 운영 중이다.

오프라인의 경우에는 3만 개에 달하던 유통업체를 40여 개로 대거 축소하고 직매장 비중을 늘렸다. 살아남은 소수의 유통업체들은 모두 나이키가 원하는 차별화된 고객 경험과 서비스, 그리고 스토

리텔링이 가능한 업체뿐이었다. 이외에도 '하우스 오브 이노베이션 House of Innovation', '나이키 라이브Nike Live'와 같은 플래그십 스토어를 만들어 단순히 제품을 팔기만 하는 매장에서 벗어나는 혁신을 보여 줬다. 이 플래그십 스토어에서 고객은 전문가에게 스타일링 코칭을 받고, 제품을 착용한 채 운동해보고, 원하는 시간에 픽업하는 등 새 로운 차원의 구매 경험을 하게 된다. 이런 차별화된 경험은 고객 만 족으로 이어질 뿐 아니라 SNS에 업로드되어 수많은 잠재 고객들을 끌어들인다.

이처럼 고객과의 거리를 좁히면 바로 지금 내 고객의 니즈를 알 수 있다. 온라인에서는 고객이 남긴 데이터를 통해 고객의 행동을 분 석 및 예측할 수 있고, 오프라인에서는 고객의 반응과 생생한 목소리 를 들을 수 있는 것이다. 이렇게 얻은 고객에 대한 디테일한 정보는 또다른 혁신을 위한 재료로 쓰이게 된다. 고객과 초밀착 커뮤니케이 션을 한 기업과 그렇지 않은 기업의 미래는 어떻게 달라질까? 지금 당장은 비슷해 보이겠지만 1~2년만 지나도 그 격차가 확 벌어질 수 밖에 없다.

팝업스토어, 고객에게 직접적인 브랜드 경험을 선사하다

팝업스토어도 고객과의 거리를 줄이는 데 효과적인 수단 중 하나다. 지금은 패션뿐 아니라 모든 산업에서 하루가 멀다 하고 팝업스토어 를 오픈하고 있다. 가히 팝업스토어 전성시대라고 할 정도다. 팝업스 토어의 성지인 서울 성수동에는 매달 수십 개의 팝업이 생기고 있으며, 팝업스토어만 열리는 건물도 늘어나고 있다.

이처럼 팝업스토어가 대세가 된 이유는 바로 고객에게 다이렉트로 브랜드의 이야기를 들려줄 수 있기 때문이다. 과거에도 팝업스토어는 존재했지만, 주로 신제품 홍보, 제품 판매, 제품 테스트가 주목적이었다. 백화점, 아울렛과 같은 매장은 판매에 초점이 맞춰져 있다 보니 브랜드 스토리가 들어갈 자리가 없다. 그마저도 사람들이 물건만 보고 구매를 하지 않는 경우가 많다. 이런 이유로 브랜드들은 자사의 철학이나 스토리를 알릴 공간이 필요했고, 가장 효율적이면서도 빠른 시간에 할 수 있는 것이 바로 팝업스토어였다. 그래서 요즘 팝업스토어는 무엇보다 브랜드 경험을 전달하는 데 목적을 둔다. 제품을 아예 진열하지 않거나 팔지 않는 팝업스토어도 있다. 제품보다는 브랜드에 집중해주길 바라는 이유에서다.

미국의 아웃도어 샌들 브랜드인 테바는 아예 캠핑 콘셉트로 팝업스토어를 오픈하기도 했다. 고객들이 테바를 신고 미리 캠핑을 체험해볼 수 있도록 오르막길, 자갈길, 나무길 등으로 구성된 트래킹 코스를 만들고 새소리와 물소리는 물론 안개숲까지 만들었다. 트래킹을 체험한 고객이 현장에서 테바를 구매하지 않아도 상관없다. 그들이 SNS에 혹은 지인에게 "테바 신어봤는데 정말 편하던데?"라고 얘기할 수 있으면 그것으로 충분하다. 그것이 테바가 팝업스토어를 만든 목적이기 때문이다.

구찌, 루이비통과 같은 명품 브랜드들도 최근 팝업 레스토랑이나 카페를 운영하며 고객과의 거리를 좁히고 있다. 테이블과 의자, 식기, 유니폼과 같은 하드웨어는 물론 플레이팅, 서비스와 같은 소프트웨어까지 명품에 걸맞은 퀄리티로 제공하기 때문에 사실상 수익성은 없다. 그럼에도 그들이 레스토랑을 운영하는 이유는 뭘까? 자사의 브랜드 경험을 패션에 한정시키지 않고 라이프스타일 전반으로 확장해 제공하기 위해서다. 단순히 입고 걸치는 명품에서 먹고 마시고 즐기는 명품, 우리 삶 속에 녹아 있는 명품 브랜드가 되려고 하는 것이다. 인상적이고 특별한 경험은 고객의 인식과 마음속에 좋은 이미지로 깊이 각인된다.

다양한 경험을 하고 자신을 표현하는 데 적극적인 이들에게 팝업스토어는 가장 힙하고 신나는 놀이터 중 하나다. 특히 '경험 소비'에 적극적인 MZ세대는 경험하고 즐기는 데서 끝내지 않고, 자신의 만족스런 경험을 인증한다. 인스타그램을 비롯한 SNS에 사진이나 영상을 올리는데, 이런 게시물은 그것을 보는 다른 사람들을 현혹시킨다. 그곳이 궁금해지고 방문해서 경험하고 싶게 만든다. 인상적인 경험을 한 고객이 스스로 홍보하고, 그에 호기심을 느낀 다른 고객들이 그 브랜드 공간을 찾으며 관심과 경험이 확산되는 선순환 구조로 이어지는 것이다. 이처럼 오프라인에서의 차별화된 경험을 주는 것이 곧 온라인 최적화이고, 온라인에서의 좋은 콘텐츠가 곧 오프라인 최적화라 할 수 있다.

고객의 목소리에서 혁신의 아이디어가 나온다
D2C나 팝업스토어 모두 판매자(브랜드)와 고객 사이의 거리를 좁힘

으로써 고객 중심적인 경영을 가능하게 한다. 이는 뉴미디어의 혁신과 매우 유사하다. 유튜브와 같은 뉴미디어도 콘텐츠 시장에서 중간 유통사, 관리자를 거치지 않고 창작자와 시청자가 다이렉트로 소통할 수 있었기에 시청자에게 최적화된 콘텐츠가 끊임없이 생산될 수 있었다.

이렇듯 판매자가 고객과 직접 연결되는 트렌드는 미디어나 패션뿐 아니라 산업 전체로 퍼져나가며 혁신을 만들어내고 있는 중이다. 만약 당신이 일하고 있는 산업에서 기업과 고객 간의 거리가 아직 멀다면 거리를 좁히는 노력을 시도해볼 것을 추천한다. 거리가 좁혀지는 순간 고객의 목소리가 들리고, 아이디어가 쏟아지고, 이는 곧 혁신으로 이어질 것이다.

세심한 관찰로 새로운 기회를 포착하다

세계적인 크리에이티브 디렉터 얀 칩체이스Jan Chipchase는 자신의 저서 『관찰의 힘』에서 혁신의 발화점은 주변의 평범한 것에 있고, 그것을 발견하기 위해서는 사람들의 일상을 관찰하는 것이 핵심이라고 이야기했다. 사람들이 평범하게 길을 걷는 모습에서도 미래를 간파할 수 있다는 것이 그가 말하고자 한 핵심이다. 고객의 니즈와 트렌드를 아는 것 역시 관찰에서 시작된다. 다른 사람이 이미 관찰한 것을 바탕으로 시장에 내놓은 제품을 보고 그대로 따라만 해서는 고객을 제대로 이해할 수 없다.

주목해야 할 애슬레저 시장의 급성장

불과 5년 만에 7,000억 원의 시장 규모로 성장한 패션 아이템이 있다. 바로 레깅스다. 레깅스 시장을 빠른 속도로 키운 것은 젝시믹스, 안다르, 뮬라웨어 3개 회사라고 볼 수 있는데 놀랍게도 모두 신생 회사다. 세 회사는 2021년에만 합산 3,015억 원의 매출을 올렸다.[13] 전체 시장점유율의 50%에 달하는 수치다.

레깅스는 7년 전만 하더라도 실내에서 요가나 필라테스를 할 때 입는 운동복이었다. 하지만 미국에서는 셀럽들이 레깅스를 외출복

애슬레저 3사의 매출과 회원수 비교

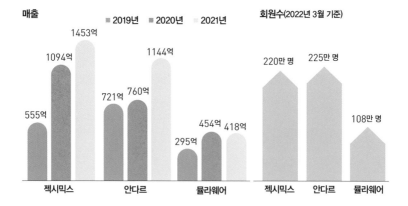

(출처: 한국섬유신문)

으로 착용한 채 다녔고, 이런 흐름의 연장으로 우리나라에서도 자신의 몸을 아름답게 가꾸고 이를 당당하게 드러내는 것이 멋지다는 인식이 자리 잡기 시작했다. 이 회사들은 고객 관찰을 통해 레깅스가 일상에서 '나'를 표현하는 패션 아이템이 될 수 있다고 판단했고 조기에 뛰어들어 트렌드를 리드했다. 이들의 성공 이후 삼성물산이나 LF와 같은 패션 대기업들도 레깅스 라인업을 출시하며 문을 두드리고 있지만 아직까지는 유의미한 성과를 내지 못하고 있다.

달라진 위상, 골프웨어 시장의 활성화

코로나19 기간에 지속적으로 성장한 패션 시장 중 하나가 바로 골프웨어 시장이다. 골프웨어 시장 규모는 2021년 약 5.7조 원에 이어, 2022년에는 6조 원을 돌파할 것으로 예상하고 있다.[14] 유튜브나 인스타그램을 꾸준하게 이용해온 사람이라면 몇 년 전부터 골프 관련 콘텐츠가 자주 눈에 띄는 것을 이미 느꼈을 테다. 이는 2019년부터 프로 골프 선수들이 유튜브에 대거 진출하면서 골프 입문자용 콘텐츠가 많아졌기 때문이다. 유튜브에만도 1만 3,000개가 넘는 골프 기초, 스윙 기초, 골프 초보, 골프 입문 등 초보자를 위한 콘텐츠가 업로드되어 있다.

유튜브가 골프 초보자를 위한 선생님 역할을 한다면 인스타그램은 골프 패션을 감상하고 자랑할 수 있는 일종의 패션쇼장이다. 골프는 탁 트인 공간에서 지인들과 함께 즐기며 예쁜 사진을 찍기에 무척 적합한 스포츠다. 개인 사진, 단체 사진, 스윙 사진, 숏폼 영상까지

골프웨어 시장 규모

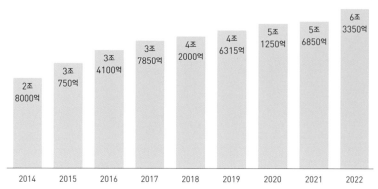

(단위: 원)

2014	2015	2016	2017	2018	2019	2020	2021	2022
2조 8000억	3조 750억	3조 4100억	3조 7850억	4조 2000억	4조 6315억	5조 1250억	5조 6850억	6조 3350억

(출처: 한국레저산업연구소)

다양한 사진과 영상을 찍을 수 있기 때문이다. 그런 이유로 인스타그램은 2030 사이에서 골프 트렌드가 퍼져나가는 데 혁혁한 공을 세웠다.

이런 트렌드는 골프웨어 판매에도 상당한 영향을 미쳤다. 기존에는 딱 붙는 H라인 스커트가 많이 팔렸다면, 지난 몇 년간은 테니스 스커트의 판매량이 폭발적으로 증가했다. 스윙할 때 치마가 펄럭이며 예쁜 라인을 드러내고 역동적인 모습의 영상을 찍을 수 있기 때문이다. 인스타그램에는 #골프패션, #필드룩이라는 해시태그가 달린 게시글이 각각 49만 건, 20만 건으로 합치면 69만 건이 넘는다. 앞서 언급한 레깅스 게시글(#레깅스, #레깅스코디)이 합산 104만 건이니 골프에 대한 관심이 얼마나 높은지 체감할 수 있다. 인스타그램

골프 패션 관련 유튜브 신규 콘텐츠 추이

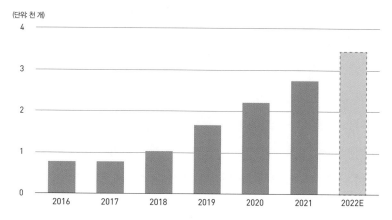

(단위: 천 개)

유튜브에 매년 신규로 업로드되는 입문자용 골프 콘텐츠의 수가 크게 증가하고 있음을 볼 수 있다(2022년은 5월까지의 데이터를 기반으로 한 추정치).

에는 #골프치는여자, #골프치는남자 등의 해시태그도 존재한다. 이 해시태그의 경우 여자는 23만 건인 데 비해 남자는 6만 건밖에 되지 않는다. 같은 스포츠라고 해도 성별에 따라 즐기는 이유와 방식이 다름을 알 수 있다.

이러한 달라진 골프의 위상에 패션 기업들도 고군분투 중이다. F&F홀딩스(이하 F&F)는 글로벌 3대 골프 브랜드 중 하나인 '테일러메이드'의 경영권을 인수하기 위해 전략적 투자자^{Strategic Investors, SI}로 나서 5,000억 원을 투자했다. 한섬의 타임은 레저웨어 콘셉트의 '타임 1993 클럽'을 론칭했고, 그동안 스포츠웨어를 만들지 않았던 아페쎄^{A.P.C.}도 골프웨어를 론칭했다. 신세계백화점은 여성 전용 골프 편집숍인 'S.tyle Golf'를 오픈했고, 롯데백화점도 젊은 골퍼들을 위한 'Golf.y Club'이라는 편집숍을 만드는 등 여성 고객들을 잡기 위해 노력하는 중이다.

골프에 이어 새롭게 떠오르는 스포츠는 바로 테니스다. 테니스웨어에 대한 관심이 높아지는 데서 이러한 변화를 엿볼 수 있다. 다만 테니스는 골프나 요가에 비해 활동량이 많고 근력과 순발력을 요구하기 때문에 진입장벽이 높은 스포츠다. 계속 뛰어야 하다 보니 땀이 많이 나서 운동 중간이나 이후에는 사진을 찍기도 쉽지 않다. 따라서 테니스가 골프처럼 메가 트렌드가 될지 여부는 조금 더 지켜볼 필요가 있다.

'#골프치는여자'의 경우 '#골프치는남자'에 비해 게시글이 4배나 많았지만 테니스의 경우에는 '#테니스치는여자'가 12만 건, '#테니스치는남자'가 7.6만 건으로 비슷한 편이다. 이 수치만으로 테니스가 잠깐 반짝하고 지나가는 트렌드가 될지, 혹은 다른 스포츠가 골프 자리를 대체할지는 아직 알 수 없다. 하지만 인스타그램을 비롯한 뉴미디어 속에 골프 다음으로 이어질 트렌드에 대한 힌트는 반드시 들어 있다. 셀럽이 즐기고, 스포츠웨어가 예쁘고, 운동할 수 있는 인프라가 좋으면서, 다양한 사진을 찍을 수 있는 스포츠가 그 답이 될 가능성이 높다.

핵심 고객이 열광할 만한 요소를 공략하다

라이프스타일에 패션을 녹인 F&F의 전략

MLB, 디스커버리 의류 브랜드로 유명한 F&F는 주 소비층인 MZ세대에 최적화된 콘텐츠로 고객 경험을 개선해나가고 있다. 2020년 매출이 8,376억 원이었던 데 반해, 2021년에는 77%나 증가한 1조 4,837억 원을 달성할 정도로 폭발적인 성장세를 보이고 있다.[15] F&F가 이렇게 빠르게 성장할 수 있었던 데는 인스타그램의 영향력을 일찌감치 파악했기 때문이다.

MZ세대에게 인스타그램은 패션에 대한 감각을 익히고, 트렌디한 아이템을 발굴하고, 구매를 결정하기 위해 다른 사람이 착용한 모습을 찾아보고, 마지막으로 산 옷을 남들에게 보여주는 용도까지 다양하게 활용된다. F&F는 MZ세대가 패션에 있어서 뉴미디어 플랫폼, 그중에서도 인스타그램의 의존도가 높다는 사실에 주목했다.

이들은 특히 MLB 브랜드를 내세워 인스타그램 속에서 고객이 즐길 수 있는 가장 트렌디한 브랜드라는 경험을 주기 위해 노력했다. 그런 까닭에 화보도 다르게 촬영한다. 대부분의 의류 브랜드는 유명 모델을 내세워 시즌별 룩북을 촬영하는 게 기본이다. 하지만 MLB는 스튜디오가 아닌 MZ세대가 선호하는 핫플레이스에서 상시 촬영을 한다. 주로 전시회, 한강, 카페, 호텔, 팝업스토어, 양양 해수욕장, 공항과 같은 공간들이다.

그뿐만이 아니다. 디자인에서도 모바일 사진에서 잘 보이도록 로

고를 적극 활용한다. 로고를 큼지막하게 넣거나 작은 로고들로 패턴을 만들어넣는 식이다. 신발의 경우 자수가 아닌 페인팅 기법을 사용해 로고를 인쇄함으로써 쨍하고 반짝거리게 제작하고, 화보를 찍을 때도 발을 쭉 뻗거나 쪼그려 앉는 자세로 신발 로고가 부각되게 촬영한다.

또한 연예인과 인플루언서로 이루어진 MLB크루를 운영해 이들이 일상에서 자연스럽게 MLB를 활용한 패션을 공유하도록 장려한다. 온라인상에서 자주 보이고, 트렌디하며, 셀럽들도 입는 옷이라는 이미지를 각인시켜 사지 않을 이유가 없게 만드는 것이다. 그야말로 라이프스타일에 패션을 그대로 침투시키는 전략이다.

핵심 고객들이 열광하는 모델에 집중한 무신사

2022년 3월, 홍대, 합정, 도산대로, 논현동처럼 2030이 많이 다니는 서울 한복판에 특별한 옥외 광고가 들어섰다. 마을 이장님, 공대생, 디자이너, 크리에이터, 언어치료사 등 연예인이나 모델 출신이 아닌 일반인의 패션 화보였다. 이들의 정체는 6명의 '인간 무신사'로, 무신사 내 SNS 서비스인 무신사 스냅을 통해 공개 선발된 모델들이었다. 경쟁률은 무려 218 대 1에 달했다. 사용자들이 스스로 사진을 업로드해 지원하고, 사용자들이 직접 마음에 드는 패션에 '좋아요'를 눌러 투표했다.

오늘날 2030에게 패션은 '나를 드러내고 표현하는 수단' 중 하나다. 이들은 연예인이 입었다고 해서 무작정 따라 구매하지 않는다.

합정역에 설치된 '인간 무신사를 찾습니다' 옥외 광고

(출처: 무신사 뉴스룸)

오히려 자신만의 스타일과 개성, 스토리를 가진 사람의 패션을 따라 하고 싶어 한다. 무신사의 '인간 무신사를 찾습니다' 캠페인은 이러한 고객들의 선호를 잘 반영한 마케팅이었다. 무신사 스냅 또한 빠르게 성장을 거듭해 서비스 개편 이후 사용자가 7배 증가했고, 업로드 수는 350% 증가했다. 무신사 스냅에는 패션 사진에 보이는 아이템들을 구매할 수 있도록 태그를 다는 기능이 있는데 해당 링크를 통해 구매한 유입도 10배가량 늘었다고 한다.[16]

소비자들이 연예인보다는 인플루언서나 일반인을 보며 패션 제품을 구매하다 보니 브랜드 마케터들의 고민도 점점 커지고 있다. 이렇다 보니 최근에는 연예인 프로필 사진 대신 인스타그램을 뒤지고 다니는 마케터들이 크게 늘었다. 그들이 찾는 일반인 모델은 단순히 외모가 좋고 옷을 잘 입는 사람이 아니라, 브랜드의 핵심 고객들이 열광할 만한 매력과 개성을 가진 사람이다.

패션과 콘텐츠의 결합, 새로운 형태의 룩북

패션업계의 또 다른 고민은 바로 콘텐츠다. 뉴미디어 초기 많은 브랜드들이 인플루언서를 통해 고객에게 메시지를 전달하고 소통하고자 했지만 브랜드의 이야기를 제대로 들려주기에는 여전히 아쉬움이 많은 게 사실이었다. 직매장이나 팝업스토어가 대안이 될 수 있지만 온라인의 파급력을 이기기는 어렵다. 이런 이유로 많은 패션 브랜드들이 뉴미디어 플랫폼에 자사 브랜드 채널을 만들어 운영하고 있다. 하지만 브랜드 채널을 성공적으로 운영한 사례는 아직까지 많지 않은 편이다.

패션과 콘텐츠가 만나 내는 시너지
'푸처핸썸'은 한섬에서 운영 중인 유튜브 채널이다. 2020년 9월에 개설해 누적 조회수 2,500만 회를 기록 중이다. 푸처핸썸은 그동안 '패션온', 'Selfie Mirror & Me', '여신 언니들' 등 다양한 프로그램을 시도해왔다. 그리고 2021년 10월 공개한 '바이트 씨스터즈' 시리즈를 통해 패션과 콘텐츠가 제대로 만나면 어떤 시너지가 나는지 잘 보여주었다.

'바이트 씨스터즈'는 경성 시대부터 지금까지 죽지 않고 살아온 흡혈귀가 주인공인 웹드라마로, 한섬과 CJ ENM이 공동 제작했다. 10부작으로 제작된 이 드라마는 2022년 9월 기준 합산 1,300만 이상 조회수를 기록 중이다. 흡혈귀라는 콘셉트만 놓고 보면 패션 브랜드와 잘 어울리지 않아 보이지만 드라마를 보면 바로 이해할 수 있다. 주인공들이 운영하는 가게가 바로 옷가게이기 때문이다. 웹드라마에 등장하는 3명의 여자 주인공은 각자 러블리, 시크, 엘레강스를 맡고 있는데, 매 장면마다 캐릭터에 맞게 스타일링된 옷을 입고 등장한다. 스토리와 함께 이들의 패션을 구경하는 재미도 쏠쏠하다. 한마디로 패션과 웹드라마가 결합된 '드라마 룩북'이라고 할 수 있다.

실제로 한섬은 자체몰인 더한섬닷컴에 웹드라마 속 장면만 가지고 화보를 만들기도 했다. 드라마 속 등장인물들이 취하는 포즈는 일상생활에서 흔히 볼 수 있는 자세라서 전문 모델을 내세운 화보보다 더 자연스럽게 고객에게 다가갈 수 있었다. 특이한 점은 브랜드 채널에서 직접 제작한 드라마임에도 시청자의 몰입을 위해 브랜드명이나 로고를 일체 노출하지 않았다는 점이다. 하지만 드라마 속 패션에 꽂힌 시청자들은 댓글과 커뮤니티를 통해 어떤 브랜드의 무슨 옷인지 직접 찾아냈고 강한나가 입은 시스템 청바지나 이신영이 입은 타임옴므 셔츠는 드라마 공개 후 바로 완판되기도 했다. 해당 기간 더한섬닷컴의 매출이 2배 이상 늘어날 만큼 매출에도 큰 영향을 주었음은 물론이다.

콘텐츠 확보를 위한 패션 회사들의 투자

이처럼 콘텐츠와의 콜라보로 시너지를 내는 사례들이 늘어나면서
여러 패션 브랜드들은 콘텐츠 제작자를 채용해 자체 콘텐츠를 제작
하는 동시에 소형 제작사들을 인수하며 대형 콘텐츠 제작과 해외 콘
텐츠 확장에도 박차를 가하고 있다. 콘텐츠에 대한 니즈가 커지면서
규모가 큰 제작사는 OTT로부터, 소형 제작사들은 패션 업체로부터
러브콜을 받고 있는 상황이다.

2022년 3월, 한섬은 스포츠 콘텐츠 기업인 왁티^{WAGTI}에 53억
5,000만 원을 투자하기도 했다. 왁티는 글로벌 축구 미디어인 '골
닷컴'의 한국어 버전을 운영하는 기업으로, 스트리트 캐주얼 브랜드
'골스튜디오'를 보유하고 있으며 런던 윔블던의 숲과 공원의 향을 담
은 니치 향수 'SW19'를 판매한다. 한섬은 남성복과 스포츠웨어 및
골프웨어 마케팅 강화를 위해 왁티에 투자했다고 밝혔다. 마케팅에
있어 콘텐츠의 힘이 얼마나 중요한지 인지하고 있음을 알 수 있다.

그런가 하면 F&F의 투자 전문 자회사인 F&F파트너스는 2022년
3월, 234억 9,641만 원을 투자해 드라마 제작사 '빅토리콘텐츠'를
인수했다. 빅토리콘텐츠는 〈달이 뜨는 강〉, 〈단, 하나의 사랑〉, 〈바람
과 구름과 비〉, 〈발리에서 생긴 일〉, 〈쩐의 전쟁〉의 제작사이며, 영화
〈더 킹〉에도 투자한 바 있다. F&F파트너스는 앞서 채널옥트(드라마),
밤부네트워크(드라마), 와이낫미디어(웹드라마), 바이포엠스튜디오

영국 런던 윔블던의 스토리를 담아낸 왁티의 향수 브랜드 'SW19'

(출처: SW19)

(콘텐츠 및 마케팅)에도 투자했다.

　F&F는 아직까지 동영상보다는 사진 중심으로 콘텐츠 마케팅을 하고 있지만 스토리가 가진 힘을 잘 알고 있다. 콘텐츠 제작사에 대한 투자는 지금보다는 이후에 있을 글로벌 확장 그리고 영상 콘텐츠 마케팅을 위한 일종의 선투자라고 볼 수 있다.

성공의 답은
언제나 고객에게 있다

고객을 이해할 때만 얻을 수 있는 것들

외적인 비주얼과 분위기를 결정하는 데 있어 뷰티를 제외하면 패션은 거의 절대적인 요인이라고 해도 과언이 아니다. 이처럼 패션은 시각을 자극하는 요소가 강하다 보니 아무래도 색감과 디자인에 집중하는 측면이 강하고, 상대적으로 체형 연구에 대해서는 소홀한 편이었다. 한섬은 이런 점을 포착해내고 한국인의 체형에 맞는 옷을 만들기 위해 상당한 노력을 기울이고 있다.

신규 브랜드 론칭이나 리뉴얼은 물론 해외 브랜드를 수입할 때도 체형과 핏을 중점적으로 검토한다. 한섬은 미국 브랜드인 타미힐피거의 국내 유통사를 인수하고 나서 한국인을 위한 '아시안 사이즈'를 선보였는데, 이것이 선풍적인 인기를 끌었다. 그 결과 역사상 처

음으로 국내 매출 2,000억 원을 달성했고, 2021년에는 두 자릿수의 매출 성장을 보였다.[17]

명품 브랜드 랑방과는 별도의 라이선스 계약을 맺고 '랑방컬렉션' 상품을 선보이고 있기도 하다. 랑방컬렉션은 한섬에서 기획하고 생산까지 맡은 상품으로, 한국인의 성향에 맞춰 디자인을 보완하고 실용성과 편의성을 높였다. 핏 역시 한국인 체형에 맞게 제작한다. 이러한 노력 덕분에 한섬은 2020년부터 20대 여성 고객이 늘어나면서 2030 고객 비중이 30% 이상으로 증가했다. 매출 역시 32% 증가하는 등 젊은 소비자들 사이에서 좋은 반응을 얻고 있다.[18]

고객을 이해하지 못했을 때 치러야 할 대가

반면 고객을 제대로 이해하지 못해 부정적인 이슈로 곤혹을 치른 브랜드들도 있다. 가장 자주 등장하는 케이스는 젠더 이슈다. 2021년 무신사는 여성 고객 유치를 위해 여성 고객에게만 할인 쿠폰을 제공하는 이벤트를 진행했다. 이에 한 남성 고객이 차별이라고 지적하자 그 고객에 대해 60일 이용 정지 처분을 내려 문제가 불거졌었다. 무신사의 핵심 고객인 남성들은 이러한 대처를 크게 비판했고 무신사 대표가 나서 직접 사과문을 작성했음에도 쉽게 진화되지 않았다. 이후 20% 할인 쿠폰을 지급하고 사과를 거듭해 겨우 사태를 수습할 수 있었다.

MLB는 광고 문구 때문에 홍역을 치렀다. "런드리샵 가기 좋은 오후, 쌩얼은 좀 그렇잖아? 모자는 더 깊게, 하루는 더 길게", "해 지는 저녁이라고 방심하지 마! 쌩얼 사수!"라는 광고 문구의 사용이 문제가 되었다. "여자는 맨 얼굴로 다니지 말고 모자로 가리라는 거냐.", "빨래방 가는데 누가 화장을 하냐." 등의 항의성 댓글이 수백 개 이상 달렸다.

해외에서는 인종차별이 이슈로 떠오르는 경우가 많다. 돌체앤가바나는 동양인만 포크가 아닌 맨손 혹은 젓가락으로 스파게티를 먹는 화보를 촬영해 동양인 혐오 논란에 휩싸였다. 구찌는 까만 마스크에 빨간 입술로 디자인한 넥스웨터를 선보였는데 그 모습이 흑인을 연상시켜 인종차별 논란으로 이어졌다.

사회적인 통념을 깨려다가 실패한 경우도 있다. 버버리는 올가미처럼 보이는 매듭 장식이 달린 옷을 패션쇼에 올렸는데, 교수형이 연상된다며 '자살 패션'이라는 비판을 받아야만 했다. 구찌는 정신병원에서 중환자를 제압하기 위해 입히는 구속복과 비슷한 디자인의 옷을 만들어 논란을 일으켰다.

이처럼 이슈가 된 브랜드들을 보면 대체로 브랜드 인지도가 높고 상대적으로 콘텐츠에 많이 투자하며 커뮤니케이션에 적극적인 곳들이다. 말이 많다 보니 그만큼 실수도 많이 발생할 수밖에 없는 것이다. 그렇다고 실수하지 않기 위해 고객과의 소통을 단절하는 게 맞을까? 그렇지 않다. 고객들이 진정 원하는 것은 커뮤니케이션을 적극적으로 하되 실수했을 때 빠르게 인정하고 사과하는 것이다.

많은 브랜드들이 여전히 실수를 인정하고 고객에게 사과하는 일에 서툴다. 그래서 사과를 잘하는 것만으로도 브랜드 이미지가 개선되기도 한다. 실수를 하지 않기 위해 소극적이고 경직된 커뮤니케이션을 할 필요는 없다. 그보다는 고객의 마음을 읽고 이를 바탕으로 활발하게 소통하되, 유사한 실수가 발생하지 않도록 사례 공유, 가이드라인 제작, 신속한 대처를 하는 것이 중요하다.

비즈니스 세상에서 영원한 1등은 존재하지 않는다. 고객의 꾸준한 사랑을 받는 브랜드들에게는 공통점이 있다. 바로 고객을 면밀히 관찰하고, 그들의 니즈를 파악하며, 니즈를 만족시킬 만한 제품과 서비스를 만드는 데 전념한다는 점이다. 그중 첫 단계인 '관찰'이 가장 핵심이다. 고객을 제대로 이해하지 못한 상태에서 기획한 상품이나 서비스는 고객 만족으로 이어지기 힘들기 때문이다.

사람은 미디어의 영향을 받으며 동시에 미디어에 영향을 준다. 그러므로 나의 잠재 고객에 대해 잘 알고 싶다면 뉴미디어를 면밀히 살펴보는 것이 가장 쉽고도 가장 좋은 방법이다. 인스타그램을 보면 사람들이 무엇을 입고, 먹고, 마시고, 어디에 방문하는지 알 수 있다. 유튜브를 보면 사람들이 어떤 키워드에 관심이 많은지, 상권의 크기가 얼마나 되는지 유추할 수 있다. 나의 제품 혹은 경쟁사의 제품을 사용하는 고객이 어떤 하루를 보내고 있는지 안다면, 이미 답은 손에 쥐고 있는 것이 아닐까?

판타지에서 리얼로,
콘텐츠 속
주인공들의 성 역할 변천사

어설픈 환상의 퇴장,
진짜 현실로 위로받다

환상보다는 현실이 더 맛있다
콘텐츠 속 남녀가 변화하고 있다
신규 창작자들의 등장과 콘텐츠 혁신
경계가 사라진 시대, 창작자들이 가야 할 방향은?

주인공들의 성 역할 변천사

#젠더_뉴트럴 #무해남 #러브_버라이어티 #BL대중화 #싱글대디맘
#현실부부

지난 몇 년간 우리나라에서는 여자 주인공이 신분 상승을 하는 신데렐라 스토리나 판타지적 요소가 강한 드라마들이 인기를 끌었다. 하지만 최근 들어 어설픈 환상으로 포장된 작품보다 피부에 와닿는 남녀의 연애와 일상을 다루는 '현실 반영형 콘텐츠'에 시청자들이 크게 반응하고 있다. 그 이유는 무엇일까?

첫째, 결혼에 대한 인식이 바뀜에 따라 드라마에서 그것을 활용하는 방식도 바뀌었기 때문이다. 과거 콘텐츠들이 결혼을 행복, 해피엔딩의 주재료로 사용하면서 이야기가 기승전'결혼'에 집중됐다면, 최근에는 이것이 열린 결말이나 동거 등으로 대체되고 있다. 결혼이 등장하더라도 현실적인 부부관계 혹은 육아에 초점이 맞춰지는 추세다.

둘째, 남녀의 캐릭터가 전형적인 사고관에 갇혀 있지 않다. 커플에 대한 인식이 패러다임의 변화를 맞으며 다양한 종류의 커플을 인정하기 시작한 것도 바로 그 이유다. 이런 현실에 발맞춰 콘텐츠 속에서 그려지는 커플의 종류도 다양해졌다. 결혼 적령기 싱글 남녀의 사랑만이 아니라 동성애, 국제 커플, 재혼 커플, 싱글맘, 싱글대디, 10대 커플의 사랑이 메인 테마가 되는 사례가 많아지고 있다.

이런 사회 변화에 따라 콘텐츠에서 주인공의 성 역할이 어떻게 달라지고 있는지 4가지 섹션, 즉 드라마(TV·OTT), 웹드라마, 리얼리티·데이팅 예능, 커플 유튜브로 구분해 살펴보려고 한다. 나아가 신규 창작자들이 콘텐츠 시장으로 대거 영입되면서 생겨나는 신선한 변화와 혁신도 함께 살펴보려 한다.

환상보다는
현실이 더 맛있다

"많이 생각해봤는데 우리 여기까지만 하는 게 좋을 것 같아."

남자가 여자에게 이별 카드를 내민다.

"그래, 그러자. 나도 같은 생각이야."

잠시 눈빛이 흔들리던 여자도 헤어짐 카드를 내민다.

그들이 원한 게 정말 이별이었을까? 혹여 상대의 반응을 살피느라, 자존심을 지키느라 표현하지 못한 다른 마음이 있는 것은 아닐까? 어쨌든 그들은 어색한 마지막 인사를 나누고 처음 만났던 곳에서 헤어짐을 맞는다. 이는 드라마 〈유미의 세포들〉 시즌1의 마지막 장면이다. 〈유미의 세포들〉은 남녀 사이의 일상적이지만 현실적인 관계, 미묘한 감정의 변화와 케미, 그리고 공감을 불러일으키는 상황 설정으로 대중의 호평을 받은 작품이다. 드라마 속 남녀의 이별에 과몰입하며 시청자들은 마치 자신의 연애가 끝난 듯 눈물을 멈출 수 없게 된다. 그들에게서 나의 눈부셨던 사랑을, 가슴 아팠던 이별을, 질투로 흑화한 순간을 만난다. 내가 경험한 이야기든 아니든 그 순간만큼은 모두 나의 이야기로 다가오는 것이다. 이것이 바로 드라마 콘텐츠가 가진 힘이기도 하다.

사람들은 저마다 다양한 이유로 픽션을 즐기고, 취향에 따라 선호하는 장르도 모두 제각각이다. 그럼에도 분야와 장르의 구분 없이 최근 시청자들의 환대를 받는 영상 콘텐츠들을 살펴보면 하나의 공통점이 보인다. 대체로 리얼함과 일상성을 세심하게 담아낸 콘텐츠라는 점이다. 특히 남녀 주인공을 중심으로 펼쳐지는 스토리라인이나 관계 설정에서의 변화가 두드러진다.

그 이유는 무엇일까? 과거 유행했던 신분 상승 신데렐라 스토리나 판타지 로맨스가 주입하던 어설픈 환상의 유효 기간이 다했기 때문이다. 현실과 동떨어진 작위적인 설정, 클리셰를 따라 만들어지는 뻔하디 뻔한 스토리에서 더는 재미도 공감도 느끼지 못하게 된 것이다. 현실을 제대로 반영하지 못한 시대착오적인 작품들이 주는 피로함이 커지던 상황에서 마치 내 이야기처럼 느껴지는 작품, 나 혹은 내 주변인들을 그대로 옮겨놓은 듯한 인물들이 등장하는 콘텐츠는 피로해진 시청자들의 마음에 다시금 생기를 불어넣고 있다.

지금 사람들은 마치 자신의 일상을 옮겨놓은 듯한 작품을 보며 머리를 끄덕이고, 울고 웃으면서 공감한다. 그 어느 때보다도 더 격렬하게 현실적인 이야기를 통해 위로받고자 하는 시대가 온 것이다.

드라마에서 내 인생을, 극 중 인물에서 나를 본다

간만에 찾아온 휴일, 드라마만큼 좋은 휴식처가 있을까? 사람과 일에 지친 나를 이해해주고 달래주는 데 드라마만큼 좋은 친구가 있을까? 드라마는 우리네 인생에서 있을 법한 이야기를 재미있게 때론 극적으로 보여준다. 사람들은 드라마를 통해 등장인물들의 이야기에 공감하기도 하고, 팍팍하고 고단한 삶을 위로받기도 하며, 때론 판타지의 세계로 들어가 현실을 잊기도 한다.

사실 일상에서는 펑펑 눈물을 쏟거나 크게 웃으며 감정을 솔직하게 표현할 일이 많지 않다. 하지만 드라마를 볼 때라면 다르다. 주인공에게 감정 이입하며 마음껏 울 수도 있고, 마치 내 이야기인 양 몰입하고 분노하면서 시원하게 욕을 내뱉을 수도 있다. 드라마를 시청하며 일상에서 표출하지 못한 감정들을 마음껏 드러냄으로써 일종의 정화를 하게 되는 것이다. 이것이 바로 아리스토텔레스가 말한 카타르시스로, 우리가 드라마를 시청하는 가장 큰 이유이기도 하다.

20년 전만 하더라도 〈첫사랑〉, 〈모래시계〉, 〈대장금〉 같은 인기 드라마는 시청률이 50%를 넘었다. 드라마가 방영되는 시간대는 길거리가 한산할 정도였다. 시청 패턴이 조금 달라졌을 뿐 예나 지금이나 드라마에 대한 사람들의 관심과 애정은 여전하다. 그래서 대중들의 관심이 어디로 향하는지, 그 시대를 주도하는 트렌드가 무엇인지, 시대상의 변화를 파악하기에 드라마만큼 좋은 콘텐츠도 없다.

최근 들어 남녀의 성 역할, 연애와 결혼 등을 둘러싼 가치관이 변화하면서 우리 사회는 이전과는 다른 트렌드를 형성하고 있다. 드라마 역시 이런 사회적 변화들을 발 빠르게 담아내고 있는데, 우리나라 드라마의 경우 2010년대 중반을 기점으로 그 변화들이 본격적으로 나타나기 시작했다.

2010년대 초중반_ "너의 환상을 말해봐."

2010년대 초중반 방영된 드라마들은 현실에 존재하거나 만날 가능성이 희박한 남녀의 판타지적 사랑 이야기들이 주를 이루었으며, 결혼을 향해 달려가는 결말이 대부분이었다. 대체로 남녀의 신분에 상당한 격차를 두거나 현실에서 연인으로 만나기 어려운 이들을 엮어 신데렐라 스토리의 전형을 보여주곤 했다.

〈시크릿 가든〉은 재벌과 스턴트우먼의 사랑을, 〈신사의 품격〉은 건축사무소 대표와 교사의 사랑을, 〈최고의 사랑〉은 톱 연예인과 생계형 연예인의 사랑을 다뤘다. 그리고 이들 드라마 대부분은 결혼으로 엔딩을 장식했다. 〈상속자들〉 역시 결혼으로 엔딩을 맺진 않았지만 재벌 2세와 사회배려자의 사랑이 주요 내용이었다. 재벌, 톱스타에 이어 〈별에서 온 그대〉는 외계인과 연예인이라는 관계 설정으로 판타지적인 요소를 더욱 강화했다. 이 당시 드라마들은 사람들이 꿈꿔오던 로맨스나 매우 극화된 설정 속 사랑을 다룬다는 것이 가장 큰 특징이다.

2010년대 후반 이후_ "이게 진짜 사랑 아니야?"

2010년 후반부터는 판타지적인 로맨스물이 줄어들고 주변에 있을 법한 이야기 혹은 일반인이 실제로 경험해봤을 법한 현실적인 사랑 이야기가 많아지기 시작했다. 연애 상대도 달라져 직장동료, 선후배, 혹은 헤어진 연인과의 연애 스토리가 늘어났다. 이전 드라마들이 결혼이라는 닫힌 결말로 향하던 것과 달리 최근 드라마들은 남녀 관계의 다양한 가능성들을 보여주는 결말이 많아지는 편이다. 그 외에도 다양한 변화들이 나타나고 있는데, 그중 주목할 만한 변화를 꼽자면 크게 3가지가 있다.

- **현실적인 상황 설정:** 2019년 방영된 〈멜로가 체질〉은 작가, PD, 마케터라는 직업을 가진 서른 살의 여자 3명이 주인공으로, 이들의 일과 사랑에 대한 이야기가 주를 이룬다. 세 친구는 일하면서 만나게 된 동료 남자들과 연애를 시작하고, 서로 사랑과 이별의 아픔을 위로하며 성장해간다.

  2020년 방영된 〈청춘기록〉에는 20대 신인 모델과 메이크업 아티스트가 연인으로 등장한다. 각자 자신의 위치에서 꿈을 향해 부단히 달려가던 남녀는 서로에게 소홀해지면서 헤어짐을 맞게 되고, 드라마는 이 과정에 집중한다. 이전 드라마들이 셀럽과 일반인 커플을 다룰 때 신분 상승의 신데렐라 스토리를 가미했던 것과는 전혀 다른 방식으로 이야기를 풀어간다. 커리어를 발전시키기 위해 고군분투하는 남녀의 모습을 현실적으로 그려냈는데, 사랑보다 자신의 일과 인생을 더 중요시 여기는 젊은 세대들의 가치관이 반영됐다고 볼 수 있다.

2021년 인기를 끌었던 〈그 해 우리는〉은 고등학교 시절 전교 꼴등이었던 남자와 전교 1등이었던 여자가 주인공으로 등장한다. 동창이자 연인이었던 두 사람이 5년 만에 재회하며 벌어지는 사건을 통해 과거의 오해와 갈등이 풀리고 재결합하는 이야기다. 현실에서 누구라도 겪을 법한 이야기들이 이들을 둘러싼 채 펼쳐지며 공감을 끌어냈다.

2022년에 방영된 〈기상청 사람들〉 역시 기상청 직원들의 사내 연애 이야기에 초점이 맞춰져 있다. 특히 결혼에 대한 상반된 가치관을 지닌 두 남녀 주인공(결혼-비혼)의 만남과 갈등, 이별과 재결합 과정을 보여준다. 사내 커플이 겪을 법한 이야기, 서로 다른 가치관의 부딪침이 만들어내는 갈등과 문제 상황을 현실성 있게 풀어냈다.

- **다양한 형태의 연인 등장**: 상황 설정뿐 아니라 커플의 형태도 결혼 적령기의 남녀라는 전형성에서 벗어나 점차 다양해지고 있다. 〈동백꽃 필 무렵〉(2019)은 싱글맘 '동백'이 황용식을 만나며 사랑을 하고 아이와 새 가족이 되는 이야기다. 〈마인〉(2021)은 메인 스토리와 별개로 주인공 중 한 명인 정서현의 퀴어 로맨스를 서브 스토리로 다룬다. 정서현은 사회적 편견 때문에 최수지에 대한 사랑의 감정을 철저히 숨기다가 결국 자신의 성 정체성을 당당하게 인정하고 공개한다. 조연이나 주

변 캐릭터가 아닌 주인공을 성소수자로 설정해 퀴어 로맨스를 다뤘다는 점에서 주목할 만하다.

2022년 상반기에 방영된 〈우리들의 블루스〉는 14명의 주인공들이 제주도를 배경으로 다양한 삶의 모습을 펼쳐 보인다. 에피소드별로 주인공이 바뀌고, 다른 에피소드의 주인공들이 조연으로 등장하는 새로운 형식의 옴니버스 드라마로 주목받았다. 여러 이야기들 중 고등학생 커플 정현과 방영주가 임신하며 겪는 갈등과 그들의 성장담이 하나의 에피소드로 소개되었다. 첫 회부터 시청자들의 호평을 받던 이 작품은 10대 임신 에피소드 방영 직후 뉴스, 커뮤니티 등에서 집중 언급되기도 했다.

〈시맨틱 에러〉(2022)는 추상우와 장재영 두 남성의 로맨스 드라마로, 그동안 한국 드라마에서 다루지 않았던 BL^{Boys Love}을 다뤄 세간의 주목을 받았다. 왓챠 공개 직후 흥행 1위를 기록했고, 종영 후에는 8주 연속 1위를 기록하며 화제를 불러모았다.[1]

- **현실적인 부부관계와 육아라는 주제:** 결혼이 환상이나 행복의 상징으로 활용되던 기존의 드라마 문법에서 벗어나 현실적인 부부관계나 육아를 전면으로 다루는 드라마도 점점 느는 추세다. 〈산후조리원〉(2020)은 여성의 출산 전후 과정과 육아를 사실적으로 묘사하며 공감을 얻었다. K-시월드에 입성한 며느리가 당면한 현실적인 문제들을 섬세하게 다루며 공감을 받았던 〈며느라기〉(2020~2022)는 카카오 TV 론칭 1주년 기념 설문

조사에서 '조회수와 상관없이 가장 긴 시청 지속 시간을 보인 콘텐츠' 1위, '시청자에게 가장 많은 '좋아요'를 받은 콘텐츠' 1위를 차지하는 등 큰 인기를 얻었다.[2] 시청자들의 호응 속에 시즌2 제작이 확정되었고, 2022년에 방영된 시즌2 역시 매 에피소드가 300만 뷰 내외의 높은 조회수를 기록하며 큰 사랑을 받았다.

소외됐던 10~20대의 니즈를 제대로 공략한 웹드라마

과거 10대를 위한 하이틴 로맨스물이 더러 존재하기는 했지만 그들이 원하는 것을 모두 담아내기에는 어려운 면이 있었다. TV의 경우 가족 구성원이 함께 모여 앉아 시청하는 것이 일반적인 시청 형태다 보니, 가족이 함께 보기에 불편하지 않은 콘텐츠 위주로 제작되는 한계가 있었다. 방송국 입장에서도 가급적이면 사회 통념에서 벗어나지 않으려 신경 썼고, 사춘기를 겪고 있는 10대들은 부모와 함께 자신이 원하는 로맨스물 보기를 꺼렸다.

이러한 10대들의 갈증과 니즈를 채워준 것은 바로 웹드라마다. 10대 후반에서 20대 초반을 타깃으로 제작된 웹드라마들은 페이스북과 유튜브에서 서비스되기 시작했고, 오롯이 혼자만의 공간에서 감상할 수 있었던 덕분에 나오자마자 선풍적인 인기를 끌었다. 플레이리스트가 제작한 '에이틴'의 경우 시즌1, 2를 통틀어 약 4억

8,000만 조회수를 기록할 정도로 반응이 뜨거웠다. 1020세대들이 선호하는 만큼 웹드라마를 유심히 관찰하면 어린 세대들이 어떤 사랑을 꿈꾸는지, 그들 사이의 트렌드는 무엇인지를 빠르게 파악할 수 있다. 더구나 웹드라마는 그 파이가 날로 커지고 있어 매우 유심히 지켜봐야 할 콘텐츠 분야다.

초기 웹드라마 트렌드_ 10대들의 설레는 풋사랑을 담다

2015년부터 2018년 사이 선보인 초기 웹드라마는 TV 드라마에 비해 제작비 규모도 훨씬 적고 제작 기간도 짧았다. 그러다 보니 기성 드라마 작가나 PD가 작업하기에는 적절치 않았다. 이런 이유로 어린 아마추어 작가들이 주로 시나리오를 썼고, 출연진도 어린 배우들이 많았으며, 제작진 역시 20대 중후반인 경우가 대부분이었다. 1020세대만을 위한 드라마라는 측면에서 이미 희소가치가 큰 데다 비슷한 공감대를 가진 또래 제작자와 배우들이 만들다 보니 드라마의 몰입도는 최적일 수밖에 없었다.

자연스럽게 결혼을 전제로 한 연애, 일과 커리어 이야기 등 어른들의 사랑보다는 10대가 흔히 겪는 짝사랑, 설렘, 고백 등이 주요 소재가 됐다. 기존 드라마의 해피엔딩이 결혼이었다면, 웹드라마의 해피엔딩은 키스 신일 정도로 커플이 된 이후의 이야기보다는 커플이 되어가는 과정과 몽글몽글한 설렘에 초점이 맞춰져 있는 것도 특징이다.

웹드라마가 보편화되면서 퀄리티를 높이고 차별화하려는 시도들도 이어졌다. 하지만 더 좋은 화질을 만들어내기 위해 장비에 투자하거나 기존 드라마에서 볼 수 있는 촬영 기법을 흉내 내는 것은 그다지 주효하지 않았다. 1020세대들이 원하는 것, 그들이 호응하는 것은 다른 데 있었다. 바로 예쁜 디자인과 색감을 활용한 브랜딩 전략이었다. 또한 등하교 시에도 들을 수 있도록 웹드라마만의 OST를 제작하는 등의 시도들이 좋은 반응을 얻었다.

웹드라마 중 좋은 반응을 얻었던 작품으로는 플레이리스트가 제작한 '연애포차', '에이틴', '연애플레이리스트', 와이낫미디어의 '전지적 짝사랑 시점', '사당보다 먼 의정부보다 가까운' 등이 있다.

최근 웹드라마 트렌드_ 단막극 형식으로 공감대를 자극하다

기존의 웹드라마는 8부작 안팎으로 제작되어 시즌제로 가는 경우가 많았다. 이런 드라마도 여전히 인기가 있지만 최근에는 에피소드 형태로 하나의 콘텐츠에 하나의 이야기를 담아 공감대를 자극하는 단막극형 웹드라마의 반응이 훨씬 더 좋은 편이다. 코미디에서 하이퍼리얼리즘이 인기를 얻고 있는 것처럼 웹드라마도 여기에 궤를 같이해 시청자들이 충분히 겪어봤음직한 상황 설정 위에 현실을 그대로 담아낸 듯한 디테일을 펼친다. 따라서 중요한 것은 '현실성을 얼마나 잘 담아내는가' 그리고 그 안에서 '공감대를 얼마나 잘 이끌어내는가'이다. 이처럼 현실성이 돋보여야 하기에 배우의 리얼하고 섬세한 연기력 역시 중요한 요소로 작용한다.

주요 작품으로는 짧은대본의 '연애 초반 특', '전 여친 생각날 때',

'자기 혐오', '바람피우는 유전자', 픽고의 '자존감 낮은 연애 특징', '나한테 돈 안 쓰는 남친 특징', '연인 사이에 자주 하는 거짓말 특징', '술자리 남자 여우짓 특징' 등이 있다.

러브 버라이어티, 리얼 연애의 참맛

남녀의 만남과 헤어짐, 사랑, 연애, 결혼의 과정이 드라마에서만 펼쳐지는 것은 아니다. 평범한 현실을 사는 일반인들이 연애와 사랑 이야기의 주인공이 되기도 한다. 사실 일반인들을 대상으로 한 소위 짝짓기 예능 프로그램은 예전부터 꾸준하게 사랑을 받아온 장르였다. 그런데 이 장르들이 최근 들어 더욱 다양화되면서 많은 사랑을 받고 있는 이유는 무엇일까? 드라마도 아닌 일반인들의 로맨스를 엿보는 것이 왜 재미있을까?

러브 버라이어티의 가장 큰 재미 요소는 먼저 처음 만나는 일반인 남녀가 등장한다는 점이다. 게다가 그들은 평범한 일상에서 잠시 벗어나 별도로 마련된 공간에서 사회와 단절된 채 일주일 남짓을 보내게 된다. 주어진 시간 동안 한정된 공간에서 생활하며 서로에게 호감을 느끼고 종국에는 사랑으로 발전하기도 한다. 시청자들은 그들의 마음 상태를 따라가며 감정 이입을 하거나, 허구가 아닌 일반인의 리얼 연애를 지켜보며 훔쳐보는 듯한 재미를 느끼게 된다.

드라마나 웹드라마가 시대상의 변화를 투영한다면, 러브 버라이어티는 지금 우리가 당면한 현재의 시대상을 잘 보여준다. 등장하는 출연자들은 시청자와 동시대를 살고 있으며 실제 인물의 실제 연애 이야기이기 때문에 상대적으로 여과되지 않은 가장 현실적인 연애상을 볼 수 있는 것이다.

시대 변화에 발맞춰 러브 버라이어티의 콘셉트와 등장인물들도 다양화되고 있다. 2014년 종영된 SBS 프로그램 〈짝〉의 경우에는 대부분 결혼 적령기의 싱글 남녀가 출연했고, 돌싱은 매년 특집 편으로 다룰 정도로 그 비중이 낮았다. 하지만 지금은 상황이 다르다. 과거에는 사회적인 통념상 정상 범주에 속하는 러브 버라이어티가 많았다면 최근에는 다양한 유형, 현실적인 연애를 다룬 버라이어티가 늘어나고 있다.

〈돌싱글즈〉(시즌1: 2021, 시즌2: 2021~2022, 시즌3: 2022)는 이혼 경력이 있는 일반인 돌싱 남녀들의 연애를 다루는 프로그램으로 때론 싱글맘, 싱글대디도 등장한다. 합숙한 뒤 마음에 드는 이성과 커플 매칭이 되면 동거를 시작하는데, 그 과정에서 서로를 알아가고 미래를 고민하는 남녀의 모습을 보여준다. 시청자들은 돌싱, 싱글맘, 싱글대디에게 갖고 있었던 부정적인 편견에서 벗어나 그들이 한 사람의 남자와 여자로 새 출발하는 것을 응원했다. 〈돌싱글즈〉는 시청률 측면에서도 종합편성채널 동시간대 1위를 차지하는 등 좋은 성적을 거두었다.

〈환승연애〉(시즌1: 2021, 시즌2: 2021~2022, 시즌3: 2022)는 헤어진 커플들이 다시 만나 다른 이성 출연자들과 데이트하며 연인을 찾는 프로그램이다. 쉽게 정리되지 않는 전 연인에 대한 미련과 감정, 그럼에도 쉽게 재결합할 수 없는 상황을 출연자들을 통해 현실적으로 보여주어 많은 공감을 얻었다.

〈우리 이혼했어요〉(시즌1: 2020~2021, 시즌2: 2022)는 이혼한 연예인 부부가 재회하여 한 집에서 함께 생활하는 모습을 관찰하는 리얼리티 프로그램이다. 이혼한 남녀의 깊은 갈등과 입장 차이, 결혼 생활의 명과 암을 현실적으로 보여주면서 결혼이 행복의 척도가 아님을 제시했다.

유튜브 속 현실 커플, 예능과 다큐 사이 어딘가

픽션 콘텐츠보다 현재 남녀의 이성상, 시대상을 더 빠르게 파악할 수 있는 방법이 있다. 바로 커플 유튜브 채널을 살펴보는 것이다. 앞서 언급한 콘텐츠들을 현실 반영의 기준에서 가장 빠른 순으로 나열하면 유튜브 커플-러브 버라이어티-웹드라마-TV 드라마의 순서로 정리해볼 수 있다.

커플 유튜브는 어떻게 그렇게 빠르게 지금의 시대상을 반영할 수 있는 걸까? 첫째, 커플 유튜브 채널은 촬영하고 업로드까지 보통 2주를 넘지 않는다. 즉, 커플이 겪었던 일을 시청자는 바로 다음 주면 볼 수 있어 실시간에 가깝다. 둘째, 기획과 연출이 어느 정도 들어가기는 하지만 방송국이나 뉴미디어 기업의 콘텐츠에 비하면 기획에 에너지가 적게 들어 소요되는 시간이 적다. 셋째, 한순간의 기록이 아니라 몇 개월, 길면 몇 년간의 연애 기록이 담겨 있기 때문에 연애 초반-중기-후기로 넘어가는 일련의 과정들을 통해 연애의 변천사를 관찰 가능하다는 장점이 있다.

초기 커플 유튜브 채널(~2018년)_ 이상적인 연인의 모습을 보여주다

아직 결혼하지 않은 커플이라면 언제든 헤어짐의 가능성이 항상 존재한다. 커플 유튜브를 하게 되면 둘 사이의 연애와 일상이 많은 사람에게 공개됨은 물론 어딘가에 영원히 '박제'될 수도 있다. 이런 점들 때문에 개인이 운영하는 다른 유튜브 채널에 비해 커플 채널은 시작하는 데 허들이 높은 편이다. 그럼에도 커플 유튜브 채널이 늘어나고 있는 이유는 무엇일까?

첫째, 어린 시절 젊고 풋풋한 자신들의 모습을 영상으로 남길 수 있기 때문이다. 기록은 기억보다 강하다는 말처럼 아름다운 시절이 기억 저편으로 사라진다 해도 그들의 기록은 남게 된다. 둘째, 둘 사이의 케미가 좋은 경우 남들에게 보여주고 싶은 욕구가 생겨난다. 사랑에 빠지면 그걸 주변에 자랑하고 싶은 마음이 일반적인 심리다. 그리고 연애를 공개하는 대가로 유명세나 경제적인 수익을 얻을 수 있다는 측면도 매력적이다. 어떤 커플들에게는 하지 않을 이유가 없는 콘텐츠다.

그런 이유로 인해 초기에는 조용한 성격을 가진 커플들보다는 남들 앞에 나서는 것을 좋아하거나, 말을 잘하거나, 개그감 있는 소위

'비글미' 넘치는 커플들이 주를 이뤘다. 커플 채널인 만큼 초기에는 다정하고 적극적으로 애정을 표현하며 이상적인 연인의 모습을 보여주는 것이 콘텐츠의 메인 주제였다. 더불어 연인을 속여서 반응을 살피는 깜짝카메라, 질투를 유발해 반응을 보는 콘텐츠, 재미있는 콩트를 구성해 보여주는 등 엔터테이너형 커플로 활약하는 경우도 많았다.

초기 커플 채널로는 '소근커플', '쏘야쭝아', '성수커플', '엔조이커플', '석준이가해', '오예커플' 등이 있다.

중기 커플 유튜브 채널(2019~2020년)_ 다양한 커플들의 리얼 라이프
중기로 넘어오면서 커플도 다양화돼 국제 커플, 동거 커플, 싱글맘, 싱글대디 채널이 늘어나기 시작했다. 또한 '소근커플', '쏘야쭝아', '석준이가해', '오예커플' 등 초기 커플들이 동거를 시작하면서 동거 콘텐츠의 싹이 트기 시작했다. 장기간 연애했고 서로에 대한 확신은 있지만 굳이 결혼하지 않는(마음만 있으면 언제든 결혼해도 이상하지 않은) 커플들이 자신의 동거를 떳떳하게 공개함으로써 동거에 대한 인식의 전환을 가져오기도 했다. 동거가 몰래 숨겨야 하는 은밀한 일이나 부끄러운 일이 아니라, 성인 남녀라면 당당하게 선택할 수 있는 연애 옵션 중 하나임을 몸소 보여준 것이다.

그 이후로 커플+동거 유튜브 채널이 하나둘씩 늘어나면서 콘텐츠의 성격과 방향도 조금씩 달라지고 있다. 깜짝카메라 같은 예능형 콘텐츠도 여전히 존재하지만 예전에 비해 현실적인 콘텐츠로 경

향이 바뀌는 추세다. 일상 브이로그, 관계에 대한 솔직한 토크, 연애에 대한 고민이나 조언, 장기 연애를 통해 깨달은 점, 권태기에 대한 소회와 극복 과정 등 커플들이 겪는 현실적 문제나 내밀한 고민들을 솔직하게 털어놓고 함께 답을 찾아 나가는 콘텐츠가 눈에 띄게 늘었다. 엔터테인먼트적인 요소보다 리얼 라이프에 더 비중이 실리게 된 것이다.

또 하나의 특징으로는 국제 커플 채널의 증가를 들 수 있다. 이 채널들은 둘 사이의 애틋한 사랑도 보여주지만 양국의 문화 차이, 생활 습관 차이, 가치관 차이에서 오는 문제들에 집중하며 콘텐츠의 흥미 요소를 끌어냈다. 국제 커플이라는 특성상 타 문화권 사람과 연애하면서 겪는 다양한 갈등 상황이 재미 요소로 작용했으며, 그것을 극복해나가는 과정을 담은 에피소드가 많았다. 특히 코로나19 기간 동안 강제로 떨어져 있어야 하는 커플도 많았는데, 이별 아닌 이별의 상황과 극적인 재회를 현실적으로 보여주는 콘텐츠들을 보며 많은 시청자들이 함께 슬퍼한 것은 물론 위로를 건네기도 했다.

동시에 싱글맘, 싱글대디의 브이로그도 많아지기 시작했다. 이들은 이혼 과정, 이혼 후의 슬픔과 그것을 극복하는 모습 등을 시청자들과 공유하며 위로를 받고 동시에 비슷한 처지의 사람들에게 용기를 주고 있다. 아무리 유튜브라 해도 이런 콘텐츠들이 만들어질 수 있는 것은 사회적으로 이혼과 재혼에 대한 부정적인 시선이 완화되었기 때문이라 볼 수 있다.

대표적인 국제 커플 채널로는 한국 남자와 벨라루스 여자 커플의

'샤샤와제이'를 들 수 있다. 이 채널은 2019년 1월 11만 명이던 구독자수가 같은 해 12월 72만 명을 넘어설 정도로 가파르게 성장했다. 한국 여자와 일본 남자 커플의 '토모토모'는 2019년 4월 채널을 개설해 그해 12월에 구독자 23만 명을 달성했다. 그 외에 '준 오브 다샤', '진우와 해티', '타코사마', '유네린' 등이 눈에 띈다. 20대 동거 커플 채널에는 '코지데이', '부라도커플'이 있으며, 싱글맘 채널에는 '제이월드', '마릴린', '맘씨', 싱글대디 채널로는 '아이엠엄빠', '최준호', '스와니' 등이 있다.

최근 커플 유튜브 채널 트렌드

1020세대의 경우에는 커플 채널을 보며 대리만족하는 측면이 강해 이들 채널을 많이 시청했다. 반면 결혼한 부부의 콘텐츠는 1020세대가 공감할 요소가 적어 시청할 이유가 많지 않았던 것이 사실이다.

하지만 초기 커플 채널을 운영하던 이들이 결혼하기 시작하면서 자연스럽게 신혼 생활 콘텐츠로 옮겨갔고, 그것이 또 하나의 트렌드로 자리 잡기 시작했다. 자신이 시청하던 채널의 커플이 연애를 할 때부터 함께해왔던 터라 익숙한 커플이 만들어내는 결혼 생활 콘텐츠도 거부감 없이 시청할 수 있었던 것이다. 또한 유튜브 시청자들 역시 나이를 먹어가면서 결혼하는 등 삶의 변화를 겪기에, 변화된 콘텐츠를 따라 이동하는 것은 매우 자연스런 현상이었다. 일례로 '소근커플'은 '소근부부'로, '연애이야기'는 '연스커플'로 결혼 후 채널명을 바꿨다.

연애 후 채널명을 바꾼 크리에이터 '연스커플'

(출처: 유튜브 '연스커플 Yeon's Couple' 채널)

20대 동거 커플의 일상을 보여주는 크리에이터 '코지데이'

(출처: 유튜브 '코지데이 CozyDay' 채널)

국제 커플의 연애 과정을 보여주는 크리에이터 '유네린'

(출처: 유튜브 '유네린NERIN' 채널)

국제 커플의 경우 코로나19 팬데믹이 장기화되면서 시국과 국경의 한계를 극복하기 시작했다. 그들은 유학이나 장기 여행, 결혼 등을 추진하여 재회했다. 그리고 동거를 시작하거나 하숙, 자취 생활 등을 통해 함께하는 일상을 시청자들에게 보여주고 있다. 시청자들은 오랜 기다림 끝에 다시 만난 커플의 모습을 보며 함께 울고 웃고, 그들의 추진력과 실행력을 응원하고 지지한다.

대표적으로 한국 여자와 일본 남자 커플 '토모토모'와 '타코사마'는 일본에서 재회를, 한국 여자와 러시아 남자 커플인 '유네린'의 경우 한국에서 재회한 후 유학 생활을 시작했다. 한국 여자와 미국 남자 커플인 '장이나'는 미국에서 결혼하며 영주권을 취득하는 등 국제 부부가 되는 현실적인 과정을 공유하고 있다.

그런가 하면 10대 커플과 10대 부부 채널들이 등장하면서 신선함과 함께 충격을 주기도 했다. 적극적으로 자신을 표현하는 Z세대답게 이들 10대 커플들은 함께 데이트하는 일상을 공유하며 적극적인 애정 표현 또한 가감 없이 보여주고 있다. 10대 부부들은 다른 부부 채널들과 유사하게 신혼의 일상을 보여주거나 아이가 있는 경우 육아 일상을 현실적으로 보여준다. 이들은 고등학생부터 중학생까지 나이대가 다양하게 분포되어 있으며, 연령대가 비슷한 10대와 20대가 주 시청층이다. 대표적인 10대 커플 채널로는 '달수의개똥', '챠코', '럽주' 등이 있고, 10대 부부 채널로는 '현쥐팥쥐'와 '참참참' 등이 있다.

한편, 중기 후반부터 하나둘씩 등장한 동성 커플 채널들이 팬덤을 형성하며 자리를 잡아가고 있는 트렌드도 주목할 만하다. 대표적으로 게이 커플이 운영하는 '뽀송한 준'은 국내뿐만 아니라 해외에서도 큰 사랑을 받고 있는 채널이다. 그들은 과감한 스킨십을 하는 영상을 비롯해 특정 상황 속 연인의 반응을 확인하는 깜짝카메라, 동거 일상 브이로그 등 다양한 기획으로 큰 화제를 얻었다. 2020년 11월 첫 영상을 업로드한 후 약 1년 만에 구독자 100만 명을 돌파했으며 2022년 9월 기준 200만 명 이상의 구독자를 보유 중이다. 이외에도 레즈비언 커플인 '단하나'와 '토돌이네' 등도 연애 일상을 가감 없이 보여주며 시청자들의 응원과 지지를 받고 있다.

콘텐츠 속 남녀가
변화하고 있다

'남자답다', '여자답다'는 말에 내포된 편견과 고정관념이 고스란히 드라마에 반영되던 시절이 있었다. 하지만 모든 사람이 '성性'을 떠나 한 명의 인격체로서 평가받고 인정받는 시대로 접어들면서 드라마에도 이 같은 변화가 나타나고 있다. 지금은 현실에서뿐 아니라 콘텐츠에서도 '남자는 이래야 한다', '여자는 저래야 한다'는 말을 함부로 했다가는 성차별 논란에서 자유롭기 어렵다. 이런 분위기에서 무엇보다 눈에 띄는 것은 여성 캐릭터의 대대적인 변화다.

콘텐츠에서 나타나는 여성 캐릭터의 주요한 변화는 크게 3가지로 살펴볼 수 있다. 첫째, 여성들의 사회적·경제적 배경이 향상된 것이다. 여성이 남성에게 경제적으로 의존하거나 사회적으로 종속되어 있던 흐름에 변화가 생기며 콘텐츠 속의 남녀 구도 설정 역시 달라졌다. 둘째, 자기주도적, 능동적인 삶의 태도를 보여준다. 남자의 선택에 의해 삶이 결정되지 않고 자기 의지에 따라 목표를 설정하고 선택하며 스스로 삶을 리드한다. 셋째, 연애에서도 강한 주도권을 보여준다. 남자의 고백을 기다리거나 수동적으로 반응하는 연애가 아니라 자신의 감정을 솔직하게 느끼고 표현하는 연애를 한다.

남녀 캐릭터에 대한 고정관념이 깨지면서 남성 선호도에 있어서도 변화된 시선이 나타나고 있다. 기존에는 남성성을 강조하는 마초남이나 제멋대로 구는 나쁜 남자 캐릭터가 자주 등장했다면 최근에는 꾸밈없고 다정다감한 '무해남'으로 그 선호가 바뀌는 추세다.

이를 단순히 양성평등이라는 개념의 반영으로 보기에는 부족한 부분이 있다. 그보다는 인간이 자의식을 가진 개별적 주체라는 각성에서 온 변화라고 봐야 한다. 최근 드라마 속 남녀는 독립적인 동시에 상호보완적이며 탈의존적 경향이 두드러진다. 즉, 개별 주체로서 어떻게 살아갈 것이냐에 캐릭터의 초점이 맞춰지고 있다는 뜻이다.

이런 흐름으로 인해 여성을 주인공으로 한 드라마들이 눈에 띄게 늘어났으며 예능 프로그램 또한 이러한 변화를 주도하는 중이다. 〈스트릿 우먼 파이터〉나 〈골 때리는 그녀들〉처럼 여성이 메인으로 등장하는 예능 프로그램들이 활발하게 만들어지며 시청자들의 큰 호응을 얻고 있다.

지난 10년, 드라마 속 남녀 주인공은 어떻게 바뀌었나?

드라마를 좋아하는 사람이라면 지난 10년 동안 드라마 속 주인공들의 성 역할이나 캐릭터 묘사가 많이 바뀌고 있다는 데 대해 동의하지 않을 수 없을 것이다. 이는 사회적으로 고정되어 있던 성 역할에서 벗어나 남녀 구분 없이 한 명의 개인으로서 삶을 영위하고 자신을 표현하려는 젠더 뉴트럴^{Gender Neutral} 트렌드가 미디어에도 고스란히 반영되는 것이라고 볼 수 있다.

해당 트렌드를 조금 더 제대로 살펴보기 위해서 우리는 2012년부터 2021년까지 방송, 케이블, OTT에서 방영된 시청률 상위 드라마 각각 10개를 선정해보았다. 그렇게 총 100개의 드라마 중 남녀 간의 로맨스가 주제인 드라마를 2개씩 골라 정리했다. 시대상이 반영되기 힘든 사극이나, 직장 및 사업 이야기가 주 소재인 드라마는 제외했다.

그렇게 살펴본 결과 지난 10년간 드라마의 여성 주인공에게서는 크게 3가지 두드러진 변화가 나타났다. 바로 사회적·경제적 배경 향상, 능동적인 삶의 태도, 높은 연애 주도권이다.

변화 1_ 여성들의 사회적·경제적 배경 향상
"끼부리지 마요. 나랑 잘 것 아니면….”

2012년 평균 시청률 19.3%(전국 기준 TNmS 집계는 20.0%, AGB 닐슨 집계는 19.3%)를 기록한 드라마 〈신사의 품격〉에 나오는 대사

2011~2021년 시청률 상위 드라마 중 남녀 간의 로맨스가 주제인 드라마

년도	선정 드라마 1	선정 드라마 2
2011	시크릿 가든	최고의 사랑
2012	세상 어디에도 없는 착한 남자	신사의 품격
2013	너의 목소리가 들려	주군의 태양
2014	별에서 온 그대	괜찮아, 사랑이야
2015	용팔이	프로듀사
2016	태양의 후예	푸른 바다의 전설
2017	쌈, 마이웨이	돈꽃
2018	미스터 션샤인	황후의 품격
2019	동백꽃 필 무렵	호텔 델루나
2020	사랑의 불시착	이태원 클라쓰
2021	슬기로운 의사생활 2	갯마을 차차차

다. 이 대사를 뱉은 김도진이 외모와 재력을 두루 갖춘 바람둥이 캐
릭터임을 감안하더라도, 만약 최근 드라마에서 이런 대사가 나왔다
면 분명 논란이 됐을 것이다. 상대 여자의 행동에 대해 끼를 부린다
고 자의적으로 해석하는 태도도 문제일뿐더러, 여자를 성적으로 대
상화하는 시대착오적 시선이 배경으로 깔려 있기 때문이다. 이 드라
마의 여자 주인공 서이수는 고등학교 윤리 교사로 인생의 굴곡이 많

고 가난한, 일명 사회적 약자다. 김도진의 대사를 통해 그가 사회적 약자 서이수를 어떤 관점에서 바라보는지가 여실히 드러난다.

이처럼 당시 유행을 끌었던 〈시크릿 가든〉, 〈신사의 품격〉, 〈최고의 사랑〉 등과 같은 작품들을 살펴보면, 여자 주인공은 대체로 씩씩하지만 사회적 신분이 낮거나 경제적 능력이 좋지 않은 캐릭터로 그려졌다. 반면 성공한 CEO, 재벌, 부유한 계층은 주로 남자 주인공의 몫이었다. 그러다 보니 가난한 여성이 왕자와 같은 남성과 사랑에 빠져 신분이 상승하는 신데렐라식 구성이 많을 수밖에 없었다.

트렌드가 많이 바뀐 최근에는 어떨까? 우선 시청자들이 드라마를 현실의 도피처나 현실에서 이룰 수 없는 꿈을 대리만족하는 대상으로 여기지 않는다. 당연히 가난한 여성이 남자를 잘 만나 신분 상승하는 드라마는 별로 인기가 없다.

드라마조차 신데렐라식 스토리를 비꼬았다. 신데렐라 계집애는 드라마에서도 안 먹힌다고 말하는 〈쌈, 마이웨이〉의 여자 주인공 최애라는 시대착오적인 드라마 캐릭터에 일침을 날린다. 이 사이다 대사는 어쩌면 자기 장르에 대한 통렬한 자아 비판이기도 하다.

변화 2_ 자기주도적, 능동적인 삶의 태도

2010년 이후 방영된 드라마들부터는 자신의 삶을 주도적으로 이끌어나가는 여자 주인공이 점점 늘어나기 시작했다. 그럼에도 여전히 수동적인 캐릭터로 묘사되고 있었다. 〈신사의 품격〉의 서이수, 〈세상 어디에도 없는 착한 남자〉의 서은기, 〈주군의 태양〉의 태공실, 〈용팔이)의 한여진. 이들의 사회적 배경은 각기 다르지만 놀랍게도 그들 모두 수동성에서 벗어나지 못하는 한계를 드러낸다.

〈신사의 품격〉의 여자 주인공 서이수 대사를 보면 그런 특성이 한눈에 보인다. "내 인생에도 갑자기 무슨 일이 좀 일어났으면 좋 겠다. 가령 사랑 같은 거." 스스로의 힘으로 현실을 극복하기보다 타인에 의해 구제받고 싶어 하는 삶의 태도가 고스란히 드러난 대 사다.

동서고금을 막론하고 남자든 여자든 결혼이라는 제도를 통해 신 분 상승을 꿈꾸는 사람들은 항상 존재해왔다. 하지만 최근의 사회 트 렌드를 보면 지금의 2030 여성들은 이전보다 훨씬 주도적으로 자 신의 인생을 설계하고 목표를 달성해나간다. 이런 흐름은 드라마에 도 고스란히 반영돼 있다. 성공하는 방법은 누구나 다 아는 것처럼 화이팅하면 된다는 〈이태원 클라쓰〉 속 조이서의 대사가 그것을 상 징적으로 보여준다. 이외에도 비슷한 변화를 보여주는 대사들을 꼽 아보자면 다음과 같다.

> "아니, 제가 잘 버는데 남자 직업이 뭐가 중요해요. 아, 사람만 괜찮 으면 됐지."(〈갯마을 차차차〉 윤혜진)
>
> "아버지가 만들고 싶었던 세상, 내가 만들고 싶어요."(〈돈꽃〉 나모현)

변화 3_ 연애에서의 강한 주도권

〈너의 목소리가 들려〉의 여자 주인공 장혜성은 남자 주인공 박수하에게 '동생으로서, 친구로서, 그리고 남자로서 좋아한다'고 고백한다. 여자 주인공이 남자 주인공의 양 볼을 잡고 당당하게 고백하는 이 장면은 당시만 해도 꽤나 신선했다. 이전까지는 주로 남자가 고백하고 여자는 수락하는 상황이 지배적이었기 때문이다. 하지만 최근에는 이 같은 태도 역시 달라지고 있다. 몇 년 전부터는 극 중 여성이 먼저 고백하거나 연애를 주도하는 경우가 많아졌다. 이를 잘 드러내주는 대사들을 살펴보면 다음과 같다.

> "좋아, 아주 내 맘에 쏙 들어."(〈호텔 델루나〉 장만월)
> "현관에 우리 신발이 늘 나란히 놓여져 있으면 좋겠어, 외롭지 않게. 홍반장, 나랑 결혼해줄래?"(〈갯마을 차차차〉 윤혜진)
> "폐하, 제가 소원이 하나 있는데, 저랑 러브샷 한번 할까요."(〈황후의 품격〉 오써니)

특히 2022년에 방영된 〈나의 해방일지〉에서는 '추앙'이라는 단어까지 등장하며 동등한 관계를 넘어 여성인 자신을 우러르고 받들어보라는 표현도 등장했다.

드라마 주인공, 이분법 구도에서 탈피하다

젠더 뉴트럴 트렌드가 지향하는 개념은 '평등'보다는 '독립적', '상호보완적', '탈의존적'에 가깝다. 쉽게 설명하자면 이런 것이다. 기존에는 남성이 프로그램의 진행을 맡는 것이 당연시되었다면 이제는 누구든 진행 능력이 좋은 '인물'이 맡는다. 이런 과정을 통해 자연스럽게 여성이 콘텐츠 내에서 중추적인 역할을 담당하는 사례가 증가했다.

기존 드라마에서는 남성이 핵심 역할을 맡는 사례가 많았기 때문에 여기서는 여성이 단독 주연인 사례 위주로 살펴보려 한다. 여성이 주인공 혹은 핵심 역할을 맡게 됨에 따라 프로페셔널한 직업을 갖거나 사건과 문제를 파헤치는 해결사적인 캐릭터로 묘사되는 경우가 늘었다. 대표적인 드라마로는 〈구경이〉, 〈마이 네임〉, 〈술꾼도시여자들〉, 〈서른, 아홉〉, 〈검색어를 입력하세요 WWW〉 등이 있다.

〈구경이〉는 게임과 술이 전부인 경찰 출신 보험조사관 구경이가 완벽하게 사고로 위장된 의문의 연쇄살인 사건을 파헤치는 코믹 탐정극이다. 우아함의 대명사였던 배우 이영애가 부스스한 머리를 한 방구석 폐인으로 변신해 관심을 모으기도 한 작품이다. 기존 드라마들에서는 알코올 중독에 비상한 추리력을 가진 탐정이 주로 남성 캐릭터였던 데 반해 이 작품은 여성 단독 주연이라는 점, 상반되는 이미지의 배우를 기용했다는 점 등 여러 측면에서 신선함과 의외성의 재미를 주었다.

〈마이 네임〉의 주인공은 '아빠를 죽인 범인은 누구인가?'에 대한 답을 찾기 위해 고군분투한다. 아버지의 죽음에 얽힌 비밀을 밝히기 위해 경찰 신분으로 위장해 잠입한 주인공의 복수극을 그린 드라마로, 배우 한소희가 주인공 오혜진 역을 맡았다. 역시나 남성 주인공이 메인이던 액션 누아르 장르에서 여성 캐릭터가 단독 주연인 것은 흔치 않은 설정이다.

〈술꾼도시여자들〉은 하루를 마무리하며 먹는 술 한잔이 인생의 신념인 세 여자의 일상과 과거를 코믹하게 그려낸 본격 기승전'술' 드라마다. 기분 좋은 일이 있어도 한 잔, 안 좋은 일이 있어도 한 잔, 그녀들은 모두 술에 진심이지만 이 작품은 술보다 진한 세 여자의 우정에 집중되어 있다. 이와 비슷하게 세 여성이 주인공인 드라마로는 〈서른, 아홉〉이 있다. 마흔 살을 코앞에 둔 세 친구의 우정과 사랑, 삶에 대한 깊이 있는 이야기를 다룬 현실 휴먼 로맨스 드라마다.

그리고 〈검색어를 입력하세요 WWW〉는 트렌드를 이끄는 포털 사이트 회사에서 당당하게 일하는 여자들과 그녀들의 마음을 흔드는 남자들의 리얼 로맨스를 그려냈다.

이들 드라마에는 어떤 공통점이 있을까? 포스터 이미지만으로도 공통점을 찾아낼 수 있다. 먼저 포스터에는 여성만 있고 남성이 등장하지 않는다. 연애의 서사가 포함되는 드라마도 있었지만 그 비중이나 중요도가 크지 않음을 상징하며, 연애보다 주인공들의 삶의 목표, 일, 성취가 우선시됨을 알 수 있다.

여성이 메인이 된 예능 프로그램의 약진

여성이 콘텐츠 내에서 중추적인 역할을 담당하는 사례는 예능에서도 찾아볼 수 있다. 대표적인 예능 프로그램으로는 〈스트릿 우먼 파이터〉(이하 〈스우파〉), 〈골 때리는 그녀들〉(이하 〈골때녀〉), 〈언니들이 뛴다-마녀체력 농구부〉, 〈노는 언니〉, 〈서울체크인〉 등이 있다. 이전에도 〈무한걸스〉(2007~2013), 〈셀럽파이브〉(2018)처럼 여성이 메인인 예능 프로그램은 존재했으나 여성 코미디언을 중심으로 하는 예능이 대부분이었다. 2020년 〈놀면 뭐하니?〉에 등장했던 '환불원정대'도 엄정화, 이효리, 제시, 화사로 이루어진 부캐 아이돌 그룹이었으며 유재석의 부캐 '지미 유'가 기획사 대표 겸 프로듀서로 있는 형태였다.

이러한 흐름에 변화가 생긴 것은 2021년에 들어서면서부터다. 부쩍 여성 중심의 예능이 늘어나기 시작했는데, 이 흐름을 주도한 것은 다름 아닌 〈스우파〉와 〈골때녀〉였다.

스우파, 실력자들의 진정한 멋짐이 폭발하다

〈스우파〉는 엠넷에서 방송된 여자 댄스 크루 서바이벌 프로그램이다. 엠넷은 과거부터 꾸준하게 여성 중심의 서바이벌 프로그램을 제작해왔다. 2015년에는 〈언프리티 랩스타〉라는 여성 래퍼 경연 프로그램을 만들어 시즌3까지 제작했고, 2020년에는 〈굿걸: 누가 방송국을 털었나〉라는 힙합 경연 프로그램을 제작했다. 〈스우파〉는 최고 시청률 2.9%로 비드라마 TV 화제성 차트 프로그램 부문에서 3주 연속 1위를 했으며,[3] 58회 백상예술대상 TV 부문 예능 작품상을 수상할 정도로 화제가 된 콘텐츠였다.

기존에도 여성 중심의 경연 프로그램이 많았는데 유독 〈스우파〉의 반응이 폭발적이었던 이유는 무엇일까? 힙합과 댄스라는 장르적인 차이가 있기는 하지만 장르 자체가 핵심은 아니다. 기존의 경연 프로그램은 참가자들의 실력을 보는 측면도 있었지만 그보다는 그들 사이의 갈등에 초점을 맞추는 경우가 많았다. 사연 있는 출연자들 간의 신경전과 심리 변화를 보여줌으로써 화제성을 확보하는 것이 서바이벌 프로그램의 정석과도 같았다.

물론 〈스우파〉도 초기에는 크루 간의 신경전을 보여주기는 했지만 기존의 경연 프로그램들과 근본적으로 두 가지가 달랐다. 첫째, 출연진의 탁월한 실력이다. 〈스우파〉는 출연진들의 실력이 이미 세계적으로도 최고 수준이었다. 걸그룹의 안무를 만들어주는 안무가, 세계 대회에서 수상한 비걸, 댄서들의 선생님으로 불리는 멤버들까지 오랜 기간 현업에서 인정받으며 실력자로 손꼽혀온 이들이 주인공이었다. 매우 높은 수준의 실력자들이 대거 등장함으로써 〈스우파〉는 최고의 댄서들이 진검승부를 겨루는 프로그램이 되었다.

둘째, 경연 과정에서 시청자들이 원하는 여성의 멋짐이 탄생했다. 스트리트 댄스라는 비주류 장르에 인생을 바쳐온 이들이 보여주는 순수한 열정, 나이와 경력 상관없이 당당하고 자신감 있는 모습, 팀원을 신뢰하고 믿는 리더십, 경연 프로그램임에도 상대 팀에 대한 리스펙트를 보여주는 태도에서 시청자들은 '이것이야말로 진정한 프로'라고 느낀 것이다. 프로그램이 끝났어도 출연자들의 인기가 쉬이 사그라들지 않는 이유는 이들이 시대가 원하는 진정으로 멋진 여성상을 몸소 보여주었기 때문이다.

스포츠 예능 전성시대, 진정성을 응원하다

2021년 공중파에서는 스포츠 예능 프로그램이 물밀듯 쏟아져 나왔다. 그중 축구와 농구처럼 WK리그, WKBL리그와 같은 프로리그가 존재함에도 '남성 스포츠'라는 인식이 강한 종목에 여성들이 도전하는 프로그램이 늘어났다.

그중 가장 눈에 띄는 프로그램은 단연 〈골때녀〉다. 이 프로그램은 여성 연예인, 모델, 개그우먼, 외국인 등으로 구성된 6개 팀이 토너먼트를 벌이는 형태로 진행되었다. 시즌1의 경우 여성 고정 출연자(선수)만 38명에 달해 역대 가장 많은 여성 연예인이 고정 출연하는 예능으로 자리했다. 〈골때녀〉는 6.9%라는 평균 시청률(닐슨코리아 전국 기준)을 기록할 만큼 화제성이 강했다. 그러한 화제성 이면에는 진정성이 있었다. 기존의 스포츠 예능은 인기 있는 여성 출연자들이 등장해 체험하는 정도에 머물렀지만 〈골때녀〉는 달랐다. 모든 출연진들은 최소 4개월 이상 축구 레슨을 받았고, 방송이라는 생각 없이 진지하게 축구에 임했다. 그래서 부상자도 많이 나왔고 결과에 따라 눈물을 흘리는 장면도 유독 많았다.

〈스우파〉가 여성 시청자를 중심으로 화제가 되었다면 〈골때녀〉

는 남성 시청자들 사이에서도 화제가 되었다는 점이 다르다. 여성 연예인들이 승부를 위해 몸을 던지며 진정성을 보여주자 남성 시청자들도 선입견을 버리고 진지한 태도로 시청을 한 것이다.

2022년 상반기에 방영된 〈언니들이 뛴다-마녀체력 농구부〉만 봐도 그 차이를 확연히 알 수 있다. 이 프로그램은 〈골때녀〉와 다르게 진지한 스포츠라기보다는 가벼운 쇼 콘셉트로 진행되어 시청자들 입장에서는 진정성을 느끼기 어려웠다. 그런 이유 때문인지 첫 회 3.3%였던 시청률이 11회에는 0.5%까지 내려가며 시청자들의 냉담한 반응을 확인시켜줬다.

상남자는 그만, 사랑할 수밖에 없는 청정 무해남이 뜬다

젠더 뉴트럴은 여성에게만 해당되지 않는다. 콘텐츠 속 남성의 모습도 갈수록 다양해지고 있다. 그리고 그 트렌드 속에서 지금 이 시대가 원하는 남성상도 조금씩 변화함을 엿볼 수 있다.

꽤 오랜 기간 드라마와 영화에서는 강한 남성이 매력적인 캐릭터로 표현되는 경우가 많았다. 나쁜 남자, 마초적인 남자, 차가운 남자, 능력 있는 남자가 이에 속한다. 직업군도 재벌, 대표, 톱스타, 검사, 조폭 두목, 도둑 등 권력과 능력에 기반한 것이 많았다. 하지만 최근 드라마 속 남자 주인공들은 이전과는 사뭇 다른 모습이다. 강함, 권력, 남성성 등을 어필하던 전형적 캐릭터에서 벗어나 다양한 모습으로 변주되고 있다. 부드럽고, 가정적이며, 친절한 캐릭터들이 늘어나면서 이전과 달리 다양한 캐릭터를 만날 수 있게 되었다. 그중에서도 가장 눈에 띄는 것은 여자들에게 일말의 해도 끼치지 않을 것 같은 '무해남' 이미지다. 그렇다면 무해남 캐릭터들은 대체로 어떤 특성을 지니고 있을까?

- **해롭지 않다:** 인성이 올바르다. 나쁜 짓을 하지 않고 거칠거나 폭력적이지 않으며 불필요한 스트레스를 주지 않는다.
- **나만을 바라봐준다:** 바람기가 없다. 순수한 사랑을 할 줄 안다. 적당한 거리감은 있지만 필요할 때 항상 옆에 있다.
- **프로페셔널하다:** 자신의 일에 있어서는 뜨거운 열정과 프로 정신을 보여주며, 직업과 관계없이 일에 대한 자부심이 강하다.

무해남 캐릭터가 등장한 작품 중 눈에 띄는 것은 2019년 방영된 〈동백꽃 필 무렵〉이다. 이 작품의 남자 주인공은 파출소 순경 황용식으로, 그는 무데뽀의 남성성을 갖고 있지만 동시에 순박하고 솔직한 모습도 갖고 있다. 가정적일 뿐 아니라 여자 주인공이 요구하지 않아도 늘 그녀를 돕고자 하는 순정파적인 캐릭터다. 나쁜 남자와는 상반되는 나만 바라봐주는 순정남의 콘셉트를 지녔다.

2020년 방영된 〈이태원 클라쓰〉의 남자 주인공 박새로이는 중졸에 전과자 출신이다. 친구를 때렸으나 자존심 때문에 무릎을 꿇지 않아 살인미수 전과자가 될 만큼 불의에 타협하지 않는 강직한 성격을 지녔다. 그는 원하는 것을 다 이루면서 살 거라고 당당하게 말한다. 자칫 스스로를 객관적으로 보지 못하는 망상 가득한 캐릭터로 보일 수 있지만, 박새로이는 현실에 흔들리지 않고 정석대로 살며 꿋꿋이 버텨 단밤이라는 가게를 성공시킨다. 동시에 여주인공의 대시에 머뭇거리는 순수함도 갖고 있다. 능력주의를 표방하는 기존 남성 캐릭터와 달리 정의로운 인생 역전의 캐릭터라 할 수 있다.

2021년 방영작 〈그 해 우리는〉의 남자 주인공 최웅은 극 중 역할을 맡은 배우 최우식의 이미지까지 겹쳐 특유의 캐릭터성이 효과적으로 표현되었다. 최웅은 전교 꼴등이지만 부모님이 여러 개의 식당을 운영하는 유복한 집안의 도련님이다. 성격적인 면에서는 구김살이 없지만 딱히 열정도 없다. 시간이 나면 그늘에 누워 낮잠을 자는 태평한 성격에 거짓말도 잘 못하는 순수함을 가진 캐릭터다. 극 중 인터뷰 신에서 꿈은 없고, 그냥 놀고 싶다고 당당하게 말하는 것만 봐도 알 수 있다. 비주얼적으로는 하얀 피부, 여리한 몸매, 보호본능을 자극하는 귀여움이 매력 포인트다. 하지만 반전 매력도 있다. 게으른 베짱이처럼 그림만 그렸던 그가 결국 유명한 아티스트가 되어 그림에서만큼은 프로페셔널로서의 저력을 보여준다. 어찌 보면 요즘 MZ세대가 선호하는 무해남 스타일에 가장 부합하는 남자 주인공이다.

이러한 남성 캐릭터들의 변화는 무엇을 의미할까? 이는 단순히 마초남이나 나쁜 남자 혹은 여자가 기대고 싶은 남자에서 무해남으로 선호 캐릭터가 바뀌었다는 단편적 사실을 말해주는 데 그치지 않는다. 이런 변화들은 성 역할에 대해 우리 사회가 주입해온 고정관념과 편견에서 벗어나고자 하는 의지, 그리고 인간이 개별 주체로서 존중받는 사회를 원하는 시대상의 반영이다.

신규 창작자들의 등장과
콘텐츠 혁신

내놓는 작품마다 높은 화제성과 대중성을 보여주며 시청률을 자체 경신하던 김은숙 작가의 〈더 킹 : 영원의 군주〉는 2020년 많은 관심 속에서 방영이 시작됐다. 하지만 시청률, 작품성, 화제성 등에서 그다지 좋지 않은 평가를 받으며 그간의 명성에 미치지 못한 결과를 보여줬다. 김은숙 작가는 〈시크릿 가든〉, 〈신사의 품격〉, 〈상속자들〉, 〈태양의 후예〉, 〈도깨비〉 등으로 대중적 인기도나 흥행성에서 손꼽히는 작가였기에 실망감은 더 크게 나타났다.

김은숙 작가를 예로 들었으나 비단 그녀만의 문제는 아니다. 과거 드라마 신을 지배하던 기존 작가군들이 트렌드 반영 측면에서는 젊은 신진 작가들을 따라가지 못하고 있는 실정이다. 변화하는 시대상을 제대로 포착하지 못해서일 수도 있고, 과거의 성공 문법에서 쉽사리 벗어나지 못하는 관성의 문제일 수도 있다. 트렌드는 누구나 알 수 있지만 트렌드를 반영한 콘텐츠를 제작하거나 트렌드를 선도하는 것은 생각보다 어려운 일이기에 더욱 그렇다.

최근 기존 드라마의 문법을 깬 신진 작가들이 대거 등장하면서 천편일률적으로 만들어지던 콘텐츠에 변화를 가져오고 있다. 나이가 젊다 보니 또래 세대들이 공감하거나 흥미를 느낄 법한 주제와 트렌드를 잘 포착하고, 전에 없던 신선한 형식으로 창작하는 시도가 늘어나고 있는 것이다.

또한 웹툰이나 웹소설을 원작으로 한 드라마나 영화도 활발하게 만들어지는 추세다. 기존 드라마 작가들이 제공하지 못한 신선하고 다양한 콘텐츠들이 수혈되면서 마니아층을 공략한 장르물부터 폭넓은 연령층을 공략하는 대중성 높은 작품까지 여러 작품들이 포진돼 있다. 현재 콘텐츠 시장에는 신진 작가들이 다양한 루트로 대거 편입되면서 전에 없던 새로운 물결이 일어나는 중이다.

그렇다면 작가 교체만이 트렌드를 이끌고 시청자의 니즈를 충족시키는 작품을 만드는 해법일까? 어느 분야에서나 젊은 피 수혈은 필요하지만 단순히 작가를 교체하는 것으로 해결될 문제는 아니다. 빅데이터를 통해 트렌드를 제대로 파악하는 노력, 연륜 있고 노련한 기성 작가와 젊은 감성을 지닌 신진 작가의 효율적인 협업 등 다양한 대안을 모색해봐야 할 필요가 있다.

스타 작가들의 레거시화와 한계

2021년 방영된 〈신사와 아가씨〉의 김사경 작가는 〈하나뿐인 내편〉 등 주말 드라마의 히트 메이커다. 그는 〈신사와 아가씨〉에서 세 아이를 키우는 마흔한 살 싱글대디 기업 회장 이영국의 집에 스물일곱 살 취업준비생 박단단이 입주 가정교사로 들어가게 되면서 사랑에 빠지는 이야기를 그렸다. 이 작품은 거부감을 유발하는 남녀 주인공의 캐릭터 설정과 로맨스가 진행되는 과정 모두 현실성이 떨어져 혹평을 받았다.

〈신사와 아가씨〉는 주인공들의 로맨스 외에도 이야기 전개가 지금의 시대상을 제대로 반영하지 못했다는 평이 많았다. 박단단의 아빠는 가족에게 헌신하지만 화가 나는 상황에서 폭력을 행사하고 딸을 감금하는 등 비이성적 행동을 한다. 재벌과의 결혼으로 인생 역전을 노리는 조연 캐릭터나 불륜 미화 등도 가감 없이 나온다. KBS2 주말 드라마 프라임타임에 편성돼 시청률은 잘 나왔으나 드라마 방영 기간 내내 트위터, 커뮤니티, 언론의 질타를 받으며 논란의 중심에 섰다.

2022년 방영된 노희경 작가의 〈우리들의 블루스〉도 논란에서 자유롭지 않았다. 노희경은 〈그들이 사는 세상〉, 〈그 겨울, 바람이 분다〉, 〈괜찮아, 사랑이야〉, 〈디어 마이 프렌즈〉 등 작품성 있고 공감대가 높은 작품을 주로 창작해오며 필력을 인정받은 작가다. 그러나 〈우리들의 블루스〉에서 10대 커플의 임신을 다룬 '영주와 현' 에피

드라마 〈신사와 아가씨〉의 설정에 대한 부정적인 댓글

(출처: 인스티즈)

소드에 대한 시청자 평가는 크게 엇갈렸다. 최근 미디어 전방위적으로 주목하고 있는 10대 부부에 대해 이야기한다는 점에서 시대의 요구를 반영했다고 볼 수도 있다. 하지만 10대 임신과 관련해 이야기를 전개하는 과정에서 지금의 시대가 요구하는 성 역할이나 문제 해결 방법, 공감 가는 메시지를 제대로 반영하지 못하는 한계를 드러내 아쉽다는 평가를 받았다.

예를 들어 임신 중절을 하러 병원에 간 뒤 아이의 심장 소리를 듣고 출산을 결심하는 여자의 태도가 임신 중절도 살인이라는 '죄책감'에 바탕을 둔 결심으로 비추어진다고 비판받았다. 또한 영주와 현의 에피소드가 결국 부모인 인권과 호식의 에피소드로 이어지며 그들의 화해를 위한 도구로 활용됐다는 비판도 있었다. 임신과 출산으로 인한 현실적인 문제에 주목하기보다는 10대의 사랑 이야기로 미화하는 전개 역시 현실의 첨예한 문제를 비껴가는 듯 보여 논란의 여지가 많았다.

기존 드라마의 문법을 깬 신진 작가들의 등장과 흥행

근래에는 지금 이 시대의 남녀 관계를 잘 이해하며 시청자가 공감할 수 있는 현실적인 이야기를 쓰는 젊은 작가들의 작품이 큰 인기를 얻고 있다. 최근 주목받는 신진 작가들은 대체로 1980~1990년대 생이 주를 이룬다. 나이대가 기존 작가군보다 어린 만큼 그들이 그리는 스토리와 캐릭터들도 젊은 세대와 소위 주파수가 잘 맞는다.

그중 눈에 띄는 이는 〈그 해 우리는〉으로 첫 장편 드라마에 도전해 성공한 이나은 작가(1993년생)다. 2016년 웹드라마 '전지적 짝사랑 시점'으로 데뷔한 그는 웹드라마 '연애미수'(2019)를 거쳐 〈그해 우리는〉으로 인기 작가 대열에 올라섰다. 웹드라마를 쓰며 장착된 젊고 신선한 감각이 장편 드라마로 이어졌다고 볼 수 있다. 이나은 작가는 〈그 해 우리는〉이 나올 수 있었던 이유에 대해 이렇게 설명했다.

"평범한 인생을 살았다. 놓치고 후회하는 경우가 많았다. 저 스스로에게 위로를 주는 글을 쓰다 보니 공감해준 것 같다. 제 인생이 특별했으면 이런 이야기가 안 나왔을 것이다. 평범했기에 가능했다."[4]

이 작품은 헤어진 연인이 과거 촬영한 다큐멘터리가 어쩌다 인기를 얻게 되면서 재회하고 다시 사랑하게 되는 이야기가 주를 이룬다. 현실 청춘의 어설픔과 실수를 가감 없이 보여주면서 이별 후 재회하며 서로를 알아가고 관계가 성숙해지는 과정을 다루고 있다. 주요 인물을 살펴보면 남자 주인공 최웅은 유복하고 좋은 양부모 밑에서 자랐으나 친부에게서 버림받은 아픔을 가지고 있다. 여자 주인공 국연수는 부모를 잃고 할머니와 가난한 삶을 살아가는 중이다. 김지웅은 엄마와 불화 관계에 있으며 진솔한 관계 형성에 어려움을 겪고 있다. 이처럼 남녀 주인공을 비롯해 등장인물 모두가 결핍과 트라우마를 갖고 있는데, 이를 극복하고 자신의 상처와 화해하며 성장하는 이야기가 많은 시청자들의 공감을 얻었다.

김은숙 작가의 보조 작가로 활동했던 박시현 작가는 2020년 〈런온〉으로 데뷔했다. 이 작품은 서로 다른 환경에서 자란 남녀 주인공이 서로의 다름을 이해하고 배려하며 성장해나가는 과정을 담고 있다. 서브 남녀 주인공 또한 서로 다른 위치와 환경에 처한 현실을 받아들이며 헤어지게 되는데 그 과정을 무척 현실적으로 그려냈다. 배우 신세경과 최수영이 연기한 오미주와 서단아는 주체적인 인물인 동시에 능력 있으며 당당한 캐릭터로 시청자들의 지지를 받았다. 이 외에도 무성애자, 남자 동성애자 등 다양한 성소수자 캐릭터가 등장해 남녀 관계의 다양성을 제시했다.

술을 사랑하는 세 여자의 일상과 우정을 다룬 드라마 〈술꾼도시여자들〉(2021)은 1984년생 위소영 작가의 작품이다. 술과 함께 서로를 위로하고 스트레스를 푸는 스토리가 드라마의 주요 내용이다. 이성과의 사랑만이 아닌 친구와의 다툼, 직장 내 갈등과 성장, 가족사, 건강사 등 다양한 일상의 이야기를 현실적으로 다루어 시청자들의 공감을 얻으며 흥행했다. 〈술꾼도시여자들〉은 연애를 다루면서도 여자들끼리의 우정을 가벼이 여기지 않았고, '남자가 필요해'를 반복하던 기존 드라마에서 한 단계 진보했다는 평가를 받았다. 2021년 하반기 티빙 신규 구독자수를 견인할 정도로 화제성 면에서도 눈길을 끌었다.

강력한 팬덤을 가진 웹소설과 웹툰의 역습

웹소설, 웹툰을 기반으로 하는 드라마와 영화도 매년 증가하는 추세다. 웹소설이나 웹툰 작가가 직접 드라마 작가로 참여하지는 않지만 기발한 상상력을 바탕으로 한 탄탄한 세계관과 스토리 그리고 이미 보유한 팬덤을 바탕으로 간접적으로 드라마·영화 시장을 두드리고 있다. 웹툰이나 웹소설의 주 소비층이 10대 후반~20대 초반이다 보니 웹툰이나 웹소설을 원작으로 하는 드라마에는 1020세대들이 원하는 삶의 모습들이 유독 잘 투영되어 있는 것이 특징이다.

2020년 tvN에서 방영된 〈여신강림〉은 야옹이 작가의 웹툰 〈여신강림〉을 기반으로 한 드라마다. 원작은 메이크업을 소재로 한 로맨스물로, 2019년 상반기 전 세계 웹툰 중 최상위를 차지할 만큼 엄청난 화제를 모은 작품이다. 해당 웹툰은 다른 웹툰과 달리 스토리보다는 예쁜 그림체가 인기의 핵심이었는데, 인스타그램 속의 예쁜 핫플레이스를 선호하는 1020 여성들의 성향이 이 웹툰에도 비슷하게 반영되었다고 볼 수 있다. 드라마 포스터에는 "연애도 화장빨로 되나요?"라는 문구가 나오는데, 최신의 트렌드를 매우 잘 공략한 카피

웹툰을 원작으로 한 드라마 〈여신강림〉의 포스터

(출처: 네이버웹툰, 작가 야옹이)

다. 이 드라마는 10대부터 유튜브를 통해 메이크업 영상을 접하고 얼평(얼굴평가), 바프(바디프로필) 등이 핫한 키워드로 자리한 세대, 외모가 개성이자 경쟁력이 된 세대를 위해 스토리 강화보다는 원작 주인공과 배우 간의 외적인 싱크로율을 높이는 데 주력했다. 시청자들도 적절한 캐스팅에 대해 호평을 보냈다.

2021년 티빙 오리지널로 제작된 〈유미의 세포들〉 역시 동명의 웹툰을 원작으로 한 드라마다. 이 작품은 이름 그대로 '김유미'라는 30대 초반 여성 주인공의 삶을 그린 웹툰으로, 주인공의 속마음, 감정, 충동, 몸의 반응 등을 세포로 의인화하여 표현한 것이 특징이다. 직장인 세포, 응큼 세포, 출출 세포, 사랑 세포, 오지랖 세포, 본심 세포, 자린고비 세포 등 이름만 들어도 어떤 세포인지 직관적으로 알 수 있다.

웹툰이 선풍적인 인기를 얻은 데에는 세포를 이용해 주인공 김유미의 속마음을 솔직하게 표현한 것이 주효했다. 독자들은 '유미의 마음이 곧 내 마음'이라며 격하게 공감했고 이는 드라마를 본 시청자들 역시 마찬가지였다. 어른이 된 것 같지만 아직도 많은 게 서툰 자신의 모습을 본 것 같다는 시청자들의 평이 많았다. 〈유미의 세포들〉은 이러한 팬덤을 바탕으로 전시회, 게임, 드라마, 애니메이션, 웹소설 등으로 IP가 빠르게 확장됐고 2022년 6월 방영된 시즌2 역시 원작과 차별화된 이야기 각색과 빠른 전개로 열띤 호응을 얻었다.

2022년 왓챠 오리지널로 제작된 〈시맨틱 에러〉도 동명의 웹소설을 원작으로 한 드라마로, 남성 간의 사랑을 다루는 BL 장르 작품이다. BL 소설이 익숙하지 않은 이들도 많겠지만 사실 BL은 20여 년 전부터 웹소설, 전자책, 웹툰으로 제작될 만큼 탄탄한 매니아층을 보유하고 있는 장르다. HOT나 젝스키스 같은 1세대 아이돌 시절부터 멤버들 간의 상상 로맨스를 바탕으로 하는 팬 픽션(일명 팬픽)이 보편화되었기 때문에 상당히 많은 2030 여성이 BL 장르에 대한 경험을 갖고 있다.

웹소설 〈시맨틱 에러〉의 표지

(출처: 리디주식회사)

　　대학교 캠퍼스를 배경으로 하는 이 드라마는 무작정 로맨스부터 시작하지 않는다. 남자 주인공들의 티격태격 다투는 모습에서 시작해 점차 서로 사랑에 빠지는 스토리 라인을 보여주며 서서히 시청자들을 끌어들인다. BL 장르에 처음 입문하는 초보자에게 추천할 만큼 낮은 진입장벽과 높은 대중성을 확보한 것이다. 〈시맨틱 에러〉는 왓차에 공개되자마자 톱 10에 진입하더니 8주 연속 1위를 차지할 정도로 반응이 뜨거웠다. 왓챠에 의하면 드라마 종영 이후 트위터에서만 시맨틱 에러가 110만 번 이상 언급되었다고 할 정도로 화제성에서도 눈길을 끌었다.[5] 레거시 미디어와 기성세대에게는 껄끄러운 장르일 수 있는 BL이지만 2030 여성들은 이미 10대 때부터 아이돌 그룹을 기반으로 하는 팬픽이나 BL장르물을 즐겨왔고, 지금도 웹툰, 웹소설 등으로 즐기고 있기에 수요는 충분히 있었다고 볼 수 있다.

앞으로도 이런 다양한 장르의 웹소설과 웹툰의 드라마화는 더욱 활성화되며 새로운 콘텐츠의 인기를 견인해나갈 전망이다. 이 같은 콘텐츠를 만들어내는 신진 작가들의 등장도 계속되리라 본다. 트렌드를 파악하고 시대상의 변화를 반영하려는 노력, 기존 작가들과 신진 작가들의 효율적인 협업이 그 어느 때보다 필요한 시점이다.

경계가 사라진 시대, 창작자들이 가야 할 방향은?

지금까지 지난 10년간 드라마 속 주인공들의 성 역할 변천사를 통해 시대의 흐름을 엿보았다. 드라마는 우리가 접하는 여러 콘텐츠 중 가장 긴 호흡과 스토리를 가지고 있는 만큼, 변화하는 시대상을 가장 잘 품고 있는 콘텐츠 중 하나다. 그런 이유로 여기서는 드라마, 웹드라마, 커플 크리에이터, 웹툰, 웹소설 등 다양한 콘텐츠를 중심으로 이야기를 전개했지만 실상 지난 10년간 우리 사회에 일어난 남녀에 대한 인식의 변화를 살펴봤다고 해도 무방하다.

현실에서 충족되지 못한 것을 드라마를 통해 대리 만족하는 니즈는 여전히 존재한다. 하지만 사랑으로 인해 신분이 바뀐다거나 새로운 인생을 살게 되는 식의 비현실적 테마는 더 이상 먹히지 않는다. 그보다는 현실 속에서 일어날 법한 사랑, 갈등, 이별 이야기가 공감을 얻으며 대중의 마음을 울리고 있다. 물론 대중이 늘 현실성만을 추구한다는 얘기는 아니다. 정확히 말하면 참신한 설정과 좋은 상상력은 언제나 환영받지만 노력이나 대가 없이 비자발적으로 일어나는 기적과 같은 전개를 거부하고 있다는 뜻으로 봐야 한다.

결국 핵심은 '대중이 무엇을 원하는가'를 찾는 것

콘텐츠 속에서 고착화되어 있던 남녀의 역할과 경계도 점차 사라지고 있다. 최근 콘텐츠 속에서 남자는 여리고 섬세해지고 있으며 여성은 주도적이고 강해지고 있다. 남성이 미용, 요리, 살림의 영역에서 활약하기도 하고, 여성이 일과 연애를 주도하기도 한다. 깨끗하고 순수한 무해남 같은 캐릭터가 2030 여성들의 선호일 만큼 이상형에도 많은 변화가 있었다. 이는 드라마뿐 아니라 예능, 리얼리티, 스포츠 등 거의 모든 카테고리에서도 확인되고 있는 변화다.

이러한 변화의 이면에는 창작자의 세대 교체가 있었다. 사실 레거시 미디어 환경에서는 제작되는 드라마 자체가 많지 않다. 특히 방송국 입장에서는 시청률과 광고 매출에 있어 드라마만큼 중요한 콘텐츠가 없다 보니 모험을 하기보다는 시청률 면에서 소위 검증된 작가들에게 의존할 수밖에 없는 구조다.

하지만 유튜브, 웹툰, 웹소설 등의 플랫폼이 등장하면서 누구나 자신의 콘텐츠를 대중에게 알릴 수 있는 뉴미디어 시대가 열렸다. 이를 통해 대중의 취향을 저격할 줄 알면서도 기발하고 신선한 아이디어를 가진 신진 작가들이 등장했다. 이제 이들은 아마추어 단계를 벗어나 스타 작가들과 어깨를 나란히 견주고 있다.

이는 결국 대중의 니즈가 반영된 결과라고 볼 수 있다. 이와 함께 중요하게 생각해봐야 할 것은 콘텐츠의 역할과 소비 행태의 변화다. 이전에는 창작자가 제작하고 시청자는 소비만 하는 단방향 구조였으나, 지금은 창작자와 수용자가 서로 영향을 주고받은 양방향 구도로 바뀌었다. 즉, 콘텐츠가 소비되고 끝나는 것이 아니라 그것이 요약되어 리뷰 콘텐츠로 만들어지기도 하고 특정 장면이 짤방으로 생성돼 커뮤니티에 돌아다니기도 한다. 다양한 관점과 해석을 바탕으로 한 수많은 2차 창작물들 역시 생겨나고 있다. 다시 말해 시청자가 콘텐츠 소비자인 동시에 생산자로서 참여하는 것이다. 과거의 단방향 방식으로 콘텐츠를 창작하면 안 되는 이유가 바로 여기에 있다.

트렌드의 맥락을 이해하고 반영하라

이러한 변화된 환경에서 창작자와 제작사들은 무엇을 해야 할까?

첫째, 신진 작가와 경험 많은 베테랑 작가의 협업 구조를 만드는 것이 중요하다. 한국은 미국과 다르게 공동으로 기획하고 제작하는 것을 꺼려 하는 창작자가 많다. 하지만 한 명의 창작자가 만들 수 있는 콘텐츠에는 한계가 있다. 서로의 장점을 극대화하는 공동 제작으로 리스크는 줄이고 디테일을 더해야 살아남는다. 그래야 뉴미디어를 넘어 레거시로, 한국을 벗어나 해외에서도 열광하는 콘텐츠를 만들 수 있다.

둘째, 당연하게도 대중의 니즈와 트렌드를 읽고 콘텐츠에 반영해야 한다. 요즘은 트렌드 관련 정보가 흘러넘쳐 조금만 부지런하면 트렌드를 쉽게 이해할 수 있는 시대다. 책, 기사, 영상, 리포트는 물론이고 트렌드만 전문적으로 알려주는 기업도 존재한다.

하지만 무엇보다 핵심은 트렌드 그 자체가 아니라 트렌드를 둘러싼 '맥락'을 이해하는 데 있다. 이것이 왜 트렌드인지 이해하지 못한 상태에서 그냥 적용하기만 하면 전혀 트렌디하지 않은 콘텐츠가 탄생한다. 트렌드는 하나의 키워드가 아니고 여러 단어들이 의미를 가지고 이어진 문장이라는 점을 꼭 기억해야 할 것이다.

프롤로그

1. 「'떵동' 배달앱 보다 '북적북적' 식당 찾는 고객 늘어났다」,《BC카드》, 2022.05.11.

PART 1 지금 우리 유튜브는

1. 「"유튜브 쇼츠 1년 새 4배씩 성장…Z 세대 호응에 조회 수 5조 돌파"」,《조선비즈》, 2022.06.16.
2. 「A Look at 2022: Community, Collaboration, and Commerce」, YouTube Official Blog, 2022.02.10.

PART 2 변화하는 콘텐츠 미디어, 그 속에 숨어 있는 니즈와 맥락을 읽다

[1장] 콘텐츠 세상의 새로운 물결, 크리에이터 빅웨이브

1. 「SignalFire's Creator Economy Market Map」,《signalfire》, 2022.

2. 「2015년 상반기 유튜브 인기 채널 및 K-Pop 뮤직비디오 발표」,《아주경제》, 2015.07.07.

3. 「1인 미디어 콘텐츠 창작자 등 신종업종 코드 신설 공문」, 국세청, 2019. 09.

4. 「2022년 모바일 어플리케이션 사용자 수/사용 시간 데이터」, 모바일인 덱스.

5. 위의 글.

6. 「틱톡을 보면, K팝 흥행이 보인다」,《이데일리》, 2022.05.04.

7. 「"유튜버가 손대면 대박" 식품업계 이유 있는 콜라보 열전」,《데일리임팩 트》, 2022.02.24.

8. 「'위드티몬' 판매 고공행진…인플루언서 효과로 매출 '쑥'」,《아시아경제》, 2022.03.21.

9. 「이랜드 슈펜, 유튜버 쭈언니와 협업상품 출시」,《파이낸셜뉴스》, 2022. 04.13.

10. 「'사망여우' 때문일까?… 셀리턴, 지난해 영업손실 129억」,《위클리오늘》, 2021.05.14.

11. 「YouTube star MrBeast wants to plant 20 million trees. Elon Musk, Jack Dorsey, and more are helping him do it.」,《CNN》, 2019.10.31.

12. 「MrBeast smashes Team Seas goal as donation drive breaks $30 million」,《dexerto》, 2022.01.02.

13. 「Introducing the YouTube Shorts Fund」, YouTube Official Blog, 2021.05.11.

14. 「Facebook이 크리에이터에게 10억 달러를 투자합니다.」, Meta News-room, 2021.07.14.

15. 「Creator Earnings : Benchmark Report 2021」,《Influencer Marketing Hub & NeoReach》, 2021.

16. 「Newsletter start-up Substack hits 1m subscribers」,《Financial Times》, 2021.11.15.

[2장] 엔터테인먼트 콘텐츠의 하이퍼리얼리즘

1. 「롯데 벨리곰, 2주 만에 200만명 만났다…전시기간 24일까지 연장」,《한국경제》, 2022.04.14.
2. 「Taking a One-Week Break from Social Media Improves Well-Being, Depression, and Anxiety: A Randomized Controlled Trial」,《Cyberpsychology, Behavior and Social Networking》, 2022.03.10.

[3장] 리본세대, 지금 주목해야 할 새로운 소비 권력

1. 「노인과 젊은이, 나이에 대한 인식 - WIN 다국가 조사」, 한국갤럽조사연구소, 2019.01.21.
2. 「경제활동인구조사 고령층 부가조사」, 통계청, 2021.05.
3. 「대한민국 국가지도집(The National Atlas of Korea)」, 국토교통부 국토지리정보원, 2016.12.
4. 「2023년 성 및 연령별 추계인구 통계」, 통계청.
5. 「가구주연령계층별 자산, 부채, 소득 현황 통계」, 통계청.
6. 「2019년도 주거실태조사 결과」, 국토교통부, 2020.06.01.
7. 「2022 대한민국 상위 1% 보고서」, NH투자증권, 2022.04.11.
8. 「대한민국 50+ 세대의 라이프 키워드' 설문조사」, 서울대학교 소비트렌드분석센터×라이나생명 라이나전성기재단, 2018.06.
9. 「2020년 인터넷이용실태조사 - 인터넷 쇼핑(성/연령별)」, 한국인터넷진흥원.
10. 「세대별 온라인 소비행태 변화와 시사점」, 하나금융경영연구소, 2021.08.
11. 「유튜브 앱 사용자와 사용시간 조사 결과」, 와이즈앱·와이즈리테일, 2021.02.
12. 「2022년 주요 OTT 어플리케이션 50대 인구 사용자 수」, 모바일인덱스.
13. 「SNS/커뮤니티 앱 사용 분석 리포트」, 모바일인덱스, 2022.04.

14. 「유튜브 앱 분석 리포트」, 모바일인덱스, 2020.10.
15. 「2022 인터넷 이용자 조사」, 나스미디어, 2022.04.
16. 「상장법인 개인 소유자 연령별 분포」, 한국예탁결제원, 2021.12.
17. 「명인제약 변비약 메이킨, 지난해 100%성장 '변비약 퀸'」,《의학신문》, 2019.01.28.

[4장] 뉴미디어는 어떻게 패션 산업을 키우는가

1. 「상장 패션기업 반기 사업보고서의 재무제표 분석」, 금융감독원 전자공시 시스템.
2. 「네이버 조사 '코로나19가 2020년 상품 구매 트렌드에 미친 영향'」,《세계 일보》, 2020.12.31.
3. 「2020년 연간 온라인쇼핑 동향」, 통계청, 2021.02.
4. 「재별 및 상품군별 판매액 통계」, 통계청.
5. 「'K-패션' 날았다…거리두기 풀리자 실적 '쑥'」,《비즈니스워치》, 2022. 05.26.
6. 「무신사, 구매력 시너지난 누적 후기 2300만건 돌파」,《한국섬유신문》, 2022.01.14.
7. 「코로나19가 이커머스 시장에 미친 영향 ③ 세대별 미디어 이용 행태 들여 다보기: 복잡해진 구매 여정 분석」, Think with Google, 2022.06.
8. 「LF 헤지스, 부캐 프로젝트로 MZ 유입 성공」,《패션비즈》, 2021.12.02.
9. 「이랜드 애니바디, 1분기 온라인 매출 79% 성장 고객 커뮤니케이션 강화」, 《패션엔미디어》, 2022.05.25.
10. 「매긴, 카카오스타일×앨리스펑크 기획전서 신상 완판」,《패션비즈》, 2022.05.31.
11. 「"비용 적고 효과 좋아"… 연예인 대신 유튜버 찾는 패션업계」,《조선비즈》, 2021.11.13.
12. 「무신사 누적 후기 2300만건 넘어」,《매일경제》, 2022.01.14.
13. 「애슬레저 시장 지각 변동…젝시믹스 독보적 질주」,《한국섬유신문》, 2022.

03.25.

14. 「6조 골프웨어 마켓, 새 라운드 시작됐다」,《포춘코리아》, 2021.10.05.

15. 「F&F, 작년 매출 1조 4,837억 원」,《어패럴뉴스》, 2022.02.23.

16. 「이장님부터 공대생, 신진 디자이너까지…218:1 경쟁률 뚫은 '인간 무신사' 탄생했다」, 무신사 뉴스룸, 2022.03.25.

17. 「한섬, 타미힐피거 재건 전략 통했다…작년 매출 2200억 달성」,《한국경제》, 2019.06.18.

18. 「한섬 '랑방 컬렉션', 눈을 사로잡는 실루엣·소재…밀레니얼까지 '취향 저격'」,《한국경제》, 2020.01.12.

[5장] 판타지에서 리얼로, 콘텐츠 속 주인공들의 성 역할 변천사

1. 「'시맨틱 에러' 종영 한 달 뒤에도 뜨거운 반응…7주 연속 1위」,《아주경제》, 2022.04.14.

2. 「'지우학'부터 '학교2021'까지…OTT 드라마 정주행 '뭐 볼까?'」,《서울경제》, 2022.02.04.

3. '스트릿 우먼 파이터' 3주 연속 비드라마 화제성 1위」,《스타투데이》, 2021.09.16.

4. 「[서병기 연예톡톡] '그 해 우리는' 등 세 편으로 로맨스물 대세가 된 이나은 작가」,《헤럴드경제》, 2022.01.28.

5. 「'시맨틱 에러' 명장면 소유하세요…왓챠, 한정판 '시맨틱 에러 NFT' 발행」, 왓챠, 2022.07.27.

뉴미디어 트렌드 2023

1판 1쇄 인쇄 2022년 10월 14일
1판 1쇄 발행 2022년 10월 21일

지은이 샌드박스네트워크 데이터랩(노성산, 박진경, 김태홍)

펴낸이 이필성
사업리드 김경림 | 책임편집 한지원
기획개발 김영주, 서동선, 신주원, 송현정 | 영업마케팅 오하나, 유영은
디자인 섬세한곰

펴낸곳 ㈜샌드박스네트워크
등록 2019년 9월 24일 제2021-000012호
주소 서울특별시 용산구 서빙고로 17, 30층(한강로3가)
홈페이지 www.sandbox.co.kr
메일 sandboxstory@sandbox.co.kr

ⓒ 샌드박스네트워크 데이터랩(노성산, 박진경, 김태홍), 2022
ISBN 979-11-92504-17-9 (03320)